Anselm Grün | Walter Kohl

Was uns wirklich trägt

Anselm Grün | Walter Kohl

Was uns wirklich trägt

Über gelingendes Leben

HERDER

FREIBURG · BASEL · WIEN

Herausgegeben von Rudolf Walter

© Verlag Herder GmbH, Freiburg im Breisgau 2014
www.herder.de
Alle Rechte vorbehalten

Satz: de·te·pe, Aalen
Herstellung: CPI books GmbH, Leck

ISBN 978-3-451-33292-0

Im Andenken an meine Eltern
Anselm Grün

Für Kyung-Sook
Walter Kohl

Inhalt

Einführung

Zwei Menschen, 50 der eine und 70 der andere, und zwei Lebensläufe, die auf den ersten Blick unterschiedlicher kaum sein könnten. Beide ganz verschieden in Temperament, Herkunft und Prägung. Beide kennen das Leben, aber aus sehr unterschiedlichen Perspektiven und Erfahrungswelten.

Der eine, in einer Politikerfamilie aufgewachsen, geprägt von Jahren der persönlichen Ausgrenzung und Stigmatisierung sowie der Terrorismusgefahr, persönlich durch Tiefen und Krisen bis zum Scheitern gegangen: Scheidung, familiäre Tragödien, Neuanfang als Unternehmer. Das Leben von Walter Kohl brauchte lange, bis es zur Ruhe kam.

Anselm Grün dagegen wusste schon als Kind, dass er Priester werden wollte. Er ging früh ins Kloster und lebt seit nahezu 50 Jahren in der gleichen Gemeinschaft. Er ging konsequent den Weg monastischer Gottsuche, mit einer scheinbar geradlinigen »Karriere« als Mönch, als Cellerar, der das einfache Leben ins Zentrum stellt und als spiritueller Autor und geistlicher Begleiter von Millionen gelesen und gehört wird.

Was verbindet die beiden? Und was ist das Besondere an ihrem gemeinsamen Buch bzw. daran, wie es zustande kam?

Irgendwann, bei einem Interview zu seinem letzten Buch, hatte Walter Kohl einige Namen genannt, Autoren, deren Texte ihm geholfen hatten, den Weg aus einer persönlichen Krise zu finden, die ihn an den Rand des Suizids geführt hatte. Der stoische Philosoph Seneca aus dem antiken Rom war dabei. Aber auch ein Mystiker wie Nikolaus von der Flüe, der politische Wirkung zeigte, gerade als er sich aus der Öffentlichkeit zurückzog. Oder der Begründer der Logotherapie, der KZ-Überlebende Viktor Frankl, Autor des Buches »Trotzdem ja zum Leben sagen«. Und dann fiel auch der Name Anselm Grün. Ob er ihn kenne? Ja, vor allem seine Schriften: Besonders »Einreden«, über die alten Weisheiten der Wüstenväter. Auch seine Einführung in die Evangelien der Bibel sei ihm wichtig geworden.

Die Wege der beiden hatten sich schon früher gekreuzt, sie hatten sich im Blick behalten, aber richtig kannten sie sich nicht. Und jetzt zeigte sich auf einmal: Es verbindet sie viel, nicht zuletzt der Blick auf das, was wirklich wichtig ist im Leben. Die Frage für ein gemeinsames Projekt war jetzt: Was trägt sie beide? Wohin zeigt der gemeinsame Kompass? Was wollen sie weitergeben?

Es gab intensive, lange Gespräche im Vorfeld der Erarbeitung dieses Buches. Sie fanden im Kloster Münsterschwarzach statt. Und dann stellte sich heraus, dass an diesem Ort verschiedene Fäden zusammenliefen. Münsterschwarzach und die Gegend um dieses fränkische Kloster waren Walter Kohl seit Langem vertraut. Hans Kohl, der Großvater väterlicherseits, stammt aus Greußenheim, einem kleinen Ort nahe Würzburg. Und der Vater war in der Notzeit unmittelbar nach dem Krieg schon als Jugendlicher hier gewesen, als »Lehrling« in der Landwirtschaft. Später kam er wieder. Mit dabei bei den Besuchen im Kloster auch der junge Walter Kohl, zum ersten Mal als Zwölf-, Dreizehnjähriger, der sich bei den ernsthaften Gesprächen der Erwachsenen in erster Linie langweilte. Walter Kohl selber kam später, nach dem Studium und der Bundeswehrzeit, allein und freiwillig, immer wieder für ein paar Tage. Warum er kam? »Einfach nur, um da zu sein, um zu beten, um zu mir selbst zurückzufinden.« Noch heute erzählen sie im Kloster, wie er – damals schon als Tauchlehrer ausgebildet – einem ohnmächtig gewordenen Mönch im Refektorium professionell Erste Hilfe leistete. In der klösterlichen Goldschmiede entstanden die

Ringe für seine erste Ehe. Und auch ein längeres Gespräch mit P. Anselm, der damals sein Büro neben der Goldschmiede hatte, ist zumindest ihm noch ganz deutlich in Erinnerung.

Es gab also tiefer reichende Beziehungen, die bei der Arbeit an diesem Buch wieder lebendig wurden, die schnell Vertrautheit herstellten, die das Verbindende in den gegenseitigen Erzählungen lebendig werden ließen, die auch an das rührten, was inzwischen geschehen war.

Die 68er Jahre hatten für Walter Kohl lange Schatten geworfen, weil die Terrorismusgefahren der 1970er und die Projektionen seines Umfeldes als »Sohn vom…« sein Leben lange belasteten, ihn tief an sich zweifeln ließen und letztlich in eine Krise führten, aus der herauszukommen für ihn entscheidend wurde. Durch diese Krise entstanden Einsichten, Erfahrungen und neue Antworten, die er inzwischen weitergibt. Dass – und warum – die spirituelle Dimension bei diesem Mann »von Welt« so sehr dazugehört, ist das eigentlich Überraschende.

Für Anselm Grün waren die 68er Jahre auch eine Zeit der Befreiung: Die Krise der Traditionen wurde zur Chance, den Kern des Mönchtums neu zu entdecken, das Feuer unter der Asche wieder freizulegen. Auch für ihn geht es heute darum, Einzelnen zu helfen, ihr Leben zu gestalten, zu sich selber zu finden. Auch er gibt seine Sicht des Lebens an Menschen weiter, die seinen Rat suchen. Dass auch sehr konkrete Lebenskonflikte für ihn im Kern zu spirituellen Fragen führen, wird auch bei ihm immer wieder deutlich.

Was sind die Lebensthemen, denen man nicht ausweichen sollte? Und was fügt die Fragmente unseres Lebens zusammen? Es ist gefährdet, endlich, brüchig – was trägt es trotzdem?

Beide setzen beim Einzelnen an. Wer sein eigenes Leben in Ordnung bringt, trägt auch dazu bei, dass die Welt sich zum Guten verändert. Schon die alten Mönche wussten das.

Weltfremd ist keiner der beiden, auch der Mönch nicht. Der eine war einmal Investmentbanker an der Wall Street und kennt die Realität des Wirtschaftslebens aus verschiedenen Managementstationen seiner beruflichen Laufbahn von innen. Der andere, jahrzehntelang mit den ökonomischen Problemen eines Klosterunternehmens von mehr als 250 Mitarbeitern verantwortlich betraut, steht ebenfalls mitten im Leben. Aber auch in anderen Fragen redeten sie sozusagen aufeinander zu. Und so ist es ein Buch über ein Grundthema geworden: Wie zu leben wäre, um nicht Flugsand zu sein, nicht nur den eigenen Affekten zu folgen oder bloß Spielball für die Interessen anderer zu werden. Und es ist ein Buch auch darüber, was das heißen könnte: einfach zu leben. Beide reden darüber nicht abstrakt, sondern erzählen offen von sich. Und schlagen von der persönlichen Erfahrung die Brücke zu dem, was aus ihrer Sicht generell ein Leben fundieren und halten kann – auch angesichts äußerer Ansprüche und Zumutungen, angesichts auch von Schicksalsschlägen, Scheitern, Risiken. Und im Wissen darum, dass alles endlich ist.

Anselm Grün und Walter Kohl sind überzeugt: Sich selber auf den Grund gehen und die Grenzen des Ego übersteigen, sich selbst annehmen und sich mit dem Leben anfreunden, sich alle Freiheit nehmen und doch verantwortlich leben – das ist nicht etwas nur für spirituell Hochbegabte oder für Glückskinder. Es ist der Weg der Selbstwerdung für jeden, lebenslang. Dieser Weg ist das Ziel – was immer die Herkunft war, was immer der biographische Ausgangspunkt ist ...

1

~

Unsere Herkunft als Mitgift

Warum ich? Herkunft kann manche Belastungen mit sich bringen. Ist das gut oder schlecht? Ich glaube, dass diese Frage nicht im Vordergrund stehen sollte. Uns ist ein Leben gegeben, und die für mich viel wichtigere Frage lautet: Was können wir aus unserem Leben, aus unserer Herkunft machen? WALTER KOHL

Eine besondere Situation

Jede Herkunft hat ihre eigenen, ganz besonderen Prägungen und wird zu unserer ganz persönlichen Quelle der Erfahrung. Herkunft ist der Mutterboden, der Humus unserer Entwicklung. Aus ihr kommen wir, ob wir es wollen oder nicht. Herkunft ist schicksalhaft und wer nicht akzeptiert oder nicht versteht, woher er kommt, wird sich auch schwertun, seine Zukunft zu gestalten. Ob man nun dazu neigt, die Vergangenheit zu verklären, sie zu beklagen oder sie gar abzuspalten: Sie war, wie sie war. Was vorbei ist, lässt sich nicht mehr ändern. Wichtig ist nur, wie wir damit umgehen. Erfahrungen, die wir in der Kindheit gemacht haben, Einflüsse der Umgebung, Erwartungen, mit denen wir aufwuchsen und mit denen wir – wie auch immer – umgegangen sind, sie gehören zur Mitgift für unser Leben. Unsere Kindheit kann schwierig gewesen sein und uns lebenslang als verseuchter Boden vorkommen. Sie kann aber auch zu einer Kraftquelle werden. Die Rückbindung kann positiv, aber auch als Fessel erlebt werden. Und nicht immer ist das eine vom anderen leicht zu trennen. Es ist eine Frage unserer ganz persönlichen Einstellung und Entscheidungen.

Bei mir war das nicht anders. Geboren bin ich 1963, zwei Jahre vor meinem Bruder Peter. Das Besondere an meiner Geschichte: Ich wuchs in einer politisch sehr aktiven Familie auf. Mein Vater war 1963 schon Fraktionsvorsitzender im Landtag von Rheinland-Pfalz. Wahrgenommen habe ich zunächst nur, dass zu Hause immer viel los war. Als kleines Kind konnte ich nicht verstehen, was da genau um mich herum passierte. Aber anscheinend war es normal, dass bei uns andauernd Leute kamen und gingen, Menschen, die ich nicht kannte. Bei den Familien in der Nachbarschaft gab es das nicht. Warum? Das verstand ich nicht. Die Welt der Erwachsenen erschien mir mysteriös. Sie sprachen über offensichtlich wichtige Dinge, doch ihre Welt blieb mir verschlossen. Es war, als ob in unserem Haus zwei Welten nebeneinander existierten: die der Erwachsenen mit ihren Gesprächen und die von uns Kindern. Zwischen beiden Welten gab es eine zwar unsichtbare, aber jederzeit erkennbare Trennlinie. Wenn wieder einmal einige dieser fremden Leute zu Besuch kamen, wurde kurz mit uns gesprochen, und dann wurden wir zum Spielen geschickt, je nach Wetterlage in den Garten oder in unser Zimmer im ersten

Stock. Mein Eindruck als Kind war: Diese Fremden kamen zu allen Tages- und Nachtzeiten. Sie bestimmten den Rhythmus und das Leben unserer Familie. Sie waren wichtig, ihre Themen interessant. Wenn sie kamen, hatten wir Kinder zurückzutreten. Ihnen gegenüber, das wurde mir mit der Zeit klar, waren wir Kinder zweitrangig.

Private Gespräche mit Parteifreunden, mit Journalisten, manchmal auch mit Menschen aus einem anderen politischen Lager gehören zum Leben eines Politikers. So werden Netzwerke gebildet. Und solche Kontakte stellen einen zentralen Baustein für politische Karrieren dar. Und es sind diese Gesetze der Karriere, die die Wirklichkeit und die Prioritäten vieler Familien bestimmen. Auch die der unseren haben sie bestimmt. Die Menschen, die da kamen, das waren für mich – als Kind im Vorschulalter – einfach unbekannte Erwachsene. Sie strömten in einem schier endlosen Strom in unser Haus, machten sich in unserem Wohnzimmer breit und schienen unser Familienleben zu beherrschen. Schon früh musste ich anerkennen: Die Politik hat Priorität. Sie bestimmt unser Leben als Familie, ihr haben sich alle unterzuordnen.

Aber es gab noch etwas, was bei uns besonders war. Es gab Igo, einen Deutschen Schäferhund von stattlichen Ausmaßen, ein großes, manchmal auch wildes Tier. Dieser Rüde war unser wichtigster und vertrautester Spielkamerad in der Zeit vor der Schule. Er war erst wenige Monate alt, als er kurz vor meiner Geburt in unsere Familie kam. Meine Mutter hat mir später oft von ihren großen Ängsten erzählt. Würde der Hund auf das neue Familienmitglied eifersüchtig sein oder mich gar im Kinderwagen angreifen? Aber schon in den ersten Wochen meines noch sehr jungen Lebens adoptierte Igo mich förmlich.

Es muss im August 1963 an einem heißen Tag gewesen sein, als meine Mutter mich im Kinderwagen auf die schattige Terrasse stellte – und vergaß, den Hund wegzusperren. Mit Entsetzen sah sie auf einmal von der Küche aus, wie der Hund sich mit den Vorderpfoten auf dem Kinderwagen abstützte und seinen großen Kopf in den Kinderwagen hineinsteckte. Wegen der Hitze war ich nur mit einer Windel bekleidet und lag ausgestreckt im Kinderwagen. Als meine Mutter schmatzende Geräusche hörte, erwartete sie das Schlimmste, stürzte heraus – und sah: Der Hund leckte mich von Kopf bis Fuß herzhaft ab, und mir schien dies große Freude zu bereiten, denn ich lachte über das ganze Gesicht. Nachdem sie sich von ihrem ersten Schreck erholt hatte und offensichtlich keine Gefahr im Verzug war, ließ meine Mutter den Hund gewähren. Nach einer Weile ließ er von mir ab und legte sich demonstrativ vor den Kinderwagen. Der Neuankömmling Walter gehörte nun auch zu seiner Familie, und Igo fühlte sich fortan persönlich für meinen Schutz verantwortlich. Ein Schäferhundrüde als Hundemama, das gibt es nicht so oft. Als dann zwei Jahre später mein Bruder auf die Welt kam, wiederholte sich das Ritual. Nun hatte Igo zwei Jungs, um die er sich »kümmern« durfte.

Wohl selten hat sich ein ausgewachsener Schäferhund so viel von Kindern gefallen lassen. Wir konnten ihn an den Ohren ziehen, mit unseren kleinen Händen tief in seinen Rachen greifen oder uns an seinem Langhaarfell festkrallen, sodass er uns über den Boden zog. Igo wurde zu meiner wichtigsten Lauflernhilfe. Und wir blieben bis zu seinem Tod, rund zwölf Jahre später, unzertrennlich. Eine Freundschaft, der auch Fremde nichts anhaben konnten.

Dieser Schäferhund übernahm oft auch den Schutz meiner Mutter, wenn sie alleine mit uns Kindern zu Hause war. Erst Jahre später wurde mir bewusst, warum mein Vater einen, wie er es ausdrückte, »scharfen« Wachhund im Haus haben wollte. Seine politische Tätigkeit sorgte schon in den 1960er Jahren, also lange vor dem Ausbruch des RAF-

Linksterrorismus, für Sicherheitsprobleme. Als Kind ahnte ich natürlich nichts von alledem.

Meine Mutter war eine wahre »Hundeflüstererin«, auch wenn wir damals dieses Wort noch nicht kannten. Selbst scharfe Wachhunde des Bundesgrenzschutzes wurden zu Schmusetieren, wenn sie anfing, mit ihnen zu sprechen und zu spielen. Oft haben wir gelacht, wenn der Hundeführer peinlich berührt danebenstand und erleben musste, wie sein vermeintlich so furchterregendes Tier in den Händen meiner Mutter förmlich zahm wurde und sie ganz entspannt mit ihm spielte. Sie war es auch, die uns lehrte, wie man mit Hunden umgeht und dass man vor ihnen keine Angst haben musste.

Dank Igo fühlten wir Brüder uns unangreifbar. Wenn er an unserer Seite war, wagten sich die Kinder von den Blocks am anderen Ende der Straße, unsere damaligen Angstgegner, nicht in unser Versteck. Es war, als ob wir unser eigenes Schlachtschiff dabeihätten. Eine tiefe Liebe für Tiere, besonders für Hunde und Katzen, ist mir geblieben. Noch heute kann ich an kaum einem Hund vorbeigehen, ohne ihn anzusehen, etwas zu pfeifen oder ihn zu streicheln.

Die Idylle zerplatzte mit meinem nächsten Lebensabschnitt. Mit dem ersten Schultag war ich in einer neuen Welt angekommen, in der ich oft genug für meine Herkunft regelrecht abgestraft wurde. Viele meiner Mitschüler, aber auch manche Lehrer behandelten mich jahrelang wie einen Aussätzigen. Zumeist war ich für sie nur »der Sohn vom Kohl«. Ich fühlte mich als Fremdkörper, als Spielball mir unbekannter Mächte, als ein Anderer unter Gleichen. Ich wurde gemobbt, gehänselt, ausgegrenzt und geprügelt. Manche meiner Mitschüler wurden regelrecht von ihren Eltern aufgehetzt. »Hau dem Kohl mal eine aufs Maul« – das war noch eine der harmloseren Spielarten. Ich wurde mehrfach blutig zusammengeschlagen, nicht nur auf dem Pausenhof.

Als ich 2013 mit einem Produktionsteam für den WDR einen Film über mein Leben drehte, führte ich das Team für eine Szene in die Toilette meines Gymnasiums in Ludwigshafen. Dort war ich wiederholt so brutal zusammengeschlagen worden, dass ich schließlich halb ohnmächtig und am Kopf blutend im Urinal lag. Gerade im Rahmen meiner heutigen Versöhnungsarbeit war es mir wichtig, zu zeigen, dass man an solche Orte alten Schmerzes in Ruhe zurückkehren kann.

»Warum?« Oder vielleicht besser: »Warum ich?« Als Kind und später auch als Jugendlicher konnte ich keine Antworten auf diese Fragen finden. Die Folge: Ich nahm die Welt zunehmend als feindlich wahr. Unruhe, Unsicherheit, Selbstzweifel und Hektik überwältigten mich. Ich hatte doch überhaupt nichts Böses getan. Ein Acht- oder Zehnjähriger kann politische Zusammenhänge oder Kontroversen nur schwer begreifen. Aber ich wurde Gegenstand von Projektionen und wurde zum Blitzableiter für Aggressionen, die eigentlich auf meinen Vater gerichtet waren. Es war damals ein seltsames Lebensgefühl: Ich spürte, dass ich anders behandelt wurde als die anderen Kinder. Ich merkte, dass ich für Dinge bestraft wurde, die ich nicht getan hatte. Und das Schlimmste war meine wachsende innere Sprachlosigkeit. Immer weniger konnte ich über meine Gefühle sprechen, immer mehr zog ich in mich zurück. Ich hatte niemand, dem ich sie hätte anvertrauen können.

Mit der Einschulung ins Gymnasium im Sommer 1973 wurde die Lage noch schwieriger. Alle meine Freunde aus der Grundschule wechselten ins Max-Planck-Gymnasium; außer mir wurde nur ein weiteres Kind aus meiner vierten Klasse ins Carl-Bosch-Gymnasium eingeschult. Jetzt war ich völlig isoliert. Daheim lebten wir inzwischen in einem Hochsicherheitstrakt mit Schulanschluss. Der Trommelschlag der Tagespolitik und die Sicherheitsbelange angesichts der RAF-Bedrohung gaben den familiären Lebensrhythmus vor. Besonders während der Unter- und Mittelstufe des Gymnasiums blieb ich jahrelang ein isolierter Fremdkörper, einsam in der Gruppe.

In den Hochzeiten des Terrorismus verboten Eltern ihren Kindern, mit mir zu spielen, weil sie Angst um deren Sicherheit hatten. Jahrelang wurde ich zu keinem Klassenkameraden eingeladen – nicht einmal für einen Nachmittag und auch nicht zu einer Geburtstagsfeier. Daheim, in Oggersheim, war mein Radius eng auf unser Grundstück sowie das unbebaute Nachbargrundstück beschränkt. Polizeibeamte wurden zu unseren wichtigsten Spielkameraden. Das änderte sich erst in der Oberstufe, Ende der 1970er Jahre. Damals begann ich, eigene Entscheidungen zu treffen und mich gegen Vorschriften durchzusetzen. Zeitgleich flaute die Terrorangst nach dem Höhepunkt des »Deutschen Herbstes« 1977 langsam ab. Aber das gefühlte Gefängnis der 1970er Jahre hatte tiefe Spuren in meinem Herzen hinterlassen.

Zu Hause dominierte die Politik weiter unser Leben. Sehr früh lernte ich die »Innenpolitik« einer Volkspartei kennen – die andauernden Machtkämpfe, das ewige Neuausbalancieren der Interessen, das Hin und Her der einzelnen Parteigliederungen, eine nicht enden wollende Abfolge von Parteiveranstaltungen. All das gehörte zum familiären Alltag wie Essen und Trinken. Die Bedeutung des Kalauers »Freund, Feind, Parteifreund« konnte ich anhand vieler ganz aus der Nähe erlebter Beispiele schon mit zwölf Jahren gut nachvollziehen.

Zwar war und bin ich schon immer sehr an politischen Themen interessiert, aber diese besondere Form der Intrigen und der konfliktträchtigen Parteiarbeit war mir seit frühester Jugend suspekt. Schon als Teenager wurde mir klar und nach einem Helferjob auf dem CDU-Parteitag 1978 in Ludwigshafen war es mir ganz deutlich: Mit diesem Milieu wollte ich nichts zu tun haben. Mein Vater konnte diese negative Haltung nie verstehen. Sicher ist dieser Meinungsunterschied ein Faktor, der zu unserer Entfremdung beigetragen hat. Für ihn war und ist die Partei sein wichtigstes Lebenselixier. Mein Ideal von einer sachorientierten Politik ohne den Primat der Parteien in Deutschland hat er immer belächelt. Und auch ich selber weiß, dass das wohl ein Wunschtraum bleiben wird.

Was ich von meinen Eltern an Positivem mitgenommen habe

Meine Mutter lebte uns Verantwortung für andere Menschen vor. Als Landesmutter von Rheinland-Pfalz wurde sie Anfang der 1970er Jahre zur Anlaufstelle für Menschen in Not. An eine Begebenheit erinnere ich mich heute noch, als ob es erst gestern wäre. Ich muss etwa zehn oder elf Jahre alt gewesen sein, als es eines Abends, kurz bevor ich ins Bett musste, an der Tür schellte. Draußen war ein nasskalter Herbstabend, ein richtiges »Sauwetter«. Zusammen mit meiner Mutter öffnete ich die Haustür. Vor uns stand, flankiert von zwei Polizeibeamten, eine alte, gebeugte Frau. Sie erzählte, dass sie aus Koblenz für ihr letztes Geld mit der Bahn nach Oggersheim gefahren war, weil sie nicht mehr weiterwusste. Dann schaute sie meine Mutter flehend an. Die sagte nur: »Jetzt kommen Sie erst einmal rein« und nickte den Polizeibeamten zu. »Alles okay, ich übernehme«, bedeutete ihr Blick. Dann zu mir: »Nimm der Dame bitte den Mantel ab.« Ich weiß noch ganz genau, dass sie »Dame« sagte, nicht »Frau«. Ich verstand, dass jetzt etwas Besonderes passierte, etwas, das mir imponierte. Auftragsgemäß hänge ich also den nassen Mantel in der Garderobe auf, und wir trafen uns alle wieder in der Küche. Die Frau war erschöpft und stützte sich den Kopf, während sie am Küchentisch saß. Ich konnte sie kaum verstehen, bis mir klar wurde: Sie hatte keine Zähne mehr. Mutter nahm die Situation beherzt in die Hand. Als Erstes wurde ein heißer Tee aufgesetzt. Dann ging sie zum Herd und kochte frischen Kartoffelbrei. Ich ging ihr zur Hand. Sie sagte nur: »Das ist heiß und jetzt genau das Richtige.«

Nachdem die Frau aufgegessen hatte, begann sie, ihre Geschichte zu erzählen. Meine Mutter unterbrach sie nach wenigen Minuten, vorgeblich um mich schnell ins Bett zu bringen, in Wahrheit wohl eher, um mir diese traurige Geschichte zu ersparen. Wir gingen nach oben in mein Zimmer, und als ich im Bett lag, setzte sich meine Mutter kurz zu mir und sagte: »Walter, uns geht es sehr gut. Wir haben ein schönes Haus, uns ist warm, wir haben zu essen. Andere Menschen haben das nicht. Dann muss man sich kümmern.« Sie strich mir über die Haare und verabschiedete sich. Tausend Fragen gingen mir durch den Kopf. Was die Frau wohl erzählte? Was würde meine Mutter tun? Doch dann wurde ich sehr schnell ruhig. Ich war stolz auf meine Mutter. Ihre ruhige und besonnene Art hatte mir Sicherheit vermittelt. Und da war dieses Vertrauen: Mutter weiß, was zu tun ist, es wird alles gut werden. Mit dieser Gewissheit schlief ich ein.

Am nächsten Morgen war die Frau weg. Meine Mutter sagte nur: »Die Frau will nicht, dass ihr Schicksal überall herumerzählt wird.« Und an mich gewandt: »Wenn man die Möglichkeit hat, etwas Gutes zu tun, dann sollte man das auch tun. Man muss sich kümmern.« Schon wieder dieser Satz. Ich habe nie wieder mit meiner Mutter über diese Begebenheit gesprochen. Aber im Laufe der Jahre habe ich viele ähnliche Situationen miterlebt, in denen sie half und sich kümmerte, aus Überzeugung und ohne darüber Aufheben zu machen.

Mein Vater war in ganz anderer Weise prägend für mich. Wenn wir unterwegs waren, erzählte er häufig interessante Geschichten zur Historie des Ortes, den wir gerade besuchten. Man konnte förmlich spüren, was damals passiert war. Oft fuhren wir in diesen Jahren am Wochenende ins nahe gelegene Elsass. Hinter Wissembourg/Weißenburg liegen die Burgruinen Wasigenstein und Fleckenstein. Walther von der Vogelweide hatte dort seine Minnelieder gesungen, und in diesem deutsch-französischen Grenzgebiet spielte auch das Waltharilied, das vom Kampf des Walther von Aquitanien mit den Rittern des Frankenkönigs handelt. Wie uns mein Vater das Ritterleben schilderte, wie er erklärte, mit welch einfachen Mitteln die Menschen damals diese Burgen auf die Sandsteinfelsen gebaut hatten, das war fast filmreif. Das Mittelalter wurde auf einmal lebendig, und in meiner Jungenphantasie passierten grandiose Dinge und tolle Abenteuer.

Damals gab es noch aktive Grenzkontrollen zwischen Deutschland und Frankreich. Die Grenze verlief teilweise nur wenige Hundert Meter nördlich der Burgen. Im Bewusstsein der Menschen damals waren der Zweite Weltkrieg und die vielen deutsch-französischen Konflikte noch sehr präsent. Auch darüber erzählte mein Vater. Die Pfalz ist ja eine Region mit einer durch die alte »Erbfeindschaft« bedingten schrecklichen, jahrhundertealten Erfahrung von Kriegen. Die Zerstörung von Speyer und seines Doms, die Vernichtung des Heidelberger Schlosses im Pfälzischen Erbfolgekrieg – die Vergegenwärtigung all dieses Elends machte mir sehr früh klar, dass Krieg keine Antworten bringt und dass wir für den Frieden arbeiten müssen.

Dass Versöhnung politisch wichtig ist, konnte ich damals von meinem Vater lernen. Ich habe ihn 1984 begleiten dürfen, als er und François Mitterrand sich in Verdun über den Gräbern die Hand reichten. Für ihn als Kind des Zweiten Weltkrieges war Frieden in Europa stets ein überragendes politisches Ziel. Dafür bewundere ich meinen Vater noch heute.

Wenn ich selber diesen Gedanken in die individuelle Versöhnungsarbeit hinein erweitert habe, dann ist dabei auch sein Impuls von damals noch wirksam. Bei diesen Ausflügen mit ihm habe ich gelernt, dass Geschichte nicht das stupide Pauken von Fakten, Jahreszahlen und Namen ist, sondern ein kraftvoller Prozess, der Quellen beschreibt, aus denen wir noch immer Kraft schöpfen und neue Antworten für die Gegenwart finden können. Damals hat mein Vater nicht nur den Grundstein für meine Liebe zur Geschichte gelegt. Wenn mir heute im Blick auf die eigene Lebensgestaltung das Kontinuum aus Vergangenheit, Gegenwart und Zukunft so wichtig ist, geht auch das auf etwas zurück, was er uns schon als Kindern nahebrachte.

Auch Praktisches lernte ich von ihm, Organisation etwa oder die zeitlich klare Gliederung von Abläufen. Es hat mich immer fasziniert, wie er mit seinem kleinen schwarzen Kalender, den er mit einem noch kleineren Stift führte, die Arbeit mehrerer Büros koordinierte und eine Vielzahl von Menschen lenkte. Was ich dabei gelernt habe: Zeit ist etwas, mit dem man sorgsam umgehen sollte: Carpe diem – Nutze den Tag.

Und auch dies: Als Kind erlebte ich meinen Vater häufig als Redner vor vielen Menschen. Deshalb erschien es mir selber ganz normal, vor anderen das Wort zu ergreifen. Und als ich in der achten Klasse einige Probleme mit manchen Schulnoten hatte, fand ich eine überraschende Lösung: Ich rettete mich vor manchem blauen Brief durch freiwillige mündliche Zusatzreferate. Zum einen verhinderte ich so unnötige Kontakte zwischen meiner Mutter und den Lehrern, und zum anderen war das für mich viel einfacher und zudem spannender, als für eine Arbeit zu büffeln. Bald hatte ich dafür ein System entwickelt. Es bereitete mir eine fast diebische Freude, der so verhassten Schule auf diese Weise ein Schnippchen zu schlagen.

Es war meine langjährige Deutsch- und Geschichtslehrerin Frau Trollope, die mich damals ermutigte, mit eigener Meinung und eigenem Wort vor andere Menschen zu treten und auf diese Weise ich selbst zu sein. Einer ihrer Leitsätze lautete: »Das Wort verleiht große Macht, nutze sie weise und respektvoll.« Als ich die Rede der Abiturienten anlässlich unserer Abiturfeier im Juni 1982 hielt, saß sie in der ersten Reihe. Danach kam sie zu mir und beglückwünschte mich, nicht ohne liebevolle Tipps, wie ich mich weiter verbessern könnte. Wenn ich heute in Veranstaltungen vor Publikum spreche, stelle ich mir manchmal vor, was Frau Trollope wohl zu mir sagen würde, und frage mich, ob mein Vortrag ihren Ansprüchen genügt hätte. Auch das ist ein schönes Gefühl von Kontinuität.

Meine Herkunft hat mir manche ungewöhnliche Einblicke in die Politik geschenkt hat, und ich durfte viele interessante Menschen kennenlernen. Auch wenn sie manche Türen öffnete, so brachte und bringt auch viele Belastungen mit sich. Ist das gut oder schlecht? Auf diese Frage gibt es keine eindeutige Antwort. Ich glaube zudem, dass sie nicht im Vordergrund stehen sollte. Uns ist *ein* Leben gegeben, und die für mich viel wichtigere Frage lautet: Was können wir aus unserem Leben, aus unserer Herkunft machen? Wie können wir es gestalten?

Träume und Wünsche ans Leben

Mein größter Traum als Kind und noch mehr als Jugendlicher war, aus dem Schubladendenken und all den belastenden Vorurteilen, die mit meiner Herkunft zusammenhingen, befreit zu werden. Ich wollte die scheinbar endlose Kette von Projektionen endlich brechen. Dieser Wunsch trieb mich später im wahrsten Sinne des Wortes um die halbe Welt. Zunächst wollte ich Berufsoffizier bei der Bundeswehr werden. Doch als ich, nur drei Tage nach dem Beginn der Kanzlerschaft meines Vaters, Anfang Oktober 1982, in ein Jägerbataillon einrückte, war dieser Traum schnell ausgeträumt. Mit einem Vater, der quasi Oberkommandierender der Bundeswehr war, hatte sich mein Traum von einem eigenen, abgegrenzten und eigenständigen Lebensumfeld, in dem ich einfach nur Walter sein durfte, schlagartig in Luft aufgelöst. Ich leistete also die zwei Jahre, für die ich mich als Reserveoffizier verpflichtet hatte, ab und floh 1985 in die USA. Ich wollte größtmöglichen Abstand zwischen mich und die deutsche Tagespolitik bringen.

Für eine gewisse Zeit schien der Plan aufzugehen. Meine Studienjahre von 1985 bis 1989 waren vielleicht die freieste Zeit in meinem Leben. Ich hatte mich in den USA fast völlig assimiliert, und die meisten Amerikaner glaubten mir, wenn ich erzählte, dass ich aus Wisconsin stamme, einem Bundesstaat mit sehr vielen deutschstämmigen Bewohnern. Dort gibt es sogar »Kohl's Departmentstore«, ein großes, bekanntes Kaufhaus, so dass mein Name für die meisten unauffällig war.

Doch das Leben macht seine eigenen Pläne. Die politischen Ereignisse in Deutschland holten mich schließlich ein. Über kaum ein anderes Ereignis habe ich mich mehr gefreut als über die friedliche deutsche Wiedervereinigung

1990. Für mich ist und bleibt sie bis heute das wohl prägendste Ereignis, der politische und historische Höhepunkt in meinem Leben. Aber für mich als Walter, der in seiner Biographie als Privatperson endlich die Eingebundenheit in politisch-öffentliche Zusammenhänge und Wahrnehmungen hinter sich lassen wollte, zerstörte dieses Ereignis der deutschen Politik auch eine zuvor so wunderbar empfundene neue Situation mit einem Paukenschlag. Vor 1989 interessierte sich so gut wie niemand in den USA für Deutschland. Danach waren Deutschland, Europa und Helmut Kohl jedoch ein Hauptthema in der Gesellschaft, in den Medien, in der Politik. Die Angst vor einem »Vierten Reich« grassierte in den USA, und mein Vater stand plötzlich wieder im Brennpunkt der Auseinandersetzungen. Anfangs war ich deswegen sehr frustriert. Da hatte ich eine neue Sprache gelernt, war eingetaucht in eine neue Kultur, hatte mich durch ein anspruchsvolles Studium gepaukt und stand vor dem ersten Job bei einer der führenden Investmentbanken an der Wall Street. Und plötzlich war alles wieder da, vor dem davonzulaufen ich versucht hatte.

Es dauerte sehr lange, bis ich es einsah und auch akzeptierte: Man kann seinen Schatten nicht einfach abschütteln und den eigenen ungelösten biographischen Lebensthemen nicht entfliehen. Und alles das, was in uns nicht geklärt ist, holt uns irgendwann ein, und dann meist noch an der unpassendsten Stelle. Aber, und das ist die gute Nachricht: Alle Antworten und Lösungen liegen in uns selbst. Nur wer sein Leben aktiv und selbstkritisch in die Hand nimmt, wird seine persönlichen Herausforderungen bewältigen und die damit verbundenen Schwierigkeiten überwinden. Auch dies war eine Erfahrung aus dieser schwierigen Zeit.

Schwierige Loslösung und innere Rückbesinnung

Es entbehrt nicht einer gewissen Ironie: Als ich Tausende von Kilometern von Oggersheim entfernt lebte, war ich sehr stark von meiner Herkunft beeinflusst. Heute ist dieser Einfluss, obwohl ich nur noch rund 100 Kilometer von diesem Ort meiner Kindheit entfernt lebe, massiv zurückgegangen. Dazwischen liegt ein langer Prozess der Loslösung und der eigenen Selbstfindung. Der führte mich zunächst allerdings in eine Sackgasse. Eine unglückliche erste Ehe, der berufliche Werdegang als Manager in großen Unternehmen, der mir zwar eine Karriere und einen Job gab, aber keinen Beruf und schon gar keine Berufung bot, führten zu wenig Sinn und Lebensfreude. Und ich fühlte dabei doch immer stärker eine innere Leere. Ich lebte ein vornehmlich auf äußerliche und materielle Anforderungen ausgerichtetes Leben. Ich lebte die Vorstellungen anderer Menschen, besonders die meiner Mutter. Meine Mutter hatte ihre eigenen Berufswünsche stets zugunsten der Karriere ihres Mannes zurückgestellt, wie das für viele Frauen in ihrer Generation durchaus üblich war. Von mir erwartete sie eine führende Position, idealerweise im kaufmännischen Bereich eines Großunternehmens. Der Kompromiss lautete: Du darfst Geschichte studieren, aber nur, wenn du zugleich Volkswirtschaft – also »etwas Richtiges« – studierst. Später spezialisierte ich mich auf Controlling, Unternehmensführung und Personalentwicklung. Letztlich lebte ich damit die Vorstellungen und Wünsche meiner Mutter und nicht meine eigenen. Damals hatte ich noch nicht den Mut, meinem eigenen Kompass auch gegen familiäre Widerstände zu folgen.

Erst Ende 2004, als ich mich nach meiner Scheidung zusammen mit meiner heutigen Frau Kyung-Sook beruflich selbstständig machte, begann auch meine echte innere Selbstständigkeit. Jetzt, ganz auf mich allein gestellt, galt es:

schwimmen oder untergehen. Da wir unsere Firma als Start-up von Null aufbauten und keine Referenzen als Automobilzulieferer besaßen, glich unsere Firmengründung schon einem halben Himmelfahrtskommando. Aber mit viel Partnerschaft, harter Arbeit und leidenschaftlichem Engagement schafften wir den Aufbau und konnten uns im Markt etablieren.

Meine innere Rückbesinnung begann ebenfalls in dieser Zeit der beruflichen Neuausrichtung. Ein entscheidender Impuls dabei war meine tiefe persönliche Krise, die 2002 ihren Anfang nahm. Durch sie wurde ich vor die existenzielle Frage gestellt, entweder den Weg meiner Mutter zu gehen oder mich neu zu erfinden, also auch mein Herz wiederzuentdecken und schrittweise neue Sichtweisen zuzulassen. Lange suchte ich nach Gerechtigkeit oder Fairness, bis ich endlich verstand, dass ich in mir nach etwas ganz anderem verlangte: nach meinem inneren Frieden. Erst als ich anfing, nicht länger gegen die Realitäten meines Lebens anzurennen, entstand in mir Raum für ein neues Denken. Diese neuen Ansichten begannen mir neue Freiheiten zu schenken.

Neue Antworten auf alte Fragen in Form neuer Ansichten sind unsere Chance, aktiver zu leben und aus der Passivität des Gelebtwerdens auszubrechen. Ich lernte damals etwas Wichtiges: Nicht das *Was*, nicht die Frage: »Was ist passiert?« sollte uns beherrschen, sondern wir sollten uns vielmehr vom *Wie* leiten lassen, also von der Frage: »Wie gehen wir mit dem um, was passiert ist?« Das Leben ist, wie es ist. Die Menschen sind, wie sie sind. Man muss sie nehmen, wie sie sind, es gibt keine anderen. Das ist Realismus. Aber es darf kein Freibrief für Zynismus oder Selbstmitleid sein.

»Jede Zeit hat ihre eigenen Antworten.« Dieser Satz von Willy Brandt prägt mich sehr. Was noch gestern als richtig anerkannt wurde, muss noch lange nicht auch heute noch passen. Wenn ich diesem Satz zustimme, rede ich nicht der Willkür oder dem Opportunismus das Wort. Ich meine damit vielmehr: Ehrliche Reflexion, bedingungslose Offenheit uns selbst gegenüber, Mut, Klarheit und Entschiedenheit werden uns die jeweils neuen, richtigen Antworten geben. Dies ist kein leichter Weg, aber ein lohnender.

Dies war die Lektion, die ich mühsam zu lernen hatte. Es hat Jahre gedauert, bis ich sie schließlich annehmen konnte. Aber nur aufgrund dieser neuen Grundeinstellung oder besser: Neuausrichtung des Herzens konnte ich durch die Kraft der Versöhnung neuen Frieden in mir finden. Versöhnung heißt heute für mich, meinen eigenen, wenn nötig einseitigen Frieden mit Menschen und Erfahrungen zu machen und neue, friedliche, nachhaltig belastbare Lösungen zu finden. Ich erkannte, dass einseitige Versöhnung genauso wertvoll sein kann wie ein gemeinsam erreichter Frieden. Diese Einsicht wurde zu einem weiteren Meilenstein auf meinem Weg der inneren Neuausrichtung.

Im Fluss der Generationen

2013 wurde ich 50 Jahre alt. Meine Familie und ich verbrachten den Nachmittag meines Geburtstages an einem meiner Lieblingsorte, am Fuß der Burg Pfalzgrafenstein bei Kaub, wo wir ein kleines Picknick veranstalteten. Dieser Ort hat eine große Symbolik für mich, denn er liegt auf einer Insel mitten im Rhein. Mitten im Fluss – im wahrsten Sinne des Wortes.

Vom Südende der Insel blickt man ins enge Mittelrheintal und spürt förmlich die Macht der Strömung. Die Luft schmeckt nach viel Wasser und etwas Schlamm. Ein ganz besonderes Gefühl von Leben, von Fluss im Sinne von Fließen, entsteht in mir. Wo stehe ich im Fluss der Generationen? Irgendwo in der Mitte, so wie Kaub auch in der Mitte zwischen Bodensee und Rotterdam liegt. Die Kinder werden groß und die Elterngeneration langsam alt. 50 Lebensjahre sind die Mitte zwischen Kommen und Gehen. Gedanken über die Kontinuität und die Brüche der eigenen Lebensgeschichte und auch über den eigenen Standort im Fluss der Generationen liegen an einem solchen Tag nahe.

Ich erinnere mich noch, dass ich bis zu den Knien im Wasser stehend die Strömung an meinen Beinen spürte. Die Stetigkeit des Flusses schenkte mir, als ich da stand, Kraft. Ich sprang schließlich ins Wasser, schwamm in der Strömung und spürte aufs Neue diese Kraft des Stroms. Sicher, seine Hochwasser können auch zerstören, aber letztlich ist dieser Fluss ein Lebensspender – und ein Bild für den Fluss des Lebens. Er symbolisiert für mich die Energie von Heimat und Herkunft, aber auch von Entwicklung, von Kontinuität.

Der Rhein wird erst durch seine Nebenflüsse zum mächtigen Strom. Ohne seine Ein-Flüsse, im wahrsten Sinne des Wortes, bliebe er nur ein kleiner Gebirgsbach. Er wird zur Summe aus vielen Gewässern wie Aare, Neckar, Main, Nahe, Lahn, Mosel, Sieg oder Ruhr. Es ist dieser Zusammenfluss von vielen Seiten, der den Rhein erst entstehen lässt, der ihn bestimmt. Der Rhein ist die Summe seiner Zuflüsse. Es ist egal, ob ein Tropfen Rheinwasser ursprünglich aus dem Schwarzwald, den Vogesen oder der Eifel stammt, zusammen bilden alle Tropfen den Rhein. Und ist es nicht genauso beim Menschen und seinen Ein-Flüssen?

Was hat mich selber geprägt? Sicher meine Herkunft, mein Wissen, meine Erfahrungen, mein christlicher Glaube und meine Überzeugungen. Sie prägen mich immer noch, ebenso wie die Menschen, die ich liebe und mit denen ich lebe. Auch die Menschen, die mich verletzt haben, haben mich geprägt. Meine Erfolge und meine Misserfolge haben mich geprägt. Was davon ist wesentlich, was nicht? Ich weiß es nicht zu sagen. Ich glaube, wir sollten die Gesamtheit unserer Prägungen annehmen, sie in unsere Lebensgestaltung als ein großes Ganzes integrieren und keine inneren Ranglisten führen.

Auf dem Weg zur Versöhnung und zum inneren Frieden ist es wichtig, dass alle Gefühle, alle Ein-Flüsse, alle Tropfen mitgenommen werden, die guten und die schlechten, die angenehmen und die schmerzhaften. Wir sind immer die Gesamtheit unserer Existenz, die Summe unserer Prägungen und Gefühle. In dieser Mixtur liegen die Chancen und Risiken unserer Lebensgestaltung. Hier spüren wir unseren Schmerz, unsere Kraftfresser, aber auch die positive Energie. Und nur wenn wir uns auf die Gesamtheit unserer Wirklichkeit einlassen, nichts verdrängen, nichts verleugnen, können wir auch den alten Schmerz in neue Energie wandeln und neue Kraftquellen erschließen.

Wie also mit dieser Mixtur des Lebens umgehen? Mit Liebe und Respekt, aber auch mit dem notwendigen inneren Abstand. Und nicht zuletzt mit Ehrlichkeit, Tatkraft und Mut. Dazu gehört die ganze Bandbreite menschlicher Empfindungen und Reaktionen, bis hin zum Wutausbruch, zum Aufschrei. Ja, auch Schreien kann frei machen. Alle Gefühle auf den Tisch zu legen ist ein wichtiger Schritt des Weges der Versöhnung. Auch die unschönen Dinge müssen konsequent angesprochen werden dürfen, man muss sich auch einmal »auskotzen« dürfen und wollen. Das ist nicht immer angenehm, aber es ist befreiend.

Aus meiner eigenen Geschichte habe ich gelernt, was ich heute anderen Menschen mitgeben möchte: das Bewusstsein der eigenen Freiheit und die Überzeugung, dass wir selbst immer wieder neu unser Leben gestalten können. Fragen wir uns also: Geben wir die Führung unseres Lebens nicht viel zu oft an andere ab? Machen wir es uns nicht zu einfach, wenn wir »den Umständen« oder »den anderen« die Schuld an unserer Misere zuschieben? Und geben wir nicht manchmal einfach zu schnell auf?

Wer sich solchen Fragen ehrlich stellt, wird die Herausforderung spüren. Sie liegt darin, sich nicht von außen bestimmen und leiten zu lassen, sondern das eigene wirklich Leben selber in die Hand zu nehmen und es bewusst zu gestalten. Jeder Tag bietet dazu eine neue Gelegenheit. In dieser Chance der Gestaltung liegt unser Lebensauftrag. Wenn wir diese Chance nutzen, wird sie zur Quelle unseres Glücks.

> *Wir alle haben von unseren Eltern etwas mitbekommen. Manches übernehmen wir unbewusst, anderes bewusst und in manchem entscheiden wir uns später anders und gehen unseren eigenen Weg.* Anselm Grün

Prägende Hintergründe

Wie auch immer die Erfahrungen unserer Kindheit waren und wohin immer wir uns selber entwickelt haben – es ist gut, wenn wir uns bewusst werden, was uns durch unsere Herkunft mit auf den Lebensweg gegeben wurde. Nur so können wir unseren eigenen Weg finden und weiter gehen. Wenn ich an meine Kindheit zurückdenke, so erkenne ich, wie prägend sie für mich war. Die Erinnerungen daran sind gut. Ich bin am Ende des Krieges, im Januar 1945, in einem kleinen fränkischen Dorf geboren, in das meine Familie evakuiert worden war. Mein Vater war daheim im Geschäft in München geblieben und wurde dann noch zum Volkssturm eingezogen. Meine Mutter mit ihren drei Kindern und ihre Schwester mit vier Kindern waren wegen der ständigen Bombengefahr in München aufs Land gebracht worden. Ich bin also in der Fremde geboren. Doch schon ein halbes Jahr nach meiner Geburt zogen wir zurück nach Lochham bei München in das Haus, das mein Vater kurz vor dem Krieg dort gebaut hatte. Ich war das vierte Kind. Nach mir kamen noch ein Bruder und zwei Schwestern. Ich erinnere mich an die vielen Spiele miteinander. Und ich erinnere mich an die Erzählungen meines Vaters, der uns Kindern spannende Geschichten aus seinem eigenen Leben erzählen konnte. Mit 24 Jahren war er aus dem Ruhrgebiet ins katholische Bayern gezogen, weil er sich geärgert hatte, dass er an katholischen Feiertagen – vor allem am Dreikönigstag – dort im Büro einer Zeche arbeiten musste. Seine Eltern waren schon früh gestorben. Er zog ohne Geld in die Fremde und hat sich dort zuerst auf dem Bau durchgeschlagen und schließlich ein eigenes Geschäft gegründet: einen Elektro-Großhandel.

Mein Vater kam selbst aus einer sehr religiösen Familie. Seine Großeltern waren von der Eifel ins Ruhrgebiet gezogen, um dort Arbeit zu finden. Die drei Geschwister meines Vaters waren alle Benediktiner geworden: Sein jüngerer Bruder war Mönch in Münsterschwarzach: P. Sturmius Grün. Er hatte tatsächlich etwas Stürmisches und Rebellisches an sich. Er war geprägt von der Jugendbewegung, und im Kloster ärgerte er sich beim Studium über alle, die sich nicht mit vollem Ehrgeiz dem Studium zuwandten. Sein großes Anliegen war, in der Auseinandersetzung mit der zeitgenössischen Philosophie und Literatur eine neue Sprache für die Verkündigung zu finden. Er war sehr belesen und hat auch selbst ein paar Bücher geschrieben. Eines trug den Titel *Glaube als Last und Erlösung*. Es ist 1950 erschienen. In diesem Buch versuchte er in einem Gespräch mit einem Zweifler, den Glauben so darzustellen, wie er der befreienden Botschaft Jesu entspricht. Darin fragt er: »Sie wollen wissen, was ich als Glaubender erfahren habe? Das also, dass der übernatürliche Glaube meiner Natur das Natürlichste ist, ihr Licht, ihre Antwort, ihre Kraft. Ich habe erfahren, dass nicht der Glaube Anstrengung fordert, sondern der Unglaube.« Damals versuchte er als »Zurückgebliebener und Vorausgeeilter« gegen die »Engstirnigkeit und Rückständigkeit der katholischen Kirche und ihrer Glaubenswelt« den fragenden Menschen einen Weg zu zeigen, wie der Glaube zu einem erfüllten Leben führt.

Die beiden Schwestern meines Vaters waren Benediktinerinnen geworden. Die eine ist als Sr. Synkletika in Herstelle eingetreten und war vor allem durch die Theologie von Odo Casel geprägt. Die andere ist als Sr. Giselinde bei den Missionsbenediktinerinnen in Tutzing eingetreten und hat ihr ganzes Leben in Manila verbracht. Dort hat sie als Dentistin gearbeitet.

Der Glaube der Eltern

Mein Vater war auch ein tief gläubiger Mann. So wurde mir der Glaube schon sehr früh vermittelt; aber es war immer ein denkender Glaube. Mein Vater las auch viele religiöse Bücher. Er ging in die Vorlesungen von Romano Guardini, die der damals in der Münchner Universität für ein breiteres Publikum hielt. Jeden Morgen besuchte mein Vater die hl. Messe, und am Sonntag gab es für ihn keine Arbeit. Damals kam auch am Sonntag die Post ins Haus. Doch er rührte sie nicht an. Der Sonntag galt dem Gottesdienst und am Nachmittag dem Spaziergang mit den Kindern. Dort erklärte er uns die Natur, machte uns aufmerksam auf die Schönheit der Bäume und der Blumen, und immer wieder sagte er: In der Schönheit der Natur wird die Herrlichkeit Gottes sichtbar.

Meine Mutter stammte von einem Bauernhof in der Eifel. Sie war als Mädchen schon früh aus dem Haus ausgezogen und war in einem Nachbarort in die Lehre gegangen. Dort hatte sie auch gewohnt. Nur am Sonntag konnte sie zu Fuß die sieben Kilometer nach Hause gehen. Meine Mutter war eine praktisch veranlagte Frau, die den Haushalt organisierte. Auch sie war eine fromme Frau, die gerne die alten Lieder sang, die sie in ihrer Heimatpfarrei gesungen hatte. Aber sie sprach weniger über ihren Glauben, der für sie selbstverständlich und fraglos war. Als die Kinder größer waren, ging auch sie jeden Tag mit meinem Vater zur hl. Messe in die benachbarte Kirche. Erst als mein Vater 1971 gestorben war, sprach meine Mutter öfter über ihren Glauben. Er hat sie auch durch die schwierige Kriegszeit und Nachkriegszeit hindurch getragen. Zwei ihrer Geschwister waren bei den Steylern eingetreten. Ihr Bruder, P. Konrad Dederichs, war dort lange Ökonom, und ihre Schwester, Sr. Sophiane, war Krankenschwester und lange Zeit in Kerkrade in einem holländischen Krankenhaus tätig.

Die Frömmigkeit meiner Eltern war bodenständig und von großer Selbstverständlichkeit. Es war klar, dass man in die Kirche ging. Das Gottesbild, das meine Eltern uns vermittelten, war von Größe, Geheimnis, Schönheit und Liebe geprägt. Da wurde mit Gott keine Angst verbreitet.

In meiner Kindheit wurde ich intensiv mit dem Kirchenjahr vertraut. Wir feierten die Feste des Kirchenjahres mit. Unser Haus lag gleich neben der Kirche. Wir vier Jungen waren alle Ministranten. In den Ferien ministrierten wir täglich. Für mich als Kind war die Liturgie immer etwas Faszinierendes. Ich spürte die Begeisterung meines Vaters und meiner Mutter für die Gottesdienste. Diese Faszination hat sich auch auf uns Kinder übertragen. Wir gingen gerne in die Kirche. Nach der Kirche traf man die anderen Kinder und Jugendlichen. Im Mai gingen wir täglich in die Maiandacht. Das war nicht nur eine schöne Feier mit den emotionalen Marienliedern. Wir trafen uns auch danach noch, um uns zu unterhalten oder zu spielen.

Mitgift des Vaters und Erbe der Mutter

Wir alle haben von unseren Eltern etwas mitbekommen. Manches übernehmen wir unbewusst, anderes bewusst, und in manchem entscheiden wir uns später anders und gehen unseren eigenen Weg. Wenn ich mich heute frage, was ich von meinen Eltern mitbekommen habe, so war es von meinem Vater einmal die Freiheit und der Wagemut, der ihn sein Leben lang ausgezeichnet hat. Es war mutig von ihm, einfach nach München zu ziehen, ohne zu wissen, wie er dort leben konnte. Und es war mutig, ein Geschäft zu gründen. Aber er war auch nicht der typische Geschäftsmann. Zu ihm kamen – vor allem als er älter geworden war – viele Leute, die sich einfach unterhalten wollten. Und er strahlte immer Ruhe und Gelassenheit aus. Doch dahinter verbarg sich auch ein rebellischer Geist. Wenn er sich oder seine Kinder ungerecht behandelt fühlte, kämpfte er. Er ging zum Direktor der Volksschule, weil er aus den Erzählungen seiner jüngsten Tochter spürte, dass dieser Mann – ein früherer Nazi – Angst verbreitete. Mein Vater ging damals bis ins Kultusministerium. Doch offensichtlich hatte der Rektor da eine Seilschaft, die ihn hielt. Mein Vater schrieb Briefe an die Politiker, wenn er sich über ungerechte Regelungen erregte. Im Dritten Reich war er unerschrocken. Der Polizist, der ihn einmal verhaften wollte, musste wieder abziehen, weil mein Vater sich unerschütterlich und unbeeindruckt zeigte und eine rechtliche Grundlage für die Verhaftung verlangte.

Ein anderer Aspekt meines Vaters war eine innere Weite. Er lud jedes Jahr an Weihnachten einen ausländischen Studenten aus dem Münchner St.-Pius-Kolleg der Steyler ein, wo Studenten aus verschiedenen Ländern lebten: aus Pakistan, Indien oder Afrika. Uns als Kinder brachte diese Offenheit und Gastfreundschaft schon früh mit fremden Kulturen in Berührung. Als meine älteste Schwester 1955 als Au-pair nach Frankreich ging und einige Bekannte ihre Bedenken wegen der schwierigen Beziehung zwischen Franzosen und Deutschen äußerten, da sagte er meiner Schwester nur: »Du gehst und baust Brücken.«

Was mir mein Vater in ganz besonderem Maß vermittelt hat, war Vertrauen. Er vertraute uns Kindern, und er traute uns etwas zu. Wenn wir mit 15 oder 16 Jahren alleine für zwei Wochen weite Radtouren in die Alpen unternahmen, hatte er keine Bedenken. Im Gegenteil, er war stolz darauf und erzählte von seinen eigenen Radtouren in der Jugendbewegung. Es gab von ihm keine besorgten Anweisungen, auf was wir alles achten sollten. Er hat uns einfach zugetraut, dass wir bei unseren Fahrten ins Gebirge achtsam mit Gefahren umgingen, und hat uns zum Abschied einfach ein Kreuz auf die Stirn gezeichnet. Das war sein Zeichen: Ihr seid geschützt und gesegnet. Jetzt wünsche ich euch eine schöne Fahrt.

Von meiner Mutter habe ich wohl den praktischen Sinn geerbt. Sie packte einfach an, wenn etwas zu tun war. Sie war immer von einer positiven Grundhaltung geprägt und vermittelte anderen Hoffnung. Und sie war sehr kontaktfreudig, kam mit jedem ins Gespräch und traute sich auch, Menschen anzusprechen, denen es nicht gut ging oder die in Trauer waren. Und sie war auch später trotz der Altersbeschwerden immer ein fröhlicher Mensch, der sich durch die Begrenzungen des Alters nicht niederdrücken ließ. Das nahm sie als selbstverständlich an, ohne darüber zu jammern. Für sie war es Ausdruck ihrer Liebe. Sie nahm es für ihre Kinder und Enkelkinder auf sich und wandelte das, was ihr von außen widerfuhr, um in einen Akt der Liebe.

Die Erwartung der Eltern und eigene Träume

Meine Eltern hatten keine Erwartungen an mich in dem Sinne, dass ich einen bestimmten Beruf erlernen sollte. Natürlich erwarteten sie, dass wir Kinder anständig sind, dass wir uns benehmen und uns in der Schule auch anstrengen. Aber es war kein Druck da. Sie kontrollierten etwa nie unsere Hausaufgaben. Da hatten sie Vertrauen, dass wir die schon selber machten. Als ich im Alter von zehn Jahren mit meinem Vater darüber sprach, dass ich vielleicht Priester werden möchte, da war er davon ganz angetan. Er unterstützte mich bei diesem Vorhaben und vermittelte, dass ich ins Internat nach Münsterschwarzach kam. Das hatte er mit seinem Bruder, P. Sturmius, organisiert. Von da an war es für mich das Ziel meines Lebens, Priester und Benediktiner zu werden. Meine Eltern waren darauf stolz. Aber sie machten nie Druck. Auch wenn ich von ihnen sicher auch die spirituelle Sehnsucht mitbekommen habe, es war immer meine persönliche Sehnsucht, die ich zu leben versuchte – ich fühlte mich immer frei in meinen Entscheidungen, was ich werden wollte.

In meiner Jugend hatte ich, wie andere Kinder auch, verschiedenste Träume. Da war einmal der Traum, ein guter Fußballer zu sein, als Torwart jeden Ball zu halten. Aber das waren typische Tagträume. Mein eigentlicher Traum war, als Priester und Missionar etwas beizutragen zur Verbesserung der Welt, zu einer Modernisierung der Kirche. Ich wollte meinen Ehrgeiz darauf richten, Philosophie und Theologie zu studieren, um auf alle Fragen der Menschen eine Antwort geben zu können. Ich konnte mich als Jugendlicher schnell begeistern. Begeistert war ich etwa von unseren Fahrten mit dem Fahrrad in die Alpen. Aber genauso war ich auch begeistert, wenn ich von einem Priester oder einem Mönch hörte, was er für die Menschen geleistet hatte. Und ich war fasziniert von der Aufbruchsstimmung in der Kirche, wie sie Anfang der sechziger Jahre durch das Konzil entstanden ist.

Die Begeisterungsfähigkeit habe ich von meinem Vater übernommen. Er konnte auch begeistert von seinen Erfahrungen erzählen. Und diese Begeisterungsfähigkeit wollte ich immer an die Jugendlichen weitergeben, als ich über 25 Jahre lang Kurse für junge Menschen gegeben habe. Ich habe die Jugendlichen begeistert für die Liturgie, für die Meditation, für die heilende Kraft des Glaubens. Und ich möchte noch heute diese Begeisterung auch den jungen Mitbrüdern weitergeben. Da spüre ich oft, dass sie zu sehr auf die eigene Sicherheit schauen. Aber wichtig ist doch, wofür sie »brennen«, wofür sie sich einsetzen. Und wichtig ist, dass sie sehen, wo sie etwas Neues schaffen können.

Hoffnung für jeden

Und ich möchte bei allem, was ich tue, Hoffnung vermitteln. Es liegt mir nicht, über die schlechte Welt zu lamentieren. Ich halte Vorträge, weil ich die Hoffnung habe, in den Menschen einen Keim zu legen, der irgendwann einmal aufgeht. Wenn ich für Führungskräfte in den Firmen Vorträge halte, bin ich immer von der Hoffnung geprägt, dass sich die Zuhörer trotz aller negativen Tendenzen in der Wirtschaft von einem positiven Geist berühren lassen und das Klima in ihren Firmen langsam verwandeln. Und ich möchte meinen Zuhörern Hoffnung vermitteln, dass es sich lohnt, sich für eine bessere Welt einzusetzen. Manche sagen mir, meine Vorträge vor Firmenvertretern hätten doch keinen Sinn. Die Strukturen der Wirtschaft seien irreparabel verfestigt, und Manager würden sich sowieso nicht ändern. Solche Gedanken gehen mir gegen den Strich. Denn wenn ich nichts von den Managern halte und ihnen auch nichts zutraue, dann darf ich auch keine Vorträge für die halten. Ich halte nur Vorträge für Leute, an die ich glaube. Und ich glaube, dass auch in den meisten Managern, auch in vielen, die in den großen Unternehmen das Sagen haben, die Sehnsucht steckt, gut mit den Menschen umzugehen und Verantwortung für die Mitarbeiter, aber auch für die Kunden zu übernehmen. Ich kann natürlich ihre Konflikte nicht lösen und kann ihnen auch keine Tricks vermitteln, wie sie erfolgreich führen können. Aber ich vertraue darauf, dass sie durch meine Vorträge mit ihrer eigenen Sehnsucht in Berührung kommen, dass sie dadurch eher bei sich sind und so besser und gelassener auf ihre Umgebung reagieren können – und dass sich dadurch langsam das Klima in der Wirtschaft verändert.

In Gesprächen mit vielen Ratsuchenden werde ich mir immer wieder dankbar meiner eigenen Kindheit bewusst. Familien stehen heute von vielen Seiten her unter Druck. Und was ich selber erfahren durfte, ist beileibe keine Selbstverständlichkeit mehr. Viele, die im Gespräch Hilfe suchen, kommen aus einer zerrissenen Familie. Da war manchmal Kälte, es gab Gewalt, manchmal wirkt auch die Erfahrung von Ablehnung oder Enttäuschung lange nach – über den abwesenden Vater oder die überforderte Mutter, die man als Kind selbst bemuttern musste. Und Religion ist keineswegs mehr die stabilisierende Kraft in den meisten Familien. Ge-

Unsere Herkunft als Mitgift

rade jüngere Menschen, die zum Gespräch kommen, haben die Volkskirche schon nicht mehr erlebt. Viele ältere Menschen leiden darunter, dass ihre Kinder, die einmal Ministranten waren, sich von der Kirche distanziert haben und keinen Zugang mehr zum Glauben finden, der ihnen selber so wichtig ist. Ich höre auf das, was mir die Menschen erzählen, und vertiefe mich in sie, um nach Antworten zu suchen, die ihnen weiterhelfen können. Ein wichtiger Punkt ist für mich immer: Auch wenn die Kindheit noch so chaotisch war – jedes Kind findet für sich Orte, an denen es sich geborgen und angenommen fühlt, an denen es sich selbst spürt. So sollen sich die Erwachsenen an diese Orte erinnern und mit der Qualität von Schutz, Oase, Geborgenheit, Freiheit in Berührung kommen.

Wenn ich Geschichten höre, die zeigen, wie sehr Menschen heute kirchlich entwurzelt sind und wie oft Glaube einfach verdunstet, dann erschrecke ich auch, und es bereitet mir Sorge, wie die Zukunft der Kirche und auch der Klöster in Deutschland aussehen wird. Aber es gibt auch Erfahrungen, die mich dankbar und zuversichtlich stimmen. Wenn ich etwa sehe, dass sich so viele Menschen, die keine religiöse Sozialisation hatten, doch wieder dem Glauben und der Spiritualität zuwenden. Es sind auch Menschen, die sich von meinen Büchern ansprechen lassen und es wagen, zu einem Kurs ins Kloster zu kommen. Solche Begegnungen machen mir wieder Hoffnung, dass die spirituellen Wurzeln immer wieder ausschlagen.

2

~

Die Vorbilder auf dem Weg

*Jeder Lebensabschnitt verdient seine ganz eige-
nen Vorbilder. Für mich sind sie wie Alleebäume,
die die Straße unseres Lebens säumen.*

WALTER KOHL

Begleiter in neue Räume

Vorbilder sind Menschen, die durch ihre Qualitäten und ihr
Tun inspirieren, die Kraft, Sicherheit und Entschiedenheit
vermitteln, die neue Maßstäbe setzen. Sie sind Begleiter auf
unserem Lebensweg. Zum einen zeigen sie uns unsere bisherigen Grenzen auf und ermutigen uns gleichzeitig durch
das, was sie getan haben, solche Grenzen durch Taten zu
überwinden, sodass neue Räume entstehen. Zum anderen
spiegeln sie uns jene Dinge in unserem Leben, die wir in uns
vermissen, nach denen wir uns aber zutiefst sehnen. Vorbilder reflektieren das noch Unvollkommene in uns. Deshalb

glaube ich, dass sie eine wichtige Funktion in unserem Leben haben. Sie sind ein Motor für unsere Entwicklung. Sie geben uns Mut und können unserer Phantasie und unserem Willen ungeahnte Kräfte verleihen. Menschen tun dann auf einmal Dinge, die sie sich zuvor nicht zugetraut hätten. »Wow, wenn der oder die das kann«, so denken wir dann im Stillen, »vielleicht kann ich dann auch so etwas?« Allein schon diese Frage und der damit verbundene Gedanke setzen Kräfte in uns frei. Vorbilder – und darin liegt ihre große Qualität – durchbrechen bisherige gedankliche Wände und setzen durch ihr Tun neue Maßstäbe. Das alte Denken ist plötzlich überholt, eine neue Perspektive ergreift uns. Vorbilder sind daher immer auch eine Chance. Sie bieten uns nicht nur Halt; an ihnen können wir auch wachsen, Erkenntnisse sammeln und damit zu anderen Menschen werden. Mit ihrer Hilfe können wir neue Welten erobern.

Der erste Nonstop-Flug von Charles Lindbergh über den Atlantik im Jahre 1927 ist ein Beispiel für ein solches bisherige Grenzen sprengendes Vorbild. Da steigt ein unbekannter Mann in New Jersey in ein wackeliges, völlig überladenes Flugzeug, kämpft gegen Unwetter, Kälte und Müdigkeit und landet nach 5780 Kilometern, nach 33 Stunden und 39 Minuten in Paris. Mit seinem Flug ist etwas Fakt geworden, was zuvor undenkbar war. Eine Sensation: Die Welt steht Kopf, ein neuer Horizont wird entdeckt. Sofort stellen sich neue Fragen: Können andere das auch? Oder: Welche Flugzeuge braucht es, um Post, Fracht oder Passagiere über eine solche Distanz sicher zu befördern?

Der Flug von Charles Lindbergh in seiner »Spirit of St. Louis« war nicht nur eine große persönliche Leistung, er symbolisiert vor allem auch das Zerbrechen einer bisherigen Grenze. Es ist, wie wenn eine Abrissbirne gegen eine Mauer schlägt und diese zum Einsturz bringt. Plötzlich ist Raum für Neues vorhanden. Eine Tat, eine Handlung verändert die

Perspektive der Menschen und ihrer Zeit. Lindbergh hat mit seinem Transatlantikflug eine Sehnsucht seiner Zeit erfüllt; durch seinen Flug wurde der Langstreckenluftverkehr geboren.

Andere Vorbilder wirken auf einer eher persönlichen Ebene. In meiner Kindheit und Jugend war ich ein großer Fan des französischen Meeresforschers Jacques Cousteau. Meine Klassenkameraden wollten Polizist oder Feuerwehrmann werden. Ich dagegen verfolgte gebannt jede Sendung im Fernsehen über seine Abenteuer mit dem Forschungsschiff »Calypso«. Die Taucher mit ihren markanten gelben Helmen waren meine Helden. Jacques Cousteau mit seinen zwar einfach gehaltenen, aber sehr eindrücklichen und informativen Schilderungen und Erklärungen wurde zum Schlüssel zu einer für mich neuen, gänzlich unbekannten Welt. Meine heutige Leidenschaft für das Wasser und das Tauchen fand damals ihren Ursprung. Cousteau verband in seinem Sein und Tun die Lust am Abenteuer, die Faszination fremder Welten und das Lernen in Form von Forschung und Wissen. Gleichzeitig erschien er als ein besonnener und fürsorglicher Kapitän, der Gefahren für die Mannschaft vermied und lieber einen Tauchgang absagte, als ein Mitglied der Crew zu gefährden. Wenn das Wetter schlecht oder die Umstände gar zu widrig waren, dann wurden ganze Expeditionen gestrichen. Schon als Kind vermittelte er mir das Bild eines fürsorglichen Mannes, der seiner Berufung folgte und der mit seiner besonnenen und ruhigen Art die Herzen der Menschen erreichte für seine Botschaft: »Geht achtsam mit der Natur, vor allem mit den Meeren, um.«

Wallenbergs Weg

Als Student lernte ich mein größtes Vorbild kennen: Raoul Wallenberg. Geboren 1912 in einer der reichsten Familien Schwedens, schloss er seine Ausbildung als Architekt in den USA ab. Dann brach der Zweite Weltkrieg aus, der allerdings das neutrale Schweden nur wenig berührte. Raoul Wallenberg lebte in einer Oase des Friedens inmitten eines Kontinents, der sich selbst zerfleischte und mit millionenfachem Tod einen schrecklichen Rekord aufstellte. Doch im Juli 1944 bricht dieser erst 32-jährige Mann plötzlich auf. Die Niederlage Deutschlands zeichnet sich bereits ab. Die Rote Armee steht schon in Ostpolen, und die Alliierten sind schon tief nach Frankreich vorgedrungen. Warschau und Paris werden im August erreicht. Wallenberg bleibt nicht im sicheren Schweden, er wartet nicht, bis der Krieg beendet ist, sondern steigt in einen Zug von Stockholm über Berlin nach Budapest, er fährt direkt in die Höhle des Löwen. Getarnt als Erster Sekretär der schwedischen Botschaft in Ungarn nimmt er quasi im Alleingang den Kampf gegen den Holocaust auf. Ausgerüstet mit einem Rucksack, einem Revolver, seinem Diplomatenstatus und (aufgrund der Unterstützung des US War Refugee Board) auch viel Bargeld sagt er der Nazi-Vernichtungsmaschine den Kampf an. Seine Mission ist klar: Er will so viele Menschen wie möglich vor dem Tode bewahren. Es wird geschätzt, dass er in den rund sechs Monaten seines Wirkens vom Juli 1944 bis zur Ankunft der Roten Armee im Januar 1945 in und um Budapest mehreren Zehntausend Menschen durch seine Schutzpässe, die über von ihm eingerichteten 30 Schutzhäuser und viele andere Maßnahmen das Leben rettete.

Er warf sich wie eine Eisenstange in das menschenverachtende Räderwerk der Nazi-Vernichtungsmaschine, stoppte eigenhändig Deportationszüge, die schon auf dem Weg in die Vernichtungslager waren, befreite mit Hilfe von gefälschten schwedischen Schutzpässen die Menschen aus den Güterwaggons. Er rettete Menschen, indem er sie mit den abenteuerlichsten Maßnahmen aus den Hungermärschen herausholte. Er scheute keine noch so gefährliche Konfrontation mit der SS oder anderen Nazi-Schergen und lebte dabei selbst in ständiger Todesgefahr.

Im Januar 1945 ging er durch die Kampflinien, um Kontakt mit dem kommandierenden General der Roten Armee aufzunehmen. Er wollte die schwedischen Schutzhäuser vor An- oder Übergriffen durch die Rote Armee schützen und dies mit den sowjetischen Kommandeuren persönlich vereinbaren. An diesem Tag beginnt sich seine Spur zu verlieren. Der sowjetische Geheimdienst nahm ihn wohl im Januar 1945 als Spion fest – eine Absurdität. Letzte Spuren aus dem Jahre 1947 weisen ihn als Gefangenen Nummer 7 im berüchtigten Lubjanka-Gefängnis in Moskau aus. 1989 erhielt die Familie seine Kleider, sein Geld und sein Tagebuch zurück. Bis heute herrscht keine Gewissheit über sein Schicksal, aber es ist sehr wahrscheinlich, dass er nach dem Krieg vom sowjetischen Geheimdienst umgebracht wurde.

Ohne ihn persönlich je kennengelernt zu haben, wage ich zu behaupten: Er folgte seinem Sinn. Sein Sinn war es, Leben zu schützen, zu erhalten, menschliches Leben gegen Tyrannei und Wahnsinn zu verteidigen. Er dachte nicht zunächst an sich, er dachte an andere Menschen, an den Nächsten, egal ob Jude, Christ, Atheist, ob Einheimischer oder Fremder. Er hatte sich in einer Zeit der Apokalypse für die Menschlichkeit entschieden und lebte diese Entscheidung mit aller Konsequenz. Für mich ist Raoul Wallenberg eine Ikone des Humanismus. Indem er den Menschen und die Humanität über seine eigenen Ängste, über sein persönliches Risiko stellte, konnte er zu dem werden, der er war: ein Held.

Die Vorbilder auf dem Weg

War Raoul Wallenberg mutig? Oder einfach nur naiv? Lange konnte ich diese Fragen nicht beantworten. Ich spürte nur dieses tiefe Gefühl der Bewunderung für ihn, diese fast magnetische Anziehung.

Heute glaube ich, Antworten auf diese Fragen gefunden zu haben. Seine Taten spiegelten etwas, was ich mir lange selbst verboten habe: in konsequenter und wenn nötig radikaler Weise den eigenen Weg zu gehen. Er folgte ohne Wenn und Aber seinem inneren Kompass und brach auf eine extrem gefährliche Reise auf. Er überwand seine Angst und folgte seinem Sinn. Er sagte sich von allen Zwängen und allen Versuchen seiner Umgebung, ihn zu stoppen, los. Er wurde ganz er selbst, ohne Angst und mit großer Klarheit.

Die Weisheit einer »Perle«

Raoul Wallenberg ist eine Figur der Weltgeschichte. Manchmal kommen uns die Vorbilder in der Kunst zu leben allerdings auch ganz unscheinbar nahe: im Alltag und auf leisen Sohlen. Auch dazu eine Erfahrung: Wir lebten vor vielen Jahren in Köln und suchten eine Putzhilfe. Eine Freundin meiner Mutter empfahl uns ihre »Perle«, wie sie sich ausdrückte. Und so lernte ich sie, eine Frau in ihren Fünfzigern, kennen und erfuhr ihre Geschichte. Noch vor dem Mauerbau war sie aus der DDR geflohen – nicht aus politischen Motiven, sondern weil sie dem engen Mief ihres Elternhauses entfliehen wollte. Sie suchte das freie Leben, um es, wie sie es gerne ausdrückte, »mal so richtig krachen zu lassen«. Eine Großstadt im freien Westen Deutschlands sollte es sein, eine Stadt voller Leben und Abenteuer, wo richtig was los war. So landete sie schließlich in Köln und stürzte sich im wahrsten Sinne des Wortes ins pralle Leben.

Eine Familie wurde gegründet, doch dann kam alles ganz anders als gehofft. Ihr Mann wurde Alkoholiker und kümmerte sich um nichts. Im Gegenteil, er machte ihr das ohnehin beschwerliche Leben noch zusätzlich schwer. Notgedrungen wurde sie zur alleinigen Versorgerin ihrer Kinder und begann in Doppelschichten zu leben: nachts Waggonputzen bei der Bahn, tagsüber Putzstellen in mehreren Haushalten – und das über Jahrzehnte.

Sie trennte sich von ihrem Mann und zog ihre Kinder alleine groß. Als ich ihr begegnete, spürte ich dieses tiefe, echte Lächeln in ihrem Herzen. Ich war fasziniert, als ich sie zum ersten Mal traf. Mein Sohn, damals noch ein Kleinkind, verliebte sich sofort in sie. Und die Liebe eines Kindes ist stets ein unbestechlicher Indikator dafür, wie echt ein Mensch ist.

Bei ihr gab es keine großen philosophischen Diskussionen. Die Dinge des Alltags wurden schnell, pragmatisch und vor allem handfest gelöst. Ehe man sichs recht versah, hatte sie schon eine Antwort und zugleich eine Handlungsanweisung parat. Besonders Ehemänner hatten auf der Hut zu sein, denn bei denen kannte sie kein Pardon. Mit ihrem blauen Ford preschte sie durch die Stadt, von einer Arbeitsstelle zur nächsten. Man konnte ihr blind vertrauen: Egal, ob Geld, Schlüssel oder Kinder, bei ihr war alles in guten Händen.

Eines Tages waren wir allein, und ich fragte sie, was denn der Grund ihrer guten Laune und das Geheimnis ihrer positiven Lebenseinstellung sei. Sie schaute mich kurz an und sagte dann einen Satz in ihrer besonderen Mischung aus Sächsisch und kölschem Dialekt, an den ich mich noch heute genau erinnere: »Herr Kohl, isch vergleiche nit.« Das saß. Sie sah mir meine Überraschung an. Also fuhr sie fort: »Es ist alles eine Frage des Vergleichens. Die anderen haben mehr als ich. Großes Haus, toller Job, viel Geld. Ich bin nur eine kleine Putzfrau. Na und? Deshalb muss ich doch nicht unglücklich sein.«

Ich war tief bewegt und nahm sie in den Arm. Ich spürte, dass ich in diesem Augenblick von Weisheit berührt worden war. Weisheit hat nichts mit Intelligenz oder formaler Ausbildung zu tun. Menschen können formal enorm gebildet sein und sich trotzdem im Alltag unsäglich dumm verhalten. Zugleich fühlte ich mich in dieser Situation damals ziemlich erbärmlich. Denn diese Frau hatte mir einen Spiegel vorgehalten und mir darin eine Wahrheit gezeigt, der ich damals noch nicht gewachsen war. In diesem Spiegel sah ich einen Mann, der nach außen ein anderes Bild abgab als das, was sein inneres Gefühl und seine Selbsteinschätzung bestimmte. Dieser Mann lebte fremdbestimmt. Die Meinungen und Urteile anderer Menschen hatten große Macht über ihn. Er war gefangen durch einen inneren Kritiker, der ihn wie ein scharfer Staatsanwalt immer wieder verhörte, stets mit der gleichen Frage: »Bist du gut genug?« Und dann war da noch der innere Richter. Der saß hoch oben auf seiner Bank und senkte den Daumen nach unten, als ob er sagen würde: »Nein, Walter, du bist nicht gut genug. Du wirst nie gut genug sein.«

Ich spürte, dass in dem, was diese einfache Frau mir sagte, ein Rat für mich lag. Aber in dieser Situation war ich überfordert und tat, was ich immer tat: Ich floh vor der Wahrheit und beschäftigte mich sofort mit irgendeiner scheinbar so wichtigen Sache, einer Lappalie, mit irgendetwas – nur damit ich mich nicht mit mir selbst konfrontieren musste. Das klappte dann auch ganz gut, und schnell war die Episode verdrängt. Wieder einmal übte ich mich in einer meiner damaligen Lieblingsbeschäftigungen, der Flucht vor mir selbst. Erst mehrere Jahre nach diesem Gespräch, als ich bereits mitten in meiner schweren Lebenskrise steckte, begann ich über einen neuen Umgang mit mir selbst nachzudenken. Ich fing an, viel zu lesen, kluge Schriften weiser Männer: Seneca, Epikur, Laotse. Im Kopf haben sie mich alle erreicht. Doch diese Frau hatte mit ihrer Antwort die Tür zu meinem Herzen aufgestoßen und damit den Weg zu einem neuen Umgang mit mir selbst geebnet. Mit nur wenigen Worten beschrieb sie mir einen Weg zu mehr Freude und Gelassenheit. Es war ihr Geschenk an mich. Worte können Gift sein, sie können Gewalt ausüben und Leben zerstören. Aber sie können auch enorme positive Kräfte entfalten. Manchmal sind wenige Worte besser als ein ganzes Buch und nachhaltiger als jede akademische Lehrstunde. Die authentische und direkte Art dieser Frau war überwältigend. Sie konnte solche Sätze sagen und mich wenige Sekunden später aus dem Zimmer scheuchen, weil ich ihr und dem Staubsauger im Wege stand.

So wurde sie zu meinem Vorbild im wirklichen Leben. Und ihre Worte sind eine wirkliche Kostbarkeit, eben echte Perlen. Heute, mehr als 15 Jahre nach dieser Szene, schreibe ich in einem Buch, was sie mir damals gesagt hat. Das ist meine Art, mich bei ihr zu bedanken und zu zeigen, dass ihre Worte von mir angenommen worden sind.

Alleebäume an der Straße unseres Lebens

Jeder Lebensabschnitt verdient seine ganz eigenen Vorbilder. Für mich sind sie wie Alleebäume, die die Straße unseres Lebens säumen. Wenn wir zurückblicken und die jeweiligen Vorbilder mit der damaligen Situation verbinden, dann entsteht ein ganz besonderes Bild unseres Lebensweges. Das Bild der Straße mit den Alleebäumen sagt es schon: Man muss Vorbilder nicht hinter sich lassen oder sich von ihnen lösen. Man sollte Vorbilder nicht wegwerfen, auch wenn man sie nicht mehr braucht. Wir fällen

Alleebäume auch nicht, wenn wir sie auf unserem Weg hinter uns gelassen haben. Die verschiedenen Vorbilder auf unserem Lebensweg sollen bestehen bleiben, aber mit einer anderen Bedeutung. Heute blicken wir mit anderen Augen auf die Menschen, die in unserer Jugend unsere Ideale waren. Das entwertet sie nicht, es macht sie nicht überflüssig. Sie gehören zu unserem Weg, zu unserer Biographie. Einst haben sie uns inspiriert, beschenkt. Dafür gebührt ihnen unser bleibender Respekt.

Allerdings stimmt auch das: Vorbilder sind nur so lange ein Vor-Bild, also ein Bild, das vor uns liegt, wie sie uns eine Richtung weisen und uns dahin auf den Weg bringen. Ein Vorbild darf nie zu einer Ersatzpersönlichkeit werden. Vorbilder dürfen sich nicht verselbstständigen, zu Obsessionen, zu Zwängen mutieren. Ein Vorbild, das uns oder unser Leben in eine bestimmte Richtung zwingt, wird zur Belastung. Es übernimmt dann die Führung in unserem Leben, es prägt durch Fremdbestimmung. Wer durch Vorbilder seinen eigenen Weg verliert, der erweist sich keinen guten Dienst. Denn er macht das ursprünglich Positive des Vorbildes zu einem Negativum, er gibt seine eigene Persönlichkeit auf.

Manchmal aber erkennen wir, dass wir falsche Vorbilder hatten. Vorbilder, die uns ins Verderben geführt haben, die uns Fehler machen ließen, für die wir anderen Menschen Schmerz und Schaden zugefügt haben. In solchen Fällen sind wir natürlich aufgerufen, uns von diesen falschen Wegweisern zu lösen. Aber auch in einem solchen Fall gilt: Ganz loswerden können wir sie nie. Wie meine ich das?

Ich kenne einen Mann, der als Jugendlicher tief in die rechtsradikale Szene verstrickt war. Heute weiß er, dass er sich damals von den falschen Vorbildern leiten ließ. Damals hat er Menschen verletzt und Unrecht getan. Heute hat er sich völlig losgesagt und lebt ein neues Leben. Seine Frau kommt aus Polen, und gemeinsam bauen sie sich eine neue, eigene Existenz auf: ein nach den Maßstäben seiner alten Denkwelt unvorstellbarer Lebensweg. Auf seinem Körper befinden sich aber noch die alten Tattoos, die von seiner Vergangenheit berichten. Er steht zu diesen Tattoos – nicht in ihren Inhalten, aber zu der Tatsache, dass sie einst sein Leben bestimmt haben. Sie werden immer zu seinem Leben gehören, aber sie haben keine Macht mehr über ihn, sind heute nur mehr Beiwerk seiner persönlichen Geschichte. Er bekennt sich zu seiner Vergangenheit im Sinne von »so war ich früher«. Um im Bild zu bleiben: Auch dieser alte Allee-baum steht noch, aber er hat für ihn eine völlig andere Be-deutung.

Vorbilder helfen nur dann beim Finden des eige-nen Weges, wenn ich im Blick auf das Vorbild mein eigenes Bild entdecke und es immer klarer aufstrahlen lasse. Anselm Grün

Wichtige Menschen auf meinem Weg

Es ist ganz natürlich, dass man sich als junger Mensch an anderen orientiert und im Blick auf sie sein eigenes Selbst ausbildet. In der Kindheit und Jugend waren meine Vorbil-der mein Vater und meine Mutter. Ich war fasziniert von al-lem, was sie aus ihrem reichen Leben erzählten. Und es hat mir imponiert, wie sie gelebt haben. Für mich waren sie au-thentisch. Aber ich habe nicht aufgeschaut zu ihnen. Sie wa-ren für mich meine Eltern, die ich immer geschätzt habe, aber es war einfach Alltag, mit ihnen zu leben. Und in diesem Alltag begegnete ich natürlich auch ihren Grenzen und Schwächen. Erst heute erkenne ich wirklich, welch starke Persönlichkeiten sie waren, wie sie ihr Leben bewältigt und wie sie sich für uns Kinder immer voll und ganz eingesetzt haben.

Auch der Pfarrer war damals wichtig für mich, und der Kaplan hat mich begeistert. In der Begegnung mit ihm kam in mir der Gedanke auf, auch Priester zu werden. Meine geistlichen Verwandten waren mir ebenfalls Vorbilder. Ihnen wollte ich nacheifern. Mein Onkel Sturmius hat mich vor allem durch sein Wissen und seine theologische Tiefe beeindruckt. Im Internat begegnete ich dann einigen Mitbrüdern, die für mich Vorbild waren, so etwa P. Willigis, der mein Sport- und Religionslehrer war und uns im Internat den Geist der Weite vermittelt hat, oder P. Otto, mein Musiklehrer, der mir das Cellospielen beigebracht und mir den Sinn für die Musik erschlossen hat. Im Kloster war dann der Novizenmeister P. Augustin ein Vorbild. Dieser bescheidene Mann hatte – wie alle anderen Mitbrüder auch – seine Schattenseiten. Aber er hatte ein weites Herz und ein Gespür für die Liturgie, auch für Dichtung und Kunst. Wenn er Orgel spielte, spürte man den Geist, der hörbar wurde. Er spielte die Choralgesänge so, dass das Wesen dieser Gesänge deutlich wurde. Später kam er öfter in mein Büro, um nach meinen neuesten Büchern zu fragen, die er alle gelesen hat. Diese Vorbilder haben mich jeweils eine Zeit lang geprägt. Dann entdeckte ich auch ihre Schattenseiten. P. Otto bekam Alkoholprobleme, und hinsichtlich der theologischen Entwicklung von P. Willigis hatte ich immer mehr Anfragen und Bedenken.

Als ich dann Theologie studierte, wurde Karl Rahner für mich zum Vorbild. Er hat mich gelehrt, alle theologischen Fragen immer wieder neu zu bedenken und sie für den Menschen von heute verständlich zu beantworten. Er hat mich fasziniert mit seiner enormen Kenntnis der dogmatischen Tradition der Kirche. Und als ich dann über ihn promoviert habe, habe ich seinen Ansatz bewundert, im Menschen die Bedingungen für den Glauben an Gott und an Jesus Christus zu bedenken. Am Anfang meines Studiums gehörte auch der Jesuit Ladislaus Boros zu den Menschen, die ich wegen ihrer Fähigkeit bewunderte, im Dialog mit der Philosophie neue theologische Antworten zu geben, und zwar in einer Sprache, die mich damals sehr berührt hat.

Als Mensch und als Schriftsteller hat mich dann später Henri Nouwen sehr berührt. Ich spürte in seinen Büchern sein weites Herz, aber auch seine eigene Sensibilität, die ihm manchmal auch als Empfindlichkeit zu schaffen machte. Zweimal bin ich ihm persönlich begegnet, das erste Mal in Freiburg bei einer Begegnung mit einigen Theologen. Wir hatten den ganzen Nachmittag für uns Zeit, und zum Abschluss dieser Begegnung feierte er mit uns die Eucharistie. Da hat mich fasziniert, wie er die Bibel auslegte. Nouwen verband in allem, was er sagte, Psychologie und Spiritualität. Aber seine Psychologie war keine wissenschaftliche, sondern eine erlebte. Sie war der Hintergrund seiner spirituellen Gedanken. Was mich besonders beeindruckte, war seine absolute Ehrlichkeit. Er wollte keine Theorien aufstellen, sondern ganz persönlich sprechen: Was trägt mich wirklich? Was bewegt mich als Priester, als Christ? Wie weit hilft mir der Glaube, mein Leben zu bewältigen? Er stellte sich nicht als erfolgreichen Autor dar, sondern als einen suchenden, zweifelnden, empfindsamen Menschen. Die zweite Begegnung mit ihm war dann bei der Einweihung des Recollectio-Hauses, wo Menschen aus geistlichen Berufen innehalten und in Krisen neue Kraft schöpfen können für ihr berufliches und persönliches Leben. Henri Nouwen hat darauf hingewiesen, wie wichtig es ist, auch emotionale Konflikte in die spirituelle Entwicklung zu integrieren. Die Ansprache, die er damals in unserer kleinen Kapelle hielt, hat mich so bewegt, dass ich sie danach auswendig aufgeschrieben habe. Ich glaube, ich habe ziemlich wörtlich niedergeschrieben, was er gesagt hat, obwohl ich keinerlei Notizen gemacht hatte.

Lange habe ich mich auch mit Romano Guardini beschäftigt. Ich war öfter in Burg Rothenfels, bin die Wege gegangen, die Guardini allmorgendlich abgeschritten ist – den sogenannten Philosophenweg – und habe mich länger in die Kapelle gesetzt, die Guardinis Freund Rudolf Schwarz in seinem Auftrag gestaltet hat. Und ich habe mich immer wieder gefragt: Was war das Geheimnis seiner Person, warum hat er auf so viele junge Menschen in den zwanziger und dreißiger Jahren des letzten Jahrhunderts eine so große Faszination ausgeübt? Und ich habe davon gelesen, wie sie damals begeistert um das Feuer saßen und bis tief in die Nacht philosophische und theologische Fragen diskutiert haben. Wenn ich seine Bücher las, die so viel in den Menschen angestoßen haben, habe ich mich immer auch gefragt: Wie kann ich heute die Herzen der Menschen berühren? Aber zugleich wusste ich, dass ich Guardini nie würde kopieren können. Ich habe nicht seine Belesenheit in der Dichtung – etwa Rilke, Hölderlin, Dostojewskij – und ich kann seinen Stil nicht kopieren. Aber ich wollte wie er einfach schreiben, so schreiben, dass die Menschen meine Gedanken verstehen.

Später haben mich die ersten Bücher von Eugen Drewermann fasziniert. Das war eine neue Sprache, da beeindruckte mich der Versuch, Psychologie und Theologie, Psychologie und Bibelauslegung miteinander zu verbinden. Seine Bücher waren für mich richtige Seelennahrung. Doch dann habe ich auch seine Schattenseiten wahrgenommen. Und irgendwann einmal haben mich seine Bücher auch geärgert wegen ihres Absolutheitsanspruchs. Und dann habe ich in ihm auch einen Spiegel für mich selbst gesehen. Gerate ich auch in die Falle, mich von den Fans in eine Richtung drängen zu lassen, die nicht mehr stimmig für mich ist? Möchte ich auch Märtyrer spielen, indem ich gegen die enge Kirche aufbegehre? Und ich habe gespürt, dass das nicht mein Weg ist. Ich musste dann in der Auseinandersetzung mit Drewermann meinen Weg finden, der vor allem ein spiritueller Weg ist.

Glaubwürdigkeit bis zuletzt

In der Lektüre bin ich immer wieder Menschen nahegekommen, die mich fasziniert haben und bis heute beeindrucken: Da ist Dietrich Bonhoeffer, dessen Biographie mich beeindruckt und von dem ich nicht nur seine Notizen aus dem Gefängnis gelesen habe, sondern auch die Liebesbriefe, die er mit seiner jungen Braut gewechselt hat. Auch Alfred Delp, Mitglied des Widerstands gegen Hitler und noch im Februar 1945 von den Nazis hingerichtet, hat mich berührt. In seinen Meditationen und Schriften, die aus dem Gefängnis nach draußen geschmuggelt wurden, bewegt mich sein klares Denken und zugleich seine ehrliche Frömmigkeit. Wenn mir in diesem Zusammenhang auch der ermordete schwarze Baptistenprediger und Bürgerrechtler Martin Luther King einfällt, dann merke ich: Es waren immer religiös geprägte Menschen, die früh gestorben sind und ihre Gedanken mit dem ganzen Einsatz ihres Lebens bezahlt haben; Menschen, die angesichts des Todes tiefe Einsichten hatten und trotz ihres begrenzten und kurzen Lebens etwas Großes bewirkt haben. Hier liegt wohl auch der Grund dafür, dass sie immer noch gelesen werden und uns bis heute berühren. Es sind Menschen, die sich ganz und gar für ihre Ideen eingesetzt haben und die wussten, dass ihr Leben immer in Gefahr ist. Noch angesichts des drohenden Todes haben sie Hoffnung und Gelassenheit ausgestrahlt. Sie haben ihre Aufmerksamkeit nicht darauf gerichtet, große Theorien zu entwickeln und neue theologische Einsichten zu vermitteln. Sie haben geschrieben, was sie selbst zutiefst bewegt hat. Und sie haben ihr Leben nicht geschont, sondern sind konsequent für das eingetreten, was sie verkündet haben, auch wenn es sie das Leben kosten sollte.

Ein neuer Blick

In der Jugend wollte ich meinen Vorbildern immer nacheifern und sie kopieren. Je älter ich wurde, desto mehr erkannte ich, dass das nicht geht. Trotzdem war, im Nachhinein gesehen, dieser jugendliche Eifer gut. Denn die Vorbilder haben mich angespornt, an mir zu arbeiten. Sie haben mir Mut gemacht, nicht zu klein von mir zu denken. Sie haben mir geholfen, darauf zu vertrauen, dass auch ich eine Aufgabe in dieser Welt habe. Diese Menschen sind schließlich eine Herausforderung geworden, mich selber zu fragen: Was ist eigentlich *meine* Sendung in dieser Welt? Was hat Gott mit *mir* vor? Wo sollte *ich* mein Leben riskieren? Wofür sollte *ich* mich mit meiner ganzen Kraft einsetzen? Was ist der Glaube, der mich wirklich trägt? Und wie möchte ich meinen Glauben den anderen vermitteln? In diesen Fragen liegt die Schubkraft für eine Weiterentwicklung. Sie helfen mir, nicht stehen zu bleiben. Meine Vorbilder haben mich also auf den Weg gebracht, mich auf diesem Weg begleitet und unterstützt. Aber es ist nicht mehr die Vorstellung in mir, dass ich sie kopieren möchte oder imitieren könnte.

Das eigene Bild entdecken

Ich selber habe nicht den Ehrgeiz, Vorbild für andere zu sein. Ich spüre, wie manche Menschen mich gerne als Vorbild hinstellen, wie sie ihre eigenen Sehnsüchte auf mich projizieren. Ich kann und möchte sie nicht daran hindern. Denn ich glaube, viele Menschen brauchen Menschen, zu denen sie aufschauen. Aber ich muss für mich immer wissen, dass ich kein Vorbild bin, dass ich nicht dieser ideale Mensch bin, für den mich manche halten. Das habe ich von Henri Nouwen gelernt. Er hat sehr ehrlich über seine eigenen Schattenseiten geschrieben und gesprochen, von seiner Bedürftigkeit nach Beziehung und Begegnung, auch von seiner Empfindlichkeit, wenn er nicht die Zuwendung bekommen hat, die er sich gewünscht hat. Diese Aufrichtigkeit hat mich beeindruckt. Auch für mich ist es wichtig, dass ich meinen Weg ehrlich gehe. Aber ich denke nicht daran, für andere Vorbild sein zu wollen. Da würde ich mich über meine eigene Begrenztheit und Bedürftigkeit erheben. Das täte mir nicht gut. Da würde ich blind sein für meine eigene Menschlichkeit und Fehlerhaftigkeit. Ich möchte authentisch sein. Ob ich dann für andere ein Vorbild bin oder nicht, überlasse ich diesen anderen. Das ist nicht meine Aufgabe. Ich stelle mich nicht als Vorbild hin, sondern ich versuche so zu leben, wie es für mich stimmt. Aber ich spüre eine Verantwortung für die Menschen, für die ich schreibe. Ich möchte sie durch mein Leben nicht enttäuschen.

Ich erlebe heute, dass einzelne Menschen von den Medien sehr schnell zu Ikonen emporgehoben werden. Und viele Leute schauen auf zu ihnen. Aber ich erlebe oft auch, dass dieses Aufschauen ohne Folgen bleibt. Es ist mehr ein Sonnen im Glanz eines anderen, etwa des Dalai Lama, von Mutter Teresa, von Oscar Romero oder Thomas Merton.

Aber es findet oft keine Auseinandersetzung statt. Manchmal habe ich den Eindruck, dass die Vorbilder als Alibi fungieren: Weil es so gute Menschen gibt und weil ich die bewundere, habe ich schon teil an ihrer Aura, ohne dass ich überlege, wie ich denn mein eigenes Leben authentisch gestalten möchte. Ein solches Aufschauen zu Vorbildern bleibt unfruchtbar. Es gleicht eher einer Heldenverehrung. Vorbilder helfen nur dann beim Finden des eigenen Weges, wenn ich im Blick auf das Vorbild mein eigenes Bild entdecke und es immer klarer aufstrahlen lasse.

3

~

Selbstbewusstsein und Selbstachtung

Die Beschäftigung mit dem eigenen Selbstbe-
wusstsein gleicht der Pflege eines Gartens. Wir
müssen, ja wir dürfen uns immer wieder mit ihm
beschäftigen.   WALTER KOHL

Kann man Selbstbewusstsein üben?

Selbstbewusstsein ist ein zentraler Bestandteil unseres
Selbstverständnisses und unserer Lebensgestaltung, Ich
denke es ist wohl einer der wichtigsten Lebensbausteine
überhaupt. Gesundes Selbstbewusstsein ist eine wesent-
liche Kraftquelle für ein erfülltes, uns glücklich machendes
Leben. Es sollte aber auf nicht mit einem aufgeblähten
Ego oder mit Egomanie verwechselt werden. Unser Selbst-
bewusstsein bestimmt sich ganz wesentlich durch unser
Verhältnis zu uns selbst, unsere soziale Einbindung, unsere
Stellung und Rolle in unserem Umfeld. Deshalb sollte die

Frage nach unserem Selbstbewusstsein auch einen sehr hohen Stellenwert in unserem Leben einnehmen.

Unser Selbstbewusstsein spiegelt unsere Lebensentwicklung. Es kann wachsen, aber auch verkümmern, denn es entwickelt sich entsprechend unseren Zielen, Sehnsüchten, Möglichkeiten und deren Umsetzung weiter. Es gibt daher nicht *das* »finale« Selbstbewusstsein. Seine Ausformung kann in jedem Lebensabschnitt eine jeweils eigene Gestalt finden. Diese Formen müssen jeweils zu uns passen und sollten sich mit den Dynamiken unseres Lebensweges weiterentwickeln. Wir sind immer wieder aufgerufen, uns neu und aufmerksam mit dem Thema Selbstbewusstsein zu beschäftigen, denn so wie jede Zeit ihre eigenen Antworten verlangt, bedarf jeder Lebensabschnitt seines eigenen Selbstbewusstseins.

In meinen Veranstaltungen und Seminaren spreche ich viel über dieses Thema. Allerdings nutze ich eine besondere Schreibweise, eine Wortkombination aus drei eigenständigen Begriffen:

Selbst-Bewusst-Sein.

Durch die Worttrennung wird deutlich, aus welch unterschiedlichen Teilen sich der Begriff Selbstbewusstsein zusammensetzt. Zudem liegt in dieser Schreibweise eine Aufforderung: Jede Arbeit an und mit unserem Selbstbewusstsein sollte in meinen Augen stets diese drei Elemente berücksichtigen.

Eigen- und Fremdwahrnehmung, Selbstbewusstsein

Das »Selbst« beschreibt unsere Eigen- und Fremdwahrnehmung. Wer sind wir? Wie sehen wir uns? Und wie nehmen uns die Menschen in unserem Umfeld wahr? Wie sehen sie uns? Das »Selbst« bezieht sich weniger auf unser Verhalten und unser konkretes Tun als auf die Reaktionen, die Wahrnehmungen, die unser Verhalten auslöst. Das »Selbst« ist das Ergebnis unseres Handelns, quasi die Bewertung, die wir uns selbst geben oder die wir von unserem Umfeld zurückgemeldet bekommen. Es beschreibt, wie wir uns selbst wahrnehmen und wie wir von anderen Menschen wahrgenommen werden; es ist also wie ein Beziehungsradar.

Eine Frau bat mich um Hilfe in einer für sie schwierigen Lebenssituation. Sie hatte fast 30 Jahre lang ihr Leben konsequent dem Wohl ihrer Familie untergeordnet. Sie wollte alles richtig machen und das perfekte Heim für ihren Mann, ihren Sohn und ihre Tochter schaffen. Lange Jahre schien alles gut zu gehen: Das Heim war wohlgeordnet, die Kinder inzwischen erwachsen geworden, alle hatten eine gute Ausbildung erhalten, und ihr Mann arbeitete in einem angesehenen Job. Die Familie lebte in einem schönen Haus, kannte keine finanziellen oder gesundheitlichen Sorgen. Nach all den Jahren harter Arbeit war nun die Zeit gekommen, einen neuen, gemeinsamen Lebensabschnitt mit mehr Ruhe zu genießen. Doch die Realität war ganz anders. Ihr Mann hatte inzwischen eine Beziehung mit einer viel jüngeren Frau begonnen, und auch der Sohn hatte sich unter dem Einfluss seines Vaters von ihr abgewandt. Nur ihre Tochter hielt noch zu ihr.

Eines Tages kam, was kommen musste: der Eklat. Ihr wurde klipp und klar von Mann und Sohn gesagt: Jetzt brauchen wir dich nicht mehr. Geh weg. Lass uns in Ruhe, du bist uns mit deiner Hausmütterlichkeit lästig und peinlich. Wir wollen unser eigenes, neues Leben ohne dich.

Dieser Schlag nahm ihr förmlich die Luft zum Atmen. In wenigen Tagen wurde ihr Lebenswerk, der Sinn ihres Daseins zerstört. So schien es ihr. Es war, so erzählte sie mir, als ob ein gigantisches Erdbeben ihr innerhalb kürzester Zeit förmlich den Boden unter den Füßen weggerissen hätte.

War alles umsonst gewesen? All die Jahre voller Sorge, Arbeit und Mühe? Sie fühlte sich benutzt, ja regelrecht missbraucht und konnte den Schmerz und Druck nicht länger aushalten. Also zog sie aus und floh in eine kleine Wohnung am anderen Ende der Stadt. Ihr Mann reichte die Scheidung ein, und ein heftiger Rosenkrieg mit einem deftigen Rechtsstreit entbrannte. Sie hatte plötzlich kein Geld mehr, stand allein da und musste Hartz IV beantragen. Da saß sie nun in ihrer neuen Bleibe, einer einfachen Ein-Zimmer-Dachwohnung, versank in Scham und blickte auf die rauchenden Trümmer ihres bisherigen Lebens zurück.

Ohne etwas an dieser Geschichte werten zu wollen: An diesem Beispiel wird die Wichtigkeit unserer Eigen- und unserer Fremdwahrnehmung deutlich. Die Frau sah sich jahrzehntelang als Motor, empfand sich als Nährboden ihrer Familie und definierte sich als »Kümmer-Instanz«. Ihr Mann und ihr Sohn hingegen wurden ihrer immer mehr überdrüssig und betrachteten sie sie wohl mehr nur als nützlich. Nun, da der Sohn auf eigenen Füßen stand und der Mann eine neue, jüngere Frau gefunden hatte, kam es zum Eklat. Als Frau fühlte sie sich aussortiert wie ein altes Möbelstück, das in die neue Einrichtung nicht mehr passt.

Bewusstsein ist eng mit dem Thema Eigen- und Fremdwahrnehmung verknüpft. »Bewusst« heißt: mit klarem Geist, wach und aufmerksam. Wenn wir über Bewusstsein sprechen, dann meinen wir immer auch Klarheit. Das Gegenteil von Bewusstsein, die Bewusstlosigkeit, beschreibt einen Zustand der Ohnmacht, der Hilflosigkeit, des Verlustes von Kontrolle über uns selbst, über unseren Körper und unseren Geist. Um im Beispiel der Frau zu bleiben: War sie sich ihrer wirklichen Situation vor dem Eklat bewusst?

Ich fragte sie, ob diese Situation sich für sie aus dem Nichts entwickelt oder ob es Vorboten gegeben habe. Nach einigem Nachdenken antwortete sie mir, dass es schon seit

Jahren Reibungen und Streitereien gegeben hatte, dass sie aber immer wieder um des lieben Friedens nachgegeben habe. Wegsehen war einfacher gewesen – scheinbar.

Ein wichtiger Teil unseres Selbstbewusstseins besteht in einem bewussteren Umgang mit uns selbst und mit anderen. Wir sind angehalten, bewusst zu sein und bewusst zu handeln. Wenn wir bewusst wichtigen biographischen Themen wie Eheproblemen oder Schwierigkeiten in der Beziehung zu den Eltern aus dem Weg gehen, dann dürfen wir uns nicht wundern, wenn sie uns später einholen. Flucht, Wegschauen, Davonlaufen oder Kampf, Aggression und Gewalt werden irgendwann die Reaktion sein. Aber diese Verhaltensweisen bieten zumeist keine wirklichen Lösungen, insbesondere nicht in den großen biographischen Themen unseres Lebens.

Auch die Frage nach dem »Sein« steckt in dem Wort Selbstbewusstsein: Das »Sein« in »Selbst-Bewusst-Sein« steht für unsere Art, unser Leben zu führen. Wie sind wir? Eher laut oder leise, eher gütig oder harsch, eher passiv oder aggressiv? Brauchen wir viel oder wenig zum Leben? Wie abhängig sind wir von der Anerkennung anderer? Oder genügt unsere eigene Wertschätzung für uns selbst? Müssen wir immer mehr haben, oder können wir auch einfach nur sein? Diesen Fragen sollte man sich stellen. Und ich halte die Diskussion über das Sein für eine der spannendsten Fragen des Lebens, besonders vor dem Hintergrund der Frage nach dem eigenen Selbstbewusstsein. Wie wollen wir mit den Herausforderungen und Chancen des Lebens umgehen? Wer wollen wir sein – und wer nicht?

Die Beschäftigung mit dem eigenen Selbstbewusstsein gleicht in meinen Augen sehr der Pflege eines Gartens. Wir müssen, ja wir dürfen uns immer wieder mit ihm beschäftigen. Indem wir den Garten unseres Herzens, unser eigenes Selbstbewusstsein, liebevoll pflegen, Unkraut jäten, Schädlinge bekämpfen, totes Holz entfernen und Neues pflanzen, entwickelt sich der Garten immer weiter. Wir bereiten ihn auf die wechselnden Jahreszeiten vor, wir übernehmen die Verantwortung für sein Wohl, und er dankt es uns. Durch unsere Pflege kann er blühen und gute Frucht tragen, von der wir uns selbst und andere ernähren können, durch die wir neue Kraft finden. Genauso verhält es sich mit dem Selbstbewusstsein. Wir müssen an, in und mit ihm arbeiten. Das ist in meinen Augen ein Ausdruck aktiver Lebensgestaltung. Und es ist weit mehr als üben, lernen oder verlernen: Es ist die Chance, mehr zu leben und weniger gelebt zu werden, und dies bewusst, verantwortlich und mit Augenmaß. Eben mit Selbstbewusstsein.

Missachtung und Spott

Weil unsere ganze Familie in den Jahren des Linksterrorismus gefährdet war, lebte ich jahrelang ausgegrenzt und abgesondert von anderen Kindern. Die Einsamkeit und die Ängste dieser Jahre waren belastend und schmerzhaft. Die damalige Situation überforderte mich völlig. Schlimmer noch: Damals suchte ich die Schuld vor allem bei mir selbst. Wenn alle mich so behandeln und wenn ich anscheinend so anders als die anderen Kinder behandelt werde, dann muss doch etwas falsch an mir sein, dann muss ich doch schlecht sein – so meine damalige Logik.

Heute weiß ich, dass dieses Verhalten und dieses Denken natürlich unsinnig und falsch waren, aber damals wusste ich es nicht besser. Es ging nicht um Schuld, es ging um Wahrnehmung. Ich war nicht besser oder schlechter als andere Kinder. Ich wurde nur aufgrund meiner Herkunft anders wahrgenommen und behandelt, eben als ein »Anderer unter Gleichen«. Meinungen, Vorurteile und Gefühle, die in

Wahrheit meinem Vater galten, wurden auf meine Person projiziert, denn ich war erreichbar, er nicht. Ich war der Sandsack, der die Schläge, die für einen anderen bestimmt waren, stellvertretend auszuhalten hatte. Es waren die Ansichten der anderen, die mein Leben erschwerten, nicht die Tatsache, dass ich ein Junge war, der in die Schule zu gehen hatte. Mein unfertiges Selbstbewusstsein konnte mit der Wucht der damaligen Situation nicht umgehen.

Heute weiß ich: Solche Reaktionen sind verständlich. Aber sie führen uns nur ins eigene Opferland. Wenn wir missachtet und verspottet werden, müssen wir uns zunächst fragen, was konkret die Ursache für diese Behandlung ist. Ist es unser Aussehen, unsere Herkunft, unser Tun, unser Glaube, unsere Überzeugungen, unser Anderssein? Schnell wird sich dann klären, ob wir diese Ursache ändern, also der Missachtung und dem Spott den Nährboden entziehen können oder nicht. Besonders schwierig sind Situationen, in denen wir die Ursachen nicht ändern können. In meinem Fall war das so. Schließlich kann keiner seine Herkunft wie ein Paar alter Schuhe ablegen. Wenn wir erkannt haben, dass wir das *Was*, die Ursache der Angriffe, nicht ändern können, dann lautet die eigentliche Frage: Haben wir den Willen und die Kraft, das *Wie* zu ändern, also unseren Umgang mit der Ursache der Missachtung, mit den anderen und uns selbst? Haben wir die Freiheit, das Was zu akzeptieren und unser Glück mit einem neuen Wie, mit einer neuen Antwort, einem neuen Umgang mit uns selbst zu versuchen?

Die Antwort darauf wurde für mich zu einem Wendepunkt in meinem Leben. Ich stellte mich der Tatsache: Meine Herkunft würde mich immer begleiten, ich würde nichts daran ändern können. Bei allen Erfolgen in den USA musste ich doch anerkennen, dass die Flucht vor meiner Herkunft letzlich gescheitert war, denn mein schon abgelegtes altes Leben hatte mich auch auf der anderen Seite des Atlantiks eingeholt. Es wurde immer deutlicher, dass ich wirklich neue Antworten brauchte und keinen Selbstbetrug. Meine Entscheidung nach einigen inneren Kämpfen lautete: Ich nehme meine Herkunft als unverrückbar an und beginne, an einem neuen Umgang mit mir selbst zu arbeiten. Eine große Erleichterung machte sich danach in mir breit. Alte Gefühle fielen von mir ab wie faules Obst von einem Baum: Schuld, Minderwertigkeit und Einsamkeit. Der Gedanke, dass ich mich mit meiner Herkunft positiv und konstruktiv identifizieren kann – und das auch noch auf meine ganz eigene Art und Weise –, bewirkte eine innere Revolution und schenkte mir enorme Kraft und Zuversicht. Plötzlich musste ich nicht länger vor mir selbst davonlaufen. Ich konnte mein Leben neu gestalten. Ich konnte ich selbst sein.

Heute denke ich: Selbst Mobbing, Missachtung und Verspottung können Chancen enthalten. Sie sind Alarmglocken für unsere bisherige Lebensführung und bieten – so unglaublich dies im ersten Moment klingen mag – auch eine Gelegenheit, unser Leben fundamental zu hinterfragen und zu ändern. Ab einem gewissen Punkt zwingt uns der eigene Schmerz zum Handeln. Wir brauchen eine neue Ansicht der alten Situation und damit einen neuen Umgang mit uns selbst. Bei allem Schmerz, bei aller verständlicherweise gefühlten Ungerechtigkeit werden solche Erlebnisse zu einem Weckruf: Steh innerlich auf, nimm dein Leben in deinem Sinne verantwortungsvoll und souverän in die Hand und setze neue Formen des Umgangs konsequent um: mit dir selbst, aber auch mit anderen. Nimm dich an und mach etwas aus deinem Leben.

Demut kann stark machen

Realistische Selbstannahme hat viel mit Demut zu tun. In dem für unsere Ohren so altmodisch klingenden Wort Demut steckt der Begriff Mut. Dieser Begriff beschreibt das Vertrauen in die eigene Kraft und die eigenen Möglichkeiten. Er ist Ausdruck unseres Glaubens an uns selbst. Demut heißt ja nicht Unterwürfigkeit.

Im Falle der Unterwürfigkeit verleugnen wir uns selbst, führen um der Situation willen ein Schauspiel auf, sind fremdbestimmt. Wenn wir immer unterwürfig sind, verlieren wir uns selbst. Im Fall der Demut entscheiden wir aus unserer eigenen Kraft heraus: Wo und wie ordnen wir uns ein? Müssen wir wirklich im Vordergrund stehen? Haben wir es nötig, stets die erste Geige zu spielen? Oder haben wir die Größe, uns wenn nötig zurückzunehmen, hinter andere zurückzutreten? Demut hat viel mit Einordnen, mit dem Einnehmen des rechten Platzes zu tun. Wir sind in einer Situation oder einem anderen Menschen gegenüber demütig, wenn wir uns bewusst ein- oder unterordnen, wenn wir beispielsweise das Wohl des anderen oder die Belange der Situation über unsere eigenen Interessen oder Bedürfnisse stellen. Demut wirkt durch ihre gelassene Souveränität. Sie ist Ausdruck unserer Fähigkeit, eine Lebenssituation durch weniger von Ich und ein mehr an Selbstaktiv zu gestalten.

Demut und Bescheidenheit sind enge Verwandte. Demut erkennt an, dass es etwas Wichtigeres gibt als uns selbst. Bescheidenheit meint, dass wir unsere Kraft in uns selbst finden können und sie nicht im Applaus der anderen suchen müssen. Demut ist also eine Qualität, die das Leben angenehmer und besser lebbar macht. Sie nimmt viel Konfliktstoff aus menschlichen Querelen und hat fast immer eine nachhaltige Wirkung. Wenn wir in diesem Sinn demütig sind, dann wandeln wir eine zunächst schwache Position in einer bestimmten Situation durch die Kraft und den Mut zur eigenen Unterordnung um in eine neue Stärke.

> *Für mich ist die Erfahrung, dass ich von Gott bedingungslos angenommen bin, eine Hilfe, mir selbst zu trauen.* ANSELM GRÜN

Selbstsicherheit und Fassade

Meine Erfahrung, auch in der Begleitung anderer Menschen, zeigt mir immer wieder: Selbstvertrauen, Selbstwertgefühl, Selbstbewusstsein und Selbstsicherheit – das sind Begriffe, die sehr verschieden und oft genug ungenau verwendet werden. Viele verwechseln Selbstvertrauen mit Selbstsicherheit. Sie treten sicher auf. Sie machen auf andere Leute den Eindruck, dass sie voller Selbstvertrauen seien. Aber hinter der Fassade spürt man oft eine tiefe Unsicherheit. Oft haben sie wenig Selbstvertrauen und müssen daher nach außen stark auftreten, um sich selbst vorzugaukeln, dass sie sicher seien. Oft können solche Menschen auch nicht allein sein. Sie haben Angst vor dem Gefühl von Verlassenheit. Und so ist ihre scheinbare Selbstsicherheit nur eine Verstärkung ihrer narzisstischen Struktur. Sie müssen mit Grandiosität ihre eigene innere Verlassenheit überspielen. Viele solcher Schauspieler, die nach außen so grandios auftreten, sind sich ihrer selbst nicht bewusst. Sie agieren ihre narzisstische Struktur aus. Indem sie ihre Grandiosität nach außen tragen, überspielen sie innere Unsicherheit.

Selbstbewusstsein heißt eigentlich: sich seiner selbst bewusst werden. Das bedeutet aber: sich der eigenen Wahrheit bewusst werden. Und das verlangt ehrliche Selbsterkenntnis. Ich schaue mich so an, wie ich bin. Und ich werde mir bewusst, dass in mir Stärken und Schwächen sind, dass ich Licht- und Schattenseiten habe. Ich blende nichts aus, nehme alles wahr und stehe dazu. Wer sich seiner selbst bewusst ist, hat es nicht nötig, besonders stark nach außen aufzutreten. Er muss sich nicht beweisen. Er ist einfach, wer er ist.

Selbstvertrauen hat für mich die tiefste Grundlage im Vertrauen auf Gott. Ich traue mir selbst, weil ich mich von Gott getragen fühle, weil ich weiß, dass ich von ihm ganz und gar angenommen bin. Dabei meint Selbstvertrauen nicht so sehr das Vertrauen in die eigene Kraft und Sicherheit oder in das eigene Auftreten nach außen. Selbstvertrauen heißt für mich vielmehr: Ich traue meinem wahren Selbst in dem Sinn, dass ich mir meines innersten Kerns bewusst werde. Und dieser innere Kern ist jenseits der Kategorien von Sicherheit und Unsicherheit, von Stärken und Schwächen. Er entspricht dem einmaligen Bild, das Gott sich von mir gemacht hat. Wenn ich mir dieses Bildes bewusst bin, dann muss ich mich nicht beweisen. Dann darf ich einfach sein. Und dieses einfache Sein ist wahre Freiheit und zugleich wirkliches Vertrauen. Wenn ich frei bin von dem Druck, mich beweisen zu müssen, dann werde ich auch nicht unsicher. Ich bin einfach. Ich bin in Beziehung zu mir selbst. Ich spüre mich. Ich bin in meiner Mitte. Das reine Sein ist frei von dem Zwang, sich selbst zu bewerten oder sich von anderen bewerten und beurteilen zu lassen.

Verletzungen und Kritik

Der Weg zu diesem Wesen des Selbstvertrauens geht über die Demut. Demut ist dabei als *humilitas* gemeint: als Mut, hinabzusteigen in die Tiefen meines Menschseins, in die Schattenseiten meiner Seele. Weil ich vor mir selbst und vor Gott nichts zu verbergen habe, kann ich innerlich frei sein auch gegenüber dem, was andere über mich denken oder sagen. Allerdings gilt diese innere Freiheit nur von dem innersten Kern meines Selbst. Wenn mich jemand verletzt, missachtet, verspottet, dann tut mir das nach wie vor weh. Aber es berührt nur meine emotionale Seite. Dort bin ich immer empfindlich. Und dort, im emotionalen Bereich, kann ich mich kaum wehren gegenüber verletzenden Worten. Doch ich kann durch die Emotionen hindurchgehen in den Grund der Seele. Und dort dringen die verletzenden Worte nicht ein. Dort bin ich frei von Verletzung und Missachtung. Ich bin aber nicht nur in meinem innersten Kern. Ich bin in meinem ganzen Leib und meiner ganzen Seele. Daher werde ich immer verletzt werden durch missachtende oder kränkende Worte. Aber ich kann die verletzende Wirkung relativieren, indem ich von den Emotionen in den Grund meiner Seele eintauche.

Ich selber erlebe oft verletzende Worte in Briefen, die manche an mich schreiben. Da wird mir vorgeworfen, dass ich das Christentum verfälschte, dass ich Häretiker sei oder dass ich nur so viele Bücher schriebe, um möglichst viel Geld zu verdienen. Solche Worte rufen in mir instinktiv den Impuls hervor, mich zu rechtfertigen und zu erklären. Aber dann spüre ich: Das bringt nichts. Denn die Schreiber wollen sich gar nicht auf ein Gespräch mit mir einlassen. Sie haben ihr festes Bild von mir und lassen sich dieses Bild nicht nehmen. Sie projizieren ihre eigenen Probleme auf mich. Obwohl ich das durchschaue, verletzt es mich trotzdem.

Und ich möchte dann doch jedem erklären, was mein eigentliches Motiv ist: die frohe Botschaft Jesu in einer Sprache zu verkünden, die die Menschen verstehen. Natürlich wehre ich nicht jede Kritik mit dem Argument ab, dass die anderen nur ihre eigenen Schattenseiten auf mich projizieren. Das wäre zu einfach. Ich lasse die Kritik durchaus an mich heran und frage mich, was daran richtig ist. Und dann versuche ich in mich hineinzuhören und mich zu fragen, wodurch ich in diesen Menschen diese Reaktion auslöse. Aber wenn ich dann meine eigenen Worte infrage stelle, spüre ich oft eine innere Stimmigkeit. Und dann weiß ich, dass die Kritik in erster Linie nicht mir und meinen Worten gilt, sondern eine Abwehr der eigenen Angst vor neuen Ideen darstellt.

Sündenbock und Pranger

Mit persönlichen Verletzungen können die meisten noch gut umgehen. Doch heute bekommen Verletzungen häufig eine öffentliche Dimension. Die Medien stürzen sich auf jemanden, der einen Fehler gemacht hat. Er wird von allen an den Pranger gestellt. Er wird zum Sündenbock, auf dem die Gesellschaft ihren eigenen Dreck ablädt. Sie projiziert all die verdrängten Schattenseiten auf diesen Sündenbock, den man als Monster und Ekel sieht, als einen durch und durch verdorbenen und schlechten Menschen. Um die eigene Schlechtigkeit nicht wahrnehmen zu müssen, entrüstet man sich über den anderen. Wenn der wirklich Fehler gemacht hat, werden seine Fehler letztlich unverzeihlich. Die Gesellschaft reagiert unbarmherzig. Und sie merkt gar nicht, wie sie damit ein Klima schafft, in dem immer weniger Menschen bereit sind, Verantwortung zu übernehmen. Denn sobald ich Verantwortung übernehme, bin ich in Gefahr,

zum Freiwild zu werden, das von allen möglichen selbster-
nannten Jägern gejagt wird. Da braucht es schon ein großes
Selbstvertrauen, um sich gegen diese öffentlichen Angriffe
zu wappnen. Dieses Selbstvertrauen kann aber nur der auf-
bringen, der nicht nur in sich stark ist, sondern zugleich den
Menschen vertraut. Er braucht das Vertrauen darauf, dass
die Weisen und Klugen das Theater des An-den-Pranger-
Stellens durchschauen und dass sie Achtung haben vor dem,
der zu sich selbst steht, auch wenn er von allen Seiten ange-
griffen wird.

Ich selbst bin noch nicht so an den Pranger gestellt worden. Doch ich weiß, dass es mir auch leicht passieren kann.
Wenn ich mir das vorstelle, dann hilft mir der Satz, den
Jesus vor Pilatus ausspricht: »Mein Königtum ist nicht von
dieser Welt« (Joh 18,36). Jesus steht vor Pilatus auch am
Pranger. Die Hohepriester klagen ihn an und werfen ihm
alles Mögliche vor. Pilatus hat kein Interesse an diesem an-
geklagten Juden. Doch Jesus strahlt eine Souveränität aus,
die selbst den kalten und brutalen Pilatus beeindruckt. Jesus
weiß, dass all die äußeren Vorwürfe seine königliche Würde
nicht beeinträchtigen können. Denn diese königliche Würde kommt von Gott. Und vor Gott steht Jesus als der wahre
König da. Das macht ihn innerlich frei vom Urteil der Menschen. Wer sich in dieses Wort hineinmeditiert, erfährt eine
innere Würde, die ihm niemand nehmen kann.

Jeder Mensch ist einmalig

In Gesprächen höre ich oft: »Ich habe kein Selbstvertrauen.
Ich habe Angst, in der Gruppe etwas zu sagen. Die anderen
können besser reden als ich. Ich werde leicht rot.« Ich versuche, dem Gesprächspartner dann zu vermitteln, dass er
sich nicht vergleichen muss mit den Selbstsicheren. Er darf

so sein, wie er ist. Und wenn er etwas schüchtern ist, macht ihn das ja auch sympathisch. Ich versuche, ihn zu entlasten. Denn manche meinen, sie seien krank, wenn sie wenig Selbstvertrauen haben. Und ich rate dann: »Wenn du in der Gruppe bist, versuche einfach, dich selbst zu spüren. Halte deine beiden Hände und spüre dich in deine Hände hinein. Dann stelle dir vor: Ich muss gar nichts sagen. Ich muss auch keinen Eindruck hinterlassen. Ich bin einfach ich selber. Und ich darf so sein, wie ich bin. Wenn du dann Lust hast, dann sprich einfach. Sage das, was du gerade spürst. Und denke nicht darüber nach, was die anderen darüber denken könnten. Das ist deren Problem. Sei du einfach bei dir. Und setze dich nicht unter Druck.«

Das Selbstvertrauen hängt natürlich mit frühen Erfahrungen in der Kindheit zusammen. Da haben manche mehr, andere weniger Selbstvertrauen mitbekommen. Die Vergangenheit können wir nicht mehr ändern. Wir sind aber auch nicht festgelegt auf den Mangel an Selbstvertrauen, der in unserer Kindheit begründet ist. Für mich ist die Erfahrung, dass ich von Gott bedingungslos angenommen bin, eine Hilfe, mir selbst zu trauen. Ich werde mir so meiner Einmaligkeit bewusst. Ich weiß: Jeder Mensch ist einmalig. Ich höre auf, mich mit anderen zu vergleichen. Ich muss nicht so sicher sein wie der andere, nicht so gut reden können wie andere. Ich bin ich. Das kann ich immer wieder verinnerlichen. Und dann wäre es gut, das eigene Selbst in aller äußeren Unsicherheit und durch alle Hemmungen und Blockaden hindurch auf dem Grund der eigenen Seele zu entdecken.

4

~

Zugehörigkeit und Eigensein

Je egoistischer wir sind, desto ärmer und schwä-
cher werden wir. Denn Egoismus hat einen Preis:
Einsamkeit. Glück ist eine Gemeinschaftserfah-
rung. WALTER KOHL

Ich selbst – verbunden mit Freunden

Es gibt Zugehörigkeiten, die wir selbst auswählen können,
und in andere werden wir in schicksalhafter Weise beför-
dert. So können wir uns unsere Familie oder unseren Ge-
burtsort nicht aussuchen, aber über unsere Freundschaften
entscheiden wir selbst. Dabei sind wir, ob wir es wollen
oder nicht, zugleich Individuum und »Gruppentier« – mit
jeweils ganz unterschiedlichen Rollen. Dadurch werden
unser Ich und das Wir untrennbar miteinander verbunden,
wie zwei Seiten einer Medaille. Gäbe es kein Wir, dann
würde uns der Spiegel, den die anderen uns jeden Tag vor-

halten, fehlen. Dann hätten wir nur ein sehr einseitiges Verständnis unseres Ichs. Ohne die anderen, ohne die Gruppe hätten wir keinen Bezugspunkt, der außerhalb unserer Person liegt. Deshalb leben beide, das Ich und das Wir, in einer schicksalhaften Verbindung miteinander. Sie sind aufeinander angewiesen vom ersten Tag unseres Lebens an.

Freundschaft verbindet uns mit uns selbst und mit anderen. Nirgendwo sonst werden wir so offen und transparent für andere Menschen – und damit für uns selbst – wie in unseren Freundschaften. Freundschaften sind die wahren Spiegel unserer selbst.

Ich denke dabei an die aus meiner Sicht drei zentralen Freundschaften unseres Lebens: die Freundschaft mit uns selbst, die Freundschaft mit anderen Menschen und schließlich die Freundschaft mit Gott. In diesem Bild fasst sich mein Verständnis von Freundschaft, Zugehörigkeit und Individualität zusammen.

Freundschaften bilden neben der Familie den Kern menschlichen Miteinanders. Eine Welt ohne Freundschaften wäre wie die Rückseite des Mondes, unerträglich dunkel, kalt und nicht lebenswert. Freundschaften sind bewusste Entscheidungen für eine Gemeinschaft, für eine enge Verbindung zwischen Menschen. Nicht umsonst sagt das Sprichwort: »Seine Familie kann man sich nicht aussuchen, seine Freunde schon.« Man sollte also sehr sorgfältig in der Auswahl seiner Freunde sein, denn mit zunehmender menschlicher Nähe und den damit verbundenen höheren Erwartungen an den oder die anderen werden wir auch verwundbarer.

Durch unsere Freunde lernen wir uns selbst besser kennen, mit ihnen wachsen wir, gemeinsam teilen wir Erfahrungen und Gefühle, das Schöne und das Schwere. Einem Freund können wir uns öffnen, bei ihm oder ihr sind wir sicher aufgehoben. Freunde können Geheimnisse bewahren.

Zugehörigkeit und Eigensein

Ein guter Freund ist vieles zugleich: eine Stütze, ein Fluchtort, ein Mahner und wenn nötig auch ein Antreiber für unsere persönliche Weiterentwicklung. Ein guter Freund redet uns nicht nach dem Mund, sondern hilft uns durch seine eigenständige und ehrliche Meinung. Eine Freundschaft kann also viel leisten, unser Leben ganz wesentlich bereichern. Sie ist eine der schönsten Schulen des Lebens.

Aber eines kann Freundschaft nicht: ein Ersatz für das sein, was wir in uns selber klären oder für uns selbst erarbeiten müssen. Eine Freundschaft darf kein Mittel zum Zweck sein. Wenn wir eine bestimmte Freundschaft suchen, weil der andere uns etwas zu bieten hat, was wir nicht selbst haben oder was wir nicht selbst können, dann wird diese Freundschaft in dem Moment zerbrechen, in dem die ursprüngliche Notwendigkeit nicht länger besteht. Deshalb sollten wir in diesen Fällen auch nicht von Freundschaften sprechen, sondern von »Zweckschaften«, auch wenn es dieses Wort wohl offiziell gar nicht gibt.

Wenn wir mit jemandem befreundet sind, dann sagen wir *Ja* zu diesem Menschen. Wir nehmen ihn an mit allen seine Stärken und Schwächen, mit seinen »Macken« und Fehlern und auch mit seiner Einzigartigkeit – genauso, wie unser Freund uns annimmt. Freundschaft ist ein Ausdruck gelungener Gemeinschaft. Einem Freund können wir vertrauen, seine Gegenwart genießen wir. Er schenkt uns Kraft und Freude.

Wenn wir die Freundschaft auch mit uns selbst suchen, dann müssen wir auch bei uns selbst anfangen. Wie bei einem anderen, so müssen wir auch bei der Freundschaft mit uns selbst unsere Stärken und Schwächen sowie unsere Einzigartigkeit annehmen und mögen. Nur zu gerne sind Menschen sich selbst der schärfste Kritiker und Richter. Ich weiß, wovon ich spreche. Denn lange galt für mich das selbstgemachte Dogma der eigenen Unzulänglichkeit, des

»Nicht-gut-genug-Seins«. Wenn wir uns selber Freund sind, üben wir, Ja zu uns selbst zu sagen und zugleich all das anzunehmen, was einer Weiterentwicklung bedarf. Sicher, es ist gut, auch kritisch sich selbst gegenüber zu sein. Aber solche Kritik darf nicht zum Selbstzweck mutieren. Kritik um der Kritik willen ist sinnlos. Auch – ja besonders – Selbstkritik sollte konstruktiv sein und die eigene Verbesserung, das persönliche Wachstum im Blick behalten.

»Nobody is perfect« – das gilt auch besonders für uns. Deshalb sind wir gut beraten, uns selbst mit etwas Güte zu begegnen. Unser »Ja-zu-uns-selbst« sollte auch unsere Schwächen und Fehler mit einschließen. Und schließlich: Wie können wir von jemand anderem Freundschaft erwarten, wenn wir uns selbst nicht mögen? Nur wenn wir Ja zu uns selbst sagen, können wir auch erwarten, dass andere Menschen uns bejahen können und wollen. Wer sich selbst sein ärgster Feind ist, der kann weder Freundschaft mit sich selbst noch Freundschaft mit anderen Menschen oder mit Gott finden.

In meinem Verständnis bildet die spirituelle Freundschaft mit Gott den Abschluss und Höhepunkt der drei Freundschaftsbeziehungen. Gott ist für uns nicht sichtbar oder greifbar wie ein anderer Mensch. Freundschaft mit ihm verlangt von uns ein besonderes Maß an Glauben. Glauben heißt Wissen ohne Beweis, ist ein von der Erfahrung her ungedeckter Scheck auf die Zukunft, ein Vertrauensvorschuss. Und gerade in diesem Vertrauensvorschuss liegt die unerhörte Kraft und Schönheit der Freundschaft mit Gott.

Dazu eine Erfahrung: Als Schüler der Oberstufe durfte ich mich nach Jahren des Personenschutzes und eines Lebens in einem Hochsicherheitstrakt mit Schulanschluss endlich zunehmend frei bewegen und mit meinem Roller auf Tour gehen. Ein beliebtes Ziel unserer Clique im Sommer waren die Baggerweiher im Ludwigshafener Süden. Auf dem Weg zu unseren Feten machte ich oft einen Abstecher in den Speyerer Dom. Dort saß ich dann auf meinem Lieblingsplatz in der Afra-Kapelle direkt neben dem runden, farbigen Fenster. Durch dieses Fenster schien ein warmes, buntes Licht. Die Stille der Kapelle, die Aura eines fast tausendjährigen Gebäudes und dieses besondere Licht schenkten mir innere Wärme und Geborgenheit und halfen sehr beim Beten. Damals wurde für mich aus Gebet Freundschaft. Diese Beziehung schenkt mir bis heute Kraft und Lebensfreude. Noch heute besuche ich den Dom zu Speyer gerne und regelmäßig. Dann gehe ich in die Afra-Kapelle zum Beten, setze mich auf »meinen« Platz und blicke auf die Christusfigur auf dem Altar.

Egoismus ist eine große Gefahr für Freundschaften. Er beginnt, wo die eigenen Belange und Wünsche die Vorstellungen anderer Menschen verletzen, wo Grenzen überschritten werden. Diese Grenzen sind fließend. Und wir sollten zwischen den kleinen und den großen Egoismen des Lebens unterscheiden. Wenn ein kleines Baby nachts seine Eltern zum wiederholten Male aus dem Schlaf brüllt, dann kann schon einmal der Gedanke kommen: Muss das jetzt auch noch sein? Welche Eltern kennen nicht dieses Gefühl: Schlaftrunken kümmert man sich um das Kind und blickt dabei auf die Uhr, um nachzurechnen, wie viel Schlaf noch bleibt, ehe der neue Arbeitstag beginnt? Sicher, man liebt sein Kind, aber muss dieses andauernde nächtliche Theater sein? Es muss.

Als Kinder dürfen, ja müssen wir Egoisten sein, sonst würden wir wahrscheinlich nicht überleben. Je älter wir werden, desto schwieriger wird das Thema. Egoismus hat sehr viel mit unserer Sicht der Welt zu tun. Betrachten wir die Welt als einen eher feindlichen Ort, an dem wir zum Überlebenskampf gezwungen werden? Oder denken wir, dass das Leben genug für uns bereithält, sodass wir also auch teilen können? Sicher, es braucht einen gewissen gesunden Grundegoismus, um im Leben zu bestehen. Doch wann wird aus gesundem Egoismus Schmerz für andere?

Egoismus beginnt mit Grenzüberschreitungen und -verletzungen, wenn wir vom eigenen Ego, vor allem in Gestalt von Gier, verführt werden. Je egoistischer wir sind, desto ärmer und schwächer werden wir. Egoismus hat einen Preis: Einsamkeit. Denn all die Dinge, die wir anderen in egoistischer Weise angetan haben, werden letztlich auf uns zurückfallen. Was nützen uns Reichtümer und aller Ruhm dieser Welt, wenn wir sie aufgrund unseres Egoismus nicht mit anderen Menschen teilen können? Glück ist immer auch eine Gemeinschaftserfahrung.

Autorität, Gehorsam und eigener Wille

Wer von Gemeinschaft spricht, muss auch von dem Spannungsfeld von Pflicht, Gehorsam und eigenem Willen sprechen. Sie bilden in der Tat ein komplexes Thema, denn keiner dieser Begriffe lässt sich in einer absoluten Definition bestimmen. Alle drei sind relativ, subjektiv. Aber auch hier gilt: Wir haben immer die Wahl. Definieren wir für uns selbst, was Pflicht, Gehorsam oder eigener Wille in einer konkreten Situation bedeuten? Oder lassen wir andere Menschen oder eine Institution für uns entscheiden und fügen uns dieser Vorgabe?

Die Bedeutung der eigenen Entscheidung wird besonders am Punkt Gehorsam – als innere Haltung oder als äußere Handlung bzw. Unterlassung – sichtbar. Für mich ist Gehorsam im Sinne einer freiwilligen Unterordnung unter den Willen eines anderen kein Problem gegenüber einem Menschen mit Autorität, also gegenüber jemandem, dessen

Charakter, dessen Kenntnisse und Fähigkeiten unseren Respekt verdienen, den wir als eine Führungsperson für unser Leben anerkennen. Solche Autorität muss man sich erarbeiten, sie entspringt aus Souveränität und Erfahrung.

Wahre Autorität entsteht durch Charakter. Deshalb habe ich persönlich kein Problem, Menschen mit solcher Autorität zu folgen und ihnen gehorsam zu sein in dem Sinne, dass ich auf sie höre: und zwar in dem Wissen, dass meine Bereitschaft und mein Vertrauen nicht ausgenutzt werden. Denn ein solches Verhältnis beruht auf Vertrauen.

Ganz anders verhält es sich im Umgang mit autoritären Menschen, die ihre Macht zumeist aus einer Form von Herrschaft oder Gewalt ableiten. Hier verkommt Gehorsam zu Unterwürfigkeit, zu blindem Gehorsam. Autoritäre Menschen nutzen oder benutzen andere Menschen für ihre Zwecke. Solchen Menschen sollte man besser keinen Gehorsam leisten und kein Vertrauen schenken.

Misstrauen ist angesagt, wenn Gehorsam zu blinder Gefolgschaft zu mutieren droht. Und damit meine ich nicht historisch entfernte Szenarien, wie wir sie aus dem Dritten Reich oder anderen Diktaturen kennen. Ein Beispiel aus der aktuellen Politik: Im Deutschen Bundestag ist der meiner Meinung nach verfassungswidrige Fraktionszwang gang und gäbe. Keine Regierung kann anscheinend auf ihn verzichten. Im englischen Unterhaus gibt es dafür sogar eine spezielle Jobbeschreibung: den *whip*, also den Einpeitscher. Der *whip* ist jemand, der, vor allem in Krisenzeiten, für Ordnung, Ruhe und Gehorsam in den eigenen Reihen sorgt. Im Deutschen Bundestag sind die Titel höflicher formuliert, dort heißen sie dann parlamentarischer Geschäftsführer oder Fraktionsvorsitzender. In ihrer Tätigkeit unterscheiden sie sich aber nicht voneinander.

Doch ich möchte kein Politikbashing betreiben. Sehen wir uns um im Alltag und kehren wir vor der eigenen Tür.

Meine Erfahrung, besonders als Manager in Großunternehmen, war häufig: Der Vorstand hat immer recht, und es ist klüger, sich seiner Macht zu unterwerfen. Egal, wie die Faktenlage ist, die Treppe wird nun einmal von oben gekehrt. Deshalb glauben wir manchmal auch, dass wir uns Kritik und Widerstand nicht leisten können. Vermeintlich. Wir fühlen uns zu abhängig, zu machtlos. Anpassung, Wegducken sind die Konsequenz: Gehorsam, auch wenn er noch so schal schmeckt, scheint die pragmatische Antwort zu sein. Doch werden wir damit auf Dauer glücklich? Ich bezweifle dies. Auch hier gilt: Wir müssen uns aktiv entscheiden, wem wir folgen wollen und wem nicht, wem wir uns unterordnen und wem wir uns verweigern. Gehorsam und Eigenverantwortung ergänzen sich und schließen sich nicht aus. Sich auf einen »Befehlsnotstand« zu berufen ist in der Regel nicht akzeptabel.

Pflicht und eigener Wille – beides hat viel mit unserem Gewissen zu tun. Unsere Pflicht besteht immer aus dem, was wir als Pflicht anerkennen. Wenn wir Kindererziehung als Pflicht verstehen, ist dies stets eine bewusste Entscheidung, egal, ob die eigene oder eine von anderen eingeflüsterte. In dem Kapitel »Vorbilder« habe ich über zwei Menschen geschrieben, die mich in ihrer Haltung und Pflichterfüllung tief beeindruckt haben: Raoul Wallenberg und Jacques Cousteau. Sie haben für sich persönlich entschieden, was ihre Pflicht ist: bei dem einen das Retten von Leben, bei dem anderen der Schutz der Natur durch Forschung, Bildung und Wissen.

Die Spannung zwischen Pflichten, Gehorsam und dem eigenen Willen wird es immer geben. Hier liegt die Herausforderung. Und wieder müssen wir uns entscheiden: Wollen wir diese Themen für uns selbst gestalten, oder laufen wir als passive Empfänger fremder Vorstellungen und Definitionen durchs Leben? Leben wir diese Werte bewusst, oder werden wir durch vorgegebene Vorstellungen gelebt? Wo ist Widerständigkeit oder Verweigerung angesagt? Um eine persönliche Antwort auf diese Fragen kommen wir nicht herum.

Wo endet die Verpflichtung?

Wie weit reicht mein Gehorsam? Wo endet eine Verpflichtung? Meine Mutter hinterließ mir einen Abschiedsbrief, in dem sie mich ausdrücklich bat, mich um meinen Vater zu kümmern. Ich wusste, was sie damit meinte: Kümmere dich um die praktischen Dinge, um die Themen wie Bank, Versicherungen, Haus, Auto – also die Sachen, die sie früher für ihn gemanagt hatte. Ich habe dies als Pflicht angenommen, diese als Verpflichtung sehr ernst genommen und mich jahrelang als Assistent meines Vaters in der Pflicht gefühlt. Zusammen mit meinem Bruder konnte ich vieles ordnen und aufarbeiten, was in den Jahren vor dem Tod meiner Mutter liegen geblieben war.

Doch mit der Zeit wurde immer deutlicher, dass sich die Lage verändert hatte. Eine neue Frau war nun immer offener in das Leben meines Vaters getreten. Meine Dienste waren immer weniger erwünscht. Ich spürte dies, und ein schleichender Prozess der Entfremdung setzte ein. Eines Tages, als ich ein bestimmtes Thema für ihn bearbeitete, wurde mir klar, dass wir eine Farce lebten. Ich konnte diese Fakten nicht ignorieren. Dies kann nicht länger meine Pflicht sein, so mein tiefes Gefühl in diesem Moment. Es wurde überdeutlich: Ich musste eine Entscheidung treffen. Weiter machen wie bisher oder einen neuen Weg gehen? Ich entschied mich für den neuen Weg, packte alle Aktenordner in mehrere Umzugskartons und fuhr mit ihnen nach Oggersheim. Dort stellte ich die Kisten zusammen mit einer

Inhaltsübersicht und einer To-do-Liste in die Diele. Ich hatte für meine Begriffe alles ordnungsgemäß übergeben und somit meine Assistentenpflicht gekündigt. Auf dem Rückweg fuhr ich am Grab meiner Mutter vorbei und verbrannte ihren Abschiedsbrief an der Stelle, wo ihr Oberkörper liegt. Symbolisch gab ich ihr ihren Auftrag zurück. Am Grab sagte ich zu ihr: »Mama, ich kann und will nicht mehr. Bitte nimm deinen Auftrag zurück.«

Wenn ich heute Menschen auf dem Weg der Versöhnung begleite, kommen wir regelmäßig an diese Weggabelung, wo der eigene Wille, die eigene Entscheidung gefragt sind. Besonders wenn es um Scheidungen, um Todesfälle, Gewalterfahrungen oder zerbrochene Freundschaften geht, wird das Spannungsfeld zwischen Pflicht, Gehorsam und eigenem Willen oft schmerzhaft bewusst. Dieser Schmerz ist gut. Denn nur durch diese Zuspitzung lernen wir, selbst zu entscheiden und aus alten Mustern, die uns in das Problem geführt haben, auszusteigen. Immer wieder erzähle ich dann die Geschichte mit dem Abschiedsbrief meiner Mutter und frage: »War das richtig von mir?« Schnell wechselt dann das Gespräch auf die konkrete Situation meines Gesprächspartners, und wir stellen die Frage: »Und was ist jetzt richtig für dich? Welche Antwort gibst du dir hier und heute?«

*Die Zugehörigkeit zur Gemeinschaft des Ordens
gibt mir eine klare Identität. Und so muss ich
mich nicht beweisen, sondern darf als einer auftreten, der eine klare Zugehörigkeit hat.*

ANSELM GRÜN

Klosterleben im Umbruch

Wenn ich über Identität, über Zugehörigkeit und Eigensein
nachdenke, kann ich nicht davon absehen, dass ich unter
besonderen Bedingungen lebe: als Mönch in der Gemeinschaft eines Klosters. Als Benediktinermönch habe ich bei
meiner Profess Gehorsam nach der Regel des hl. Benedikt,
Ausharren in der Gemeinschaft (*stabilitas*) und klösterlichen Lebenswandel (*conversatio morum*) gelobt. Klösterli-
cher Lebenswandel meint einmal innere Umkehr, dann aber
auch das Aufsichnehmen der klösterlichen Ordnung, also
des alltäglichen Miteinanders in seiner klaren Ordnung von
Gebet und Arbeit. Gehorsam ist nicht immer leicht. Denn
ich kann mein Leben nicht beliebig selber bestimmen. Aber
auf der anderen Seite habe ich die Erfahrung gemacht, dass
der Gehorsam mich auch herausfordern und in Bereiche
führen kann, die ich mir selbst gar nicht ausgesucht hätte, in
denen es dann aber doch auch möglich ist, Begabungen zu
entfalten, die bisher verborgen waren.

Ich bin 1964 ins Kloster eingetreten. 1968 war nicht nur
in der Gesellschaft, sondern auch im Kloster eine Zeit der
Umbrüche und des Aufbegehrens. Auch wir, die wir im
Rahmen des Klosters studierten, übernahmen viele Gedanken der Studentenrevolution. In den Jahren zwischen 1968
und 1975 sind freilich auch sehr viele Mitbrüder ausgetre-
ten. Das hat mich immer wieder verunsichert, und ich habe
mich gefragt: Warum bleibe ich? Ich habe mir vorgestellt:

Was mache ich, wenn der und der auch noch geht? Doch dann habe ich mich entschieden, zu bleiben. Das war nicht ein resigniertes Bleiben, sondern getragen von der Bereitschaft, das Mönchsleben infrage zu stellen und für uns neu zu begründen. Damals gab es eine Stimmung im Konvent, das Klosterleben sei ein Auslaufmodell. Einige junge Mitbrüder haben dann versucht, sich neu zu fragen: Wie können wir heute authentisch Mönch sein, und welche Aufgabe hat das Mönchtum in unserer Zeit? Wie können wir es verlebendigen und ein Zeichen gegen die Verbürgerlichung des Christentums setzen? Aus dieser Auseinandersetzung ist eine neue Sicht des Mönchtums hervorgegangen. Und wir bekamen wieder ein gesundes Selbstvertrauen als Mönche.

Gehorsam – neu verstanden

Zu unserer Auseinandersetzung mit dem Mönchtum gehörte auch ein neues Verständnis von Gehorsam. Wir rebellierten gegen ein Gehorsamsverständnis, das einfach nur auf das Befolgen der Weisungen des Abtes zielte. Gehorsam war für uns in erster Linie ein Horchen auf den Willen Gottes. Gott spricht in erster Linie durch die leisen Impulse unserer eigenen Seele. Gehorsam heißt also, auf sich selber horchen und auf das, was Gott auf dem Grund meiner Seele zu mir sagt. Dazu braucht es den Weg der Stille, um in diesen Grund der Seele zu gelangen. Und es braucht eine große innere Ehrlichkeit. Nur dort, auf dem Grund der Seele, wenn ich ganz im Einklang bin mit mir selbst, ist Gottes Wille mit meinem tiefsten Willen identisch. Aber oft will mein oberflächlicher Wille etwas ganz anderes als Gott. Zu diesem Horchen auf Gottes Stimme in meinem eigenen Innern gehört aber im Kloster auch das Horchen auf Gottes Stimme in der Weisung des Abtes. Ich kann nicht den Willen des Abtes mit dem Willen Gottes identifizieren. Aber ich soll zumindest mit der Möglichkeit rechnen, dass Gott auch durch den Willen des Abtes zu mir sprechen könnte. Gerade dann, wenn der Wille des Abtes mir selber nicht so angenehm ist, sollte ich mich zumindest fragen, ob Gott mich nicht durch den Abt herausfordern möchte, mich auf neue Wege zu begeben.

So ist es mir selbst ergangen, als ich nach meiner Promotion in Theologie aus Rom zurückkehrte und der Abt mich bat, ich solle Cellerar werden und zu diesem Zweck noch Betriebswirtschaft studieren. Ich fiel aus allen Wolken. Das war absolut nicht das, was ich mir von meiner Zukunft im Kloster erwartet hatte. Ich wollte viel lieber entweder in der Theologie bleiben oder aber in der Seelsorge neue Wege gehen. Aber dann habe ich mich mit den jungen Mitbrüdern beraten, die ja alle auch Kinder der 68er-Bewegung waren. Und sie meinten, es sei doch wichtig, dass einer von uns Jungen dieses Amt übernehme. Denn in diesem Amt könne man sehr viel bewirken und Wesentliches zur Spiritualität der Gemeinschaft beitragen. Denn – so ihre Überzeugung – mit Geld könne man vieles verhindern oder aber ermögli chen. Und die Erneuerung der Gemeinschaft werde nicht durch Appelle gelingen, dass wir mehr beten und spiritueller sein sollten. Vielmehr könne man durch die Schaffung eines anderen Arbeitsklimas, einer anderen Kultur des Miteinanders in der Arbeit und im Umgang mit Geld einen wichtigen Beitrag zur Verbesserung der Gemeinschaft leisten. Das leuchtete mir ein. So habe ich schweren Herzens Ja zu dieser Bitte gesagt. Ich war durchaus frei und hätte auch Nein sagen können. Gehorsam bedeutet im Kloster nicht, dass ich sofort jeden Wunsch des Abtes erfülle. Aber sein Wunsch ist eine Herausforderung, mich auf etwas einzulassen, was nicht meiner eigenen Vorstellung entsprungen ist.

Wenn ich heute zurückblicke, so kann ich sagen: Es war gut, dass ich damals gehorsam war. Gehorsam bedeutete nicht, dass ich widerwillig das tat, was der Abt von mir verlangte. Vielmehr habe ich dieses Amt mit Phantasie und Kreativität erfüllt. Dann hat es mir auch Spaß gemacht. Und ich konnte doch einiges im Kloster bewirken. Ich hatte am Anfang Angst, ich würde nur noch rein intern in meiner Aufgabe aufgehen und hätte keine Zeit mehr für das theologische Studium oder für seelsorgliche Begleitung. Doch das Gegenteil ist eingetreten. Als Cellerar konnte ich die Jugendarbeit der Abtei aufbauen. Vor mir ist diese Arbeit oft an finanziellen Fragen gescheitert. Weil ich die Jugendarbeit wirklich selber wollte, spielte das Geld keine Rolle mehr. Und ich habe damals angefangen, Bücher zu schreiben. Ich habe als Cellerar das Gästehaus gebaut und damit den Arbeitsschwerpunkt der Gemeinschaft etwas verlagert. Auf einmal kamen viele Leute in die Abtei, um unsere Kurse zu besuchen oder um sich geistlich begleiten zu lassen. Ich habe dann auch selber viele Kurse gehalten. Und auch als Cellerar hatte ich Lust, Vorträge zu halten. Ich konnte also all das, was ich ursprünglich wollte, in dieser neuen Funktion durchführen. Ich war auf der einen Seite gebunden, auf der anderen Seite aber auch frei, das zu tun, was meinem Innersten entsprach.

Offen auf die Gesellschaft hin

Und eine weitere Tür hat mir der Gehorsam geöffnet: Als Cellerar wurde ich auch von Banken und Firmen eingeladen, Vorträge oder Seminare zu halten. Und so entstanden Kurse für Führungskräfte. Und ich habe Bücher über das Führen nach der Regel des hl. Benedikt geschrieben. So konnte ich auch Einfluss nehmen auf die Unternehmenskultur von Firmen. Und ich habe den Eindruck, dass von dieser Arbeit Segen ausgegangen ist. Meine ursprüngliche Angst war also unbegründet, denn gerade als Cellerar habe ich dann doch eine große Außenwirkung erzielt.

Auch wenn die Arbeit als Autor und Referent zu meiner persönlichen Leidenschaft geworden ist, fühle ich mich trotzdem der Gemeinschaft der Mönche zugehörig und an sie gebunden. Ich spreche meine Termine mit dem Abt ab und berücksichtige die Bedürfnisse der Gemeinschaft. Und ich lasse mich auf die Gemeinschaft ein, von der ich mich getragen fühle. Ich nehme gerne am gemeinsamen Chorgebet teil und lasse mich ein auf die gemeinsame Tagesordnung. Ich übernehme auch die üblichen Dienste, zu denen z. B. gehört, alle drei Wochen die Aborte auf dem Gang zu putzen. Natürlich gibt es Ausnahmen, wenn ich zu einem Vortrag auswärts bin. Aber ich fahre normalerweise abends immer wieder nach Hause zurück. Es ist mir wichtig, dass ich den normalen Rhythmus der Gemeinschaft mitmache.

Zugehörigkeit und Einsamkeit

Aber mich ganz auf die Gemeinschaft einzulassen und doch meinen ganz persönlichen spirituellen Weg zu gehen, das ist auch eine Spannung, die ich immer wieder von Neuem einübe. Meine persönliche Beziehung zu Gott ist meine eigene Sache. Und den inneren Weg mit Gott muss ich alleine gehen. Auch im Denken bin ich frei. Da genügt es nicht, einfach nur die Gedanken der anderen nachzudenken. Ich bin verantwortlich für meinen persönlichen Weg, für das, was ich tue, für das, was ich schreibe. Das Leben in der Gemeinschaft gelingt nur, wenn das Verhältnis von Nähe und Distanz stimmt und das Verhältnis von Gehorsam und Freiheit, von Miteinander und Individualität ausgeglichen ist.

Eine andere Spannung, die ich als Mönch lebe, ist die zwischen Gemeinschaft und Einsamkeit. Das Wort »Mönch« (*monachos*) meint ja einen, der sich zurückgezogen hat aus der Gemeinschaft. Manche Kirchenväter deuten das Wort »Mönch« auch von *monas*, von der Einheit her: Mönch ist der, der mit sich selbst eins ist. Aber dieses Einssein bedeutet dann auch, mit Gott eins zu sein und mit allen Menschen eins zu sein. So erlebe ich auch mein Alleinsein. Manchmal spüre ich es schmerzlich, dass ich allein bin, dass ich keine Frau an meiner Seite habe. Aber wenn ich die traurigen Gefühle zulasse und durch sie hindurchgehe in den Grund meiner Seele, dann erlebe ich mich auf einmal als eins mit mir selbst, als eins mit allen Menschen und als eins mit der ganzen Schöpfung. Und auf dem Grund der Seele fühle ich mich auch eins mit Gott. Dann geschieht das, was der Psychologe Peter Schellenbaum mit seiner Formel »Alleinsein = All-eins-Sein« zum Ausdruck bringen möchte. Schellenbaum hat die Erfahrung gemacht, dass es wunderbar sein kann, all-eins zu sein, mit allem, was ist, eins zu sein. Ich gelange in der Einsamkeit nicht nur in den Grund meiner Seele, sondern in den Grund allen Seins. Und so spüre ich eine tiefe innere Zugehörigkeit zu allem, was ist. Ich fühle mich nicht getrennt, sondern mit allen und allem verbunden.

Die Zugehörigkeit zur Mönchsgemeinschaft ist auch persönlich für mich ein Segen. Wenn ich Vorträge halte, dann immer als Mönch der Abtei Münsterschwarzach. Wenn ich nur als Anselm Grün käme, ohne den Hintergrund der Mönchsgemeinschaft, würde ich viele Menschen nicht erreichen. Die Zugehörigkeit zur Gemeinschaft gibt mir eine klare Identität. Und so muss ich mich nicht als Einzelner beweisen, sondern darf als einer auftreten, der eine klare Zugehörigkeit hat.

Ich fühle mich aber nicht nur der Mönchsgemeinschaft

zugehörig, sondern nach wie vor auch meiner Familie. Allerdings würde ich heute sagen: Meine Heimat ist nicht mehr Lochham, sondern Münsterschwarzach. Aber ich habe eine gute Beziehung mit meinen Geschwistern. Und im Urlaub gehe ich mit ihnen wandern. Feste wie runde Geburtstage feiern wir gemeinsam. Wenn ich mich im Konvent manchmal missverstanden fühlte, dann war mir immer auch das Gespräch mit meinen Geschwistern wichtig. Da spürte ich Verständnis und Getragensein.

Natürlich fühle ich mich auch zugehörig zur Gesellschaft, vor allem zu den Menschen im Umfeld des Klosters. Und ich frage mich immer auch, was wir als Klostergemeinschaft der Gesellschaft von heute zu bieten haben und was wir auch von ihr lernen können. Wir wollen nicht einfach aufgehen in der Gesellschaft, sondern unsere Identität wahren und so auch für die Gesellschaft eine Herausforderung darstellen. Doch wir finden unsere Identität gerade im Dialog mit der Gesellschaft.

5

~

Von Beziehung und Intimität

> *Vertrautheit entsteht, wenn die Seelen verschiedener Menschen miteinander in Berührung kommen. Um diese Art der Intimität zu erleben, müssen wir uns dem anderen gegenüber weit öffnen und ihm Vertrauen schenken. Dadurch werden wir aber auch verwundbar.* WALTER KOHL

Intimität als Grundbedürfnis

Eines meiner Lieblingslieder der Rockband Cinderella trägt den Titel: *You don't know what you've got till it is gone.* Für mich ist da von Beziehung die Rede, und es erinnert mich immer wieder an die Schönheit menschlicher Nähe. Besonders die Momente der Intimität sind ein Geschenk. Sie verbinden uns in tiefer und lang anhaltender Weise mit anderen Menschen, und was kann es Schöneres geben? Freilich wissen wir auch um ihre Vergänglichkeit und ihre Fragilität:

ein Geschenk, das wir leider oft erst zu schätzen lernen, wenn wir es verloren haben, *when it is gone.*

Die Erfahrung von Intimität beginnt gleich nach der Geburt in der intimen Gemeinschaft zwischen Mutter und Kind. Besonders diese enge Beziehung erfahren wir, auch wenn sie sich im Lauf des Lebens und der Ablösung ändert, als eine große Kraftquelle für uns. Als Menschen sind wir zeitlebens auf Gemeinschaft und Beziehung ausgerichtet, auf Kommunikation und darauf, dass wir von anderen Resonanz erfahren. Wir suchen Gemeinschaft und könnten ohne Verbundenheit mit anderen gar nicht leben. Die wohl intensivste Form von Gemeinschaft erfahren wir im geschützten Raum erlebter Nähe: der Intimität. Sie ist ein psychosoziales Grundbedürfnis: Das Gefühl der Zugehörigkeit, die Suche nach Geborgenheit, Vertrauen, Schutz, Nähe ist elementar. »Intim werden« oder »intim sein«, das hat im Deutschen zwar eine sexuelle Konnotation. Aber Intimität meint, jenseits körperlicher Kommunikation in gelebter Sexualität, eben diese besonders enge, vertrauensvolle und hochemotionale Form jeder engen Beziehung und Gemeinschaft. Das kann in einer Familie, in einer Freundschaft oder zwischen Lebenspartnern sein. Solche Vertrautheit entsteht, wenn die Seelen verschiedener Menschen miteinander in Berührung kommen. Um diese Art der Intimität zu erleben, müssen wir uns dem anderen gegenüber weit öffnen und ihm Vertrauen schenken. Dadurch werden wir aber auch verwundbar.

Die Intimität gerade sexueller Beziehungen prägt den Menschen tief. Sexualität ist ein wichtiger Teil der menschlichen Natur. Menschen sind auch sexuelle Wesen. Unterschiedliche Menschen haben unterschiedliche sexuelle Bedürfnisse, und im Laufe des Lebens ändern sich die sexuellen Gewohnheiten. Die Sexualität eines Teenagers ist sicher anders ausgeprägt als die Sexualität von Menschen in der Mitte oder am Ende des Lebens. Jeder Mensch sollte selber über seine Sexualität entscheiden können, und das gilt auch für seine sexuelle Orientierung – allerdings mit einer wichtigen Einschränkung: Die eigene Sexualität darf nicht auf Kosten anderer Menschen ausgelebt werden, und die sexuelle Freiheit des einen endet immer an der Würde des anderen. Vergewaltigung, Missbrauch von Abhängigen oder Kinderpornographie sind völlig inakzeptabel, weil sie den anderen schädigen, erniedrigen und zum Opfer machen. Sie sind kriminell, und gegen solche Verbrechen muss mit aller Härte und Konsequenz vorgegangen werden.

Wie gelungene oder integrierte Sexualität aussieht, das kann sicher nicht pauschal beantwortet werden. Eine ältere, lebenserfahrene Dame hat meiner Frau einmal ihr eigenes Geheimnis verraten: »In einer Ehe sollten drei Dinge gut funktionieren. Man muss gut miteinander sprechen können, gut miteinander essen können und gut miteinander schlafen können.« Diese Zusammenschau von Lebensfreude und Kommunikation, der geistig-seelischen und der leiblichen Dimension des Zusammenlebens hat mir gut gefallen. Solcher Lebensweisheit ist wenig hinzuzufügen.

Rückzug und Stille – Resonanz und Kommunikation

Wir sind Gemeinschaftswesen, und zugleich bleiben wir dabei auch Einzelne. Einsamkeit gehört also wesentlich zu uns, und sie hat viele Gesichter. Da gibt es die schmerzhafte Form: Wir fühlen uns verlassen, im schlimmsten Fall sogar gottverlassen. Wir fühlen uns isoliert, abgeschnitten von der Welt, von uns selbst und den anderen Menschen. Solche Einsamkeit kann körperlich schmerzen. Wenn unser Herz weint, dann wird auch unser Körper krank. Eine solche Erfahrung hindert uns auch, mit uns selber und mit anderen in

Berührung zu kommen. Das Symbol dafür ist das Gefängnis, das was ich »Opferland« nenne.

Ich habe diese Erfahrung während meiner tiefen Krise 2002 gemacht. Damals litt ich oft unter schier unerträglichen Rückenschmerzen, konnte weder gehen noch stehen und musste immer wieder mit Spritzen fit gemacht werden. Meistens kamen diese Attacken an Wochenenden, wenn es keine Ablenkung durch die Arbeit mehr gab und ich alleine an die Wand starrte. Doch Spritzen helfen nicht, sie können nur das Symptom, den akuten Schmerz, lindern. Nach mehreren Arztbesuchen in der Notaufnahme wurde mir mitgeteilt: »Herr Kohl, Sie haben wahrscheinlich einen Bandscheibenvorfall. Sie müssen operiert werden. Mit den Spritzen kann es so nicht weitergehen.«

Doch ich stemmte mich mit aller Macht gegen eine Operation. Irgendetwas in mir wusste, dass die Rückenschmerzen nur die Wirkung einer Ursache waren, die tiefer in mir steckte. Mit dem Mut der Verzweiflung begann ich zu akzeptieren, dass ich nicht länger vor mir selbst davonlaufen konnte und den Tatsachen ins Gesicht sehen musste.

Die erste Etappe auf dieser Reise zu mir selbst hieß also Einsamkeit. Je mehr ich mich mit diesem Gefühl beschäftigte, desto widersprüchlicher wurde meine Befindlichkeit. Äußerlich betrachtet war ich kein einsamer Mensch: Ich hatte Freunde, Kyung-Sook, meinen Bruder, meinen Sohn. Doch diese Menschen, die mir damals wie heute nahestehen, schienen mir damals unerreichbar weit weg, wie durch eine dicke Glaswand von mir getrennt. Mir war, als ob wir uns wohl im gleichen Zimmer befänden, aber dennoch unendlich weit voneinander entfernt wären. Es dauerte eine Weile, bis ich akzeptierte, dass das Problem nicht die anderen waren, sondern ich selbst.

Und dann sah ich einen Cartoon, der mein bisheriges Denken und Fühlen förmlich umwarf. In dem Bild ist ein

Affe in seinem Käfig im Zoo zu sehen. Vor dem Käfig stehen die Zoobesucher, um das exotische Tier zu bestaunen. Der Affe hält sich mit beiden Händen an den Gitterstäben fest und sagt in einer Sprechblase: »Ich weiß gar nicht, warum alle Leute hinter Gittern leben.« Mir ging plötzlich auf: Der Affe, das war ich! Schlimmer noch: Ich saß in meinem selbstgemachten Gefängnis. Ich hatte mich selber abgekapselt, innerlich verbarrikadiert und jeden inneren Kontakt mit anderen Menschen – und vor allem mit mir selbst – verloren. Ich war nicht einsam, ich hatte mich selbst aus Angst vor weiteren Enttäuschungen und noch mehr Schmerz einsam gemacht. Als ich das erkannte, fühlte ich eine erste Erleichterung. Mit der Zeit konnte ich Zug um Zug meine biographischen Altlasten in neuen Frieden wandeln. Dabei half mir der Weg der Versöhnung. Und mit jedem Schritt auf diesem Weg wurde mein Rücken besser. Heute bin ich frei von diesen Beschwerden. Es war nicht die Bandscheibe. Es war mein Herz, das schmerzte, und mein Rücken musste es ausbaden, da er die alten, unversöhnten Belastungen, das alte Kreuz buchstäblich nicht mehr tragen konnte.

Ganz anders verhält es sich mit der inneren Einkehr, der Stille, der Konzentration. Sie gibt uns, besonders in hektischen Zeiten, die Chance, wieder zu uns selbst zu finden, uns innerlich neu zu zentrieren. Diese Einsamkeit ist eine Quelle neuer Kraft.

Manchmal muss man richtig daran arbeiten, damit in einer Phase großer Belastung und Hektik diese kontemplative Einsamkeit möglich wird. Alle Alltagsthemen müssen organisiert sein, damit wir den Kopf frei genug bekommen. Telefon, Fernsehen, Radio, Mail und Internet müssen schweigen. Die Familie gibt uns für eine gewisse Zeit frei. Die beruflichen Themen können und müssen warten, denn jetzt sind wir selbst wichtig, jetzt brauchen wir eine Auszeit. Jetzt kann diese herrliche Stille, dieser köstliche leere Raum entstehen, in dem sich das Gefäß unserer Seele öffnet und Neues empfangen kann. Lao Tse beschreibt diese Leere in seinem Kapitel über »Das Sein des Nichts«:

Dreißig Speichen treffen die Nabe,
die Leere dazwischen macht das Rad.
Lehm formt der Töpfer zu Gefäßen,
die Leere darinnen macht das Gefäß.

Diese fruchtbare Leere muss nicht lange dauern, vielleicht nur wenige Stunden oder einen Tag. Auch wenn sie eine Zeit ohne Worte nach außen ist, ist sie doch nicht sprachlos. Sie ist unsere Gelegenheit für Worte, Gedanken und Gefühle nach innen, für unseren eigenen, inneren Dialog mit uns selbst. Ich empfinde solche Phasen der kreativen Einsamkeit wie eine Schubumkehr: Die Kraft, die sonst nach außen gerichtet ist, wird nun nach innen gelenkt und erfüllt mich mit Freude. Durch die Stille finde ich Konzentration und Ruhe. Diese fruchtbare Leere schenkt uns eine neue Verbindung mit uns selbst.

Warum scheitern Beziehungen?

Beziehungen wachsen auf dem Humus der Erwartungen. Alle Beteiligten bringen ihre Erwartungen, Sehnsüchte und Bedürfnisse ein. Werden diese gegenseitigen Erwartungen – nach Intimität, Gemeinschaft, Geborgenheit oder was auch immer – erfüllt, dann wächst und gedeiht die Beziehung, denn alle fühlen sich wohl. Beziehungen können beglückend sein. Aber sie können natürlich auch scheitern. Auch Freundschaften zerbrechen manchmal. Ein solcher Bruch trifft uns im Kern. Häufig geht es um verletztes Vertrauen, um Verrat, um Enttäuschung. Gerade weil eine Freundschaft so wertvoll, so nah, vielleicht sogar intim war, schmerzt uns ihr Zerbrechen besonders tief.

Meist scheitern Beziehungen an nicht erfüllten Erwartungen, seien sie ausgesprochener oder unausgesprochener Natur. Jede enge Beziehung entwickelt schnell ihre eigenen Regeln. Wenn diese Regeln missachtet werden, beginnt der Stress. Sobald Erwartungen verletzt und damit Grenzen überschritten werden, entstehen auch seelische Verletzungen. Am Anfang führt das vielleicht nur zu einem Stirnrunzeln, doch mit der Zeit wird der Protest immer hör- und fühlbarer. Der Druck im Beziehungskessel steigt, und irgendwann kommt es zum Eklat.

»Das hätte ich nie von dir gedacht, ich hatte immer gehofft…« oder »Glaubst du eigentlich, du kannst dir alles erlauben?«: So lauten typische Formulierungen, wenn die Krise offen ausbricht. Dann gilt es zu handeln, zu klären, neue Antworten und Regeln zu finden. Die gefährdete Beziehung braucht neue Grundlagen – oder sie wird scheitern. Wenn der Streit eskaliert, ist das regelmäßig ein Symptom dafür, dass ein Ich über dem Wir steht. Gelingt es nicht, diesen Zustand zu ändern und das Wir wieder dauerhaft in den Vordergrund zu bringen, wird es schwierig für den Fortbestand der Beziehung.

Wie umgehen mit Scheitern?

Scheitern – das gibt es nicht nur in Beziehungen, sondern auch im Beruf, beim Anstreben bestimmter Ziele, bei allen möglichen Projekten: Scheitern und Erfolge gehören im Leben zusammen wie Licht und Schatten. Wenn wir den Erfolg suchen, müssen wir auch das Scheitern als Möglichkeit anerkennen und – wenn es dann einmal so weit kommt

– akzeptieren. Unsere heutige Leistungs- und Konsumkultur suggeriert uns, dass nur der wirtschaftliche und gesellschaftliche Erfolg zählt. Aber das ist Unsinn. Auch das Scheitern zählt. Nirgendwo sonst lernen und wachsen wir mehr als im Scheitern – aber nur, wenn wir genauso akzeptierend und achtsam mit dem Scheitern umgehen wie mit dem Erfolg. Fehler und Scheitern können auch zu Chancen werden, wenn wir dafür offen sind.

Häufig wird besonders berufliches Scheitern als Bankrotterklärung unserer Person empfunden. »Der hat Pleite gemacht, der kann nichts, der ist nichts.« – »Ich habe es schon immer gewusst. Kein Wunder, dass du gescheitert bist.« Aber nur, weil wir in einem Projekt, in einem Job gescheitert sind, sind wir nicht auch zwangsläufig als Mensch gescheitert. Jeder verdient eine zweite Chance, aber nur, wenn er sie auch ehrlich nutzt und aus dem alten Scheitern seine Lehren zieht.

Jesus ist hier ein großes Vorbild für mich. In Getsemani scheint er von allen seinen Getreuen verlassen, und er fleht seinen Vater an, den Kelch des Todes und des Schmerzes an ihm vorübergehen zu lassen. Doch dieser greift nicht ein. Dazu noch das Verhalten engster Freunde und Gefährten: Petrus verleugnet ihn drei Mal, und Judas verrät ihn an seine Gegner. Das Volk stimmt gegen seine Begnadigung, als es von Pontius Pilatus danach gefragt wird. Das Leben Jesu ist, gemessen an manchen heutigen Maßstäben, also kein Ruhmesblatt, kein Nachweis von Erfolg, oder? Schlimmer noch: Jesus stirbt einen qualvollen Tod am Kreuz. Ein Beispiel für Scheitern? Für mich macht diese Geschichte klar, wie eng Scheitern und Erfolg beieinanderliegen und wie komplex Wertungen manchmal sein können. Schließlich entstand durch seinen Tod das Christentum, heute die größte Religion der Welt.

Oft liegen Erfolg und Scheitern so nahe beieinander, dass

es schwerfällt, eine Unterscheidung zu sehen. Als ich bei meinem letzten Arbeitgeber das Rennen um eine Beförderung verlor, hatte ich das Gefühl, gescheitert zu sein. Ein anderer wurde mir vorgezogen. Schlimmer noch, mein damaliger Chef bat mich, meinen Konkurrenten nach Kräften zu unterstützen, und meine damaligen Mitarbeiter sagten mir, dass sie viel lieber mich in der Leitungsposition gesehen hätten. Ich kam mir vor wie der größte Idiot. Schließlich verließ ich das Unternehmen und meine sichere Angestelltenposition, um mich selbstständig zu machen. »Selbst« und »ständig«, diese beiden Worte bezeichnen die beiden Säulen des Unternehmertums. Ihre Wahrheit konnte ich nun am eigenen Leib erfahren. Allerdings wurde durch dieses gefühlte »Scheitern« eine neue Tür in meinem Leben geöffnet. Ich war jetzt frei, zu tun, was ich wollte, solange ich es vor mir und meiner Familie verantworten konnte. Ohne diese neue Freiheit, diese Selbstständigkeit im wahrsten Sinne des Wortes wäre mein Lebensweg in den letzten zehn Jahren sicherlich gänzlich anders verlaufen.

Vertrauen und Vertrauensbrüche

Vertrauen hält menschliche Gemeinschaften oder Freundschaften zusammen. Es ist Wissen ohne Beweis, ein Vorschuss. Man spricht daher auch vom Vertrauensvorschuss. Vertrauen muss wachsen, es muss sich bewähren. Dazu braucht es Zeit und Gelegenheit. Von einer anderen Seite betrachtet gilt auch: Vertrauen ist ein Geschenk. Wenn jemand mir vertraut, dann beschenkt er mich. Und wenn ich selber jemandem vertraue, dann beschenke ich ihn oder sie. Ich persönlich schenke mein Vertrauen nur sehr vorsichtig. Manchmal kann es sein, dass ich in einem Lebensfeld einem Menschen vertraue und damit auch sein Urteil sehr ernst nehme, aber genau den gleichen Menschen in anderen Bereichen nur für begrenzt vertrauenswürdig halte.

Vertrauensbrüche sind sehr schmerzhaft. Oft wirken sie noch viele Jahre nach. Ein Vertrauensbruch ist ein Gewaltakt gegen eine zuvor wichtige und intakte menschliche Beziehung. Vertrauen und Selbstvertrauen liegen eng beieinander, nicht nur sprachlich. Das von außen verletzte Vertrauen schwächt auch unser Selbstvertrauen. Wir beginnen an uns selbst zu zweifeln und laufen Gefahr, in eine Abwärtsspirale gezogen zu werden. Allerdings, und das mag merkwürdig klingen, macht auch hier die Übung den Meister. Gerade nach meiner schwierigen Scheidung musste ich lernen, dass Vertrauensbrüche auch Teil einer Beziehung sein können. Wer die Sonne will, muss auch den Regen akzeptieren.

Heute hilft mir der Weg der Versöhnung in solchen Fällen. Vor einiger Zeit erlebte ich einen schmerzhaften Vertrauensbruch durch einen Geschäftspartner. Ich glaubte, wir seien befreundet, schließlich war ich sogar sein Trauzeuge gewesen. Doch als unsere gemeinsame Firma sich positiv entwickelte, wollte er nicht länger teilen und fand Wege, um mich heimlich loszuwerden. Dabei nutzte er eine juristische Lücke in unseren Verträgen aus und köderte hinter meinem Rücken die Mitarbeiter. Sein Antrieb war Gier, und der Erfolg schien ihm anfänglich Recht zu geben. Er zog die Trennung konsequent durch, und ich musste feststellen, dass ich mich nicht wehren konnte. Ich musste mich fügen. Als sein Spiel ruchbar wurde, war ich sehr verletzt und fühlte mich für dumm verkauft. Aber es war nun einmal soweit gekommen, die Würfel waren gefallen. Ich haderte mit dem vermeintlichen Unrecht, und es dauerte einige Zeit, bis ich mir eingestehen konnte, dass ich in diesem Fall nun einmal der Verlierer war. Als ich anfing, dieser Wahrheit ins Gesicht zu sehen, änderte sich mein Befinden. Ja, so sagte ich mir, du bist der Verlierer, du hast naiv an eine

Freundschaft geglaubt, hast darauf vertraut, und nun hast du die Quittung.

Etwa ein Jahr nach dem Eklat war ich mit dem Zug auf dem Rückweg von einer Veranstaltung. Am Bahnhof stellte ich fest, dass ich den ICE um knapp eine Minute verpasst hatte und eine Stunde warten musste. Gerade als ich überlegte, was ich mit dieser Stunde in der zugigen Bahnhofshalle anfangen sollte, klingelte mein Telefon. Erstaunt erkannte ich die Nummer unserer alten gemeinsamen Firma. Einer meiner ehemaligen Mitarbeiter meldete sich, um mir mitzuteilen, dass mein früherer Geschäftspartner letzte Nacht an einem Herzversagen gestorben war. Ich war baff und bedankte mich für die Information. Als ich aufgelegt hatte, stiegen die alten Emotionen wieder in mir auf. Ich setzte mich auf die nächste Bank. Was tun? Tausend Gedanken und Gefühle flatterten wie ein aufgeschreckter Vogelschwarm durch meinen Kopf. Schließlich nahm ich meinen Notizblock aus der Tasche und fing an, den Weg der Versöhnung zu gehen. Ich wollte Frieden mit meiner Enttäuschung von damals finden und schrieb mir meinen ganzen Frust und Schmerz von der Seele. Alles musste raus. Ich vergaß mein Umfeld, spürte weder die Kälte noch den Wind. Ich gestand mir meine damalige Fehleinschätzung der Lage und seiner Person ein. Und ich akzeptierte sie. Schritt für Schritt ging ich den Weg der Versöhnung weiter, nur diesmal in einer Art Schnelldurchlauf. Schließlich wurde mir klar, wo der eigentliche Kern meines Schmerzes lag. Es war die Enttäuschung über mich selbst, über meine dusselige Vertrauensseligkeit. Ich hatte andere Leute nach meinen eigenen Maßstäben beurteilt und großzügig übersehen, dass diese Menschen nach ihren eigenen Maßstäben denken, handeln und fühlen: Walter, nicht du bist der Maßstab, sondern jeder ist sein eigener Maßstab.

An dieser Stelle fiel eine große Last von mir ab. Bisher

war ich vom Zorn bestimmt gewesen: Man hat mich für dumm verkauft. Jetzt hatte sich das in ein ruhiges Eingeständnis meiner eigenen Grenzen verwandelt. Okay, dachte ich bei mir, dann hast du eben falsch gelegen. Aber du lebst. Und andere haben sich an ihrer Gier verschluckt. Ich hatte Frieden mit mir gemacht. Ein Energiewandel fand statt. Ich konnte förmlich spüren, wie ich mich entkrampfte. Alles war so gekommen, wie es gekommen war. Nichts war vorherzusehen gewesen. Aber nun war es eben die Realität. Und mit dieser Realität würde ich jetzt entspannt leben können.

Fast 50 Minuten hatte ich in der Kälte gesessen. Aber ich fror nicht. Ich hatte nur noch wenige Minuten bis zur Ankunft des nächsten Zugs, und eine laute Stimme in mir sagte, dass ich jetzt einen Abschluss mit dieser Geschichte finden sollte. Ohne groß nachzudenken holte ich mein Mobiltelefon aus der Tasche und wählte die Nummer der Frau meines Geschäftspartners, die jetzt seit wenigen Stunden seine Witwe war. Sie war sehr überrascht. Unter Tränen erzählte sie mir vom Tod ihres Mannes. Ich hörte ihr eine Weile zu und sagte dann: »Du weißt, dass wir nicht als Freunde auseinandergegangen sind und dass ich die ganze Geschichte als schweren Betrug empfunden habe. Aber das ist heute nicht mehr wichtig. Du hast ihn heute Nacht verloren, und das ist ein schwerer Verlust. Ich glaube, ich weiß, wie weh das tut, gerade nach dem Tod meiner Mutter. Deshalb rufe ich dich an, um dir mein Beileid auszudrücken. Ich wünsche dir Kraft und Stärke für diese schwere Zeit und denke an dich und ihn.« Sie sagte noch, wie wichtig dieser Anruf für sie sei. Auch wenn uns nichts mehr verband, so war es doch ein intensiver Moment des Friedens und der Ruhe, der entstand. Nachdem ich aufgelegt hatte, entspannte ich mich. Eine Last war abgefallen. Wieder war das Leben überraschender gewesen als jedes Drehbuch.

Kann man daraus ein allgemeines Gesetz ableiten? Ob verspieltes Vertrauen wiederhergestellt werden kann, hängt sehr vom Einzelfall ab. Die Frage ist: Will man überhaupt das alte Vertrauen wiederherstellen? Kann man eine neue Vertrauensbasis suchen? Oder zeigt der Vertrauensbruch, dass es besser ist, wenn die Wege sich trennen? Nicht nur jede Zeit verlangt ihre eigenen Antworten, auch jede Situation. Wichtig ist, dass das Opfer eines Vertrauensbruches wieder in sein inneres Gleichgewicht zurückfindet. Sonst besteht die Gefahr, dass der Vertrauensbruch wie ein Krebs in unser Selbstvertrauen oder in andere Lebensbereiche ausstrahlt. Der Weg, um gebrochenes Vertrauen zu heilen, beginnt mit unserem neuen inneren Frieden.

> *Beim Scheitern einer Beziehung soll man nüchtern analysieren, was schiefgelaufen ist, was mein Anteil und was der Anteil des Partners ist. Dabei sollte man sich nicht mit Schuldgefühlen zerfleischen, aber sich auch nicht völlig entschuldigen und alle Schuld auf den anderen schieben.*
>
> ANSELM GRÜN

Segen der Einsamkeit, Segen der Freundschaft

Als Mönch erlebe ich beides: den Segen der Einsamkeit und den Segen der Freundschaft. Ich bin gerne allein. Ich stelle mich der Einsamkeit. Aber in der Einsamkeit spüre ich manchmal auch die Wunde des Alleinseins, die Wunde, keine Frau zu haben. Diese Wunde muss ich anschauen und betrauern. Ich muss durch den Schmerz des Mangels hindurchgehen. Nur so gelange ich in den Grund meiner Seele. Die Einsamkeit gehört wesentlich zum Menschen. Und nur wenn wir uns ihr stellen, können wir gute Beziehungen eingehen. Wenn wir die Beziehung nur eingehen, um unserer Einsamkeit zu entfliehen, wird die Beziehung scheitern.

Aber neben der Einsamkeit brauche ich auch Freunde und Freundinnen. Wenn ich im Gespräch einem Freund oder einer Freundin ganz nahe komme, wenn ich spüre, dass wir die gleiche Wellenlänge haben, dass ich mich vor dem anderen nicht beweisen muss, sondern ihm alles offenbaren kann, was in mir ist, dann ist das für mich eine tiefe spirituelle Erfahrung. Und dann spüre ich, dass mir die Freundschaft allein mit Gott nicht genügt. Ich brauche auch menschliche Freundschaften. Aber zugleich halte ich an der Spannung zwischen der Freundschaft mit Gott und der Freundschaft mit einem Menschen fest. Wenn ich alles von der menschlichen Freundschaft erwarte, dann überfordere ich die Freundschaft. Ich erwarte dann vom anderen absolutes Verständnis, absolute Geborgenheit und Liebe. Aber etwas Absolutes kann letztlich nur Gott geben. Umgekehrt erlebe ich es oft auch als Illusion, zu sagen: Ich brauche nur Gott. Weil ich Gott oder Christus zum Freund habe, brauche ich keine menschliche Freundschaft. Ich erlebe solche Argumente oft in der Begleitung. Aber dann spüre ich: Da wird das menschliche Grundbedürfnis übersprungen. Weil man keinen Freund oder keine Freundin hat, flieht man vor dem eigenen Mangel in die grandiose Idee der Gottesfreundschaft, die für mich genügt. Wenn ich beides zusammen sehe, dann ergänzen sich die Freundschaft zu Gott und die Freundschaft zu einem Menschen. Die Freundschaft zu einem Menschen spüre ich emotionaler als die Freundschaft zu Gott. Und so kann ich diese emotionale Qualität, die ich in der Beziehung zu einem Freund spüre, auch in meine Beziehung zu Gott einfließen lassen.

Ehelosigkeit als Weg

Ich habe mich schon vor dem Abitur für den Weg des Mönches und damit für den Weg der Ehelosigkeit entschieden. Natürlich habe ich damals noch nicht alle Konsequenzen dieser Entscheidung bedacht. Und in den ersten Klosterjahren tauchte immer wieder einmal der Wunsch in mir auf, zu heiraten. Ich spürte, dass ich auch als Eheloser nicht an meiner Sexualität vorbeigehen kann. Aber Gespräche mit Mitbrüdern und auch mit Karlfried Graf Dürckheim, der als Therapeut Jung'sche Psychologie und Zen-Meditation miteinander verband, haben mir dann Wege aufgezeigt, wie ich mit meiner Sexualität umgehen kann. Es geht nicht darum, sie zu unterdrücken, aber auch nicht darum, sie auszuleben. Mir half es immer wieder, sie zu Ende zu denken: Welche Sehnsucht taucht in mir auf, wenn sexuelle Gefühle und Regungen mich bedrängen? Ich erkannte, dass es letztlich die Sehnsucht nach Einssein, nach Ekstase ist und die Sehnsucht, sich selbst im Leib zu spüren und sich an andere hinzugeben. Und dann überlegte ich, wie ich diese Sehnsucht so leben kann, dass sie mit meinem ehelosen Lebensentwurf übereinstimmt. Das ist nicht immer ein glatter Weg. Der Weg geht immer auch über Fehler und Irrtum. Aber es ist ein gangbarer Weg. Ich spüre, dass ich diesen Weg nur dann gehen kann, wenn ich die Sexualität in Kreativität verwandle. Das Schreiben ist für mich ein Weg, auf dem ich meine Kreativität zum Ausdruck bringen kann. Und der Weg kann nur dann gelingen, wenn ich in guter Beziehung zu mir selbst und zu meinem Leib stehe und auch die Freundschaft zu Männern und Frauen erleben darf.

Von Beziehung und Intimität

Auf der Suche nach Gottesbeziehung

In der geistlichen Begleitung begegne ich oft Priestern und Ordensfrauen, die ihre ganze Hoffnung auf die Beziehung zu Gott gesetzt haben. Jahrelang haben sie im Gebet eine intime Nähe zu Gott erfahren. Doch dann machen sie die Erfahrung, dass Gott ihnen entschwindet, dass sie nichts mehr von seiner Nähe, von seiner Liebe spüren. In drei Richtungen suche ich dann mit dem Ratsuchenden einen Weg. Der erste Weg ist das, was Johannes vom Kreuz die dunkle Nacht nennt. Die Erfahrung der Gottesferne zwingt mich, mein Gottesbild zu reinigen. Vielleicht habe ich mir Gott zu menschlich vorgestellt, wie einen guten Freund. Dieses Bild zerbricht jetzt durch die Erfahrung von Leere. Aber dann wäre es wichtig, über dieses konkrete Bild hinaus sich nach dem ganz anderen Gott auszustrecken. Der zweite Weg: Ich frage mich, ob ich mein Bedürfnis nach menschlicher Nähe übersprungen habe. Vielleicht taucht jetzt die Sehnsucht nach menschlicher Nähe auf. Und dann wäre zu überlegen, wie ich dieses Bedürfnis mit meinem spirituellen Weg als Priester oder Ordensfrau verbinden kann. Der dritte Weg: Wenn ich Gott nicht spüre, hat das häufig den Grund, dass ich mich selbst nicht spüre. Ich bringe vor Gott nicht meine ganze Wirklichkeit mit, sondern nur meine fromme Seite. Die andere, vitale Seite schneide ich ab. Ich kann Gott aber nur spüren, wenn ich mich selber spüre. Daher rate ich zuerst einmal, sich selbst intensiv wahrzunehmen, sich im Leib zu spüren, die eigenen Gefühle und Sehnsüchte wahrzunehmen. Wenn ich mich intensiv spüre, erahne ich auch, dass ich vor Gott bin, dass Gottes Gegenwart mich einhüllt. In der Sehnsucht nach Gott spüre ich schon die Spur Gottes in meinem Herzen.

Wenn Beziehungen zerbrechen

In den Gesprächen, die ich bei Kursen führe, geht es natürlich häufig auch um das Scheitern von Beziehungen. Oft haben sich die Partner auseinandergelebt. Sie haben sich nichts mehr zu sagen. Oft standen am Anfang auch zu hohe Erwartungen an den anderen oder an die Partnerschaft. Man wollte immer Liebe und Nähe spüren. Aber die Liebe ist eben mehr als Gefühl. Sie ist auch eine Entscheidung für den anderen. Solange die Ehe noch besteht, versuche ich den Ratsuchenden immer Mut zu machen, es mit einer anderen Einstellung zu probieren. Sie sollen sich nicht auf die Beziehung fixieren, sondern erst einmal für sich selbst sorgen und das tun, was ihnen weiterhilft. Sie können erst einmal ein faires Nebeneinander versuchen, in der Hoffnung, dass daraus auch ein faires Miteinander entstehen wird. Dabei sollen sie in sich die Freiheit spüren: Wenn es gar nicht gelingt, wenn ich daran zerbreche oder krank werde, kann ich immer noch gehen.

Wenn die Partnerschaft gescheitert ist, dann steht es mir nicht zu, das zu bewerten. Dann geht es darum, wie ich mit dem Scheitern umgehe. Am Anfang ruft das Scheitern starke Gefühle von Verletztsein, Schmerz, aber auch von Wut und Zorn auf den Partner hervor. Viele werden zudem von Schuldgefühlen geplagt. Sie grübeln nach, ob sie es nicht doch hätten schaffen können, die Partnerschaft zu retten. Vielleicht waren sie zu egoistisch. Vielleicht haben sie dem anderen nichts mehr zugetraut. Immer wenn eine Partnerschaft scheitert, gibt es auf beiden Seiten Schuld. Natürlich ist die Schuld verschieden verteilt. Aber es ist wichtig, den eigenen Anteil an Schuld anzuschauen. Ich soll jedoch nicht die ganze Schuld bei mir suchen. Ich soll vielmehr nüchtern analysieren, was in der Beziehung schiefgelaufen ist, was dabei mein Anteil und was der Anteil des Partners ist. Dabei sollte man sich nicht mit Schuldgefühlen zerfleischen, aber sich auch nicht völlig entschuldigen und alle Schuld auf den anderen schieben. Meinen Anteil an Schuld nehme ich auf mich. Ich halte ihn Gott ihn, bitte ihn um Vergebung. Und irgendwann steht es auch an, den Partner um Vergebung zu bitten. Aber ich kreise nicht mehr um die Schuld. Ich lasse sie los. Und ich nehme sie als Herausforderung, bescheidener von mir selbst zu denken und mich realistischer zu sehen. Die Schuld kann dann auch eine Chance sein, achtsamer in die nächste Beziehung zu gehen. In jedem von uns steckt die Vorstellung, wir könnten unser Leben lang mit einer weißen Weste herumlaufen. Die Schuld hat diese Illusion zerstört. Das tut weh. Aber es ist heilsam, damit zu rechnen, dass wir der Schuld nie ganz entrinnen können. Diese Einsicht lädt mich dazu ein, vom Thron meiner Selbstgerechtigkeit herabzusteigen und Mensch unter Menschen zu werden.

Betrauern und loslassen

Ein wichtiger Schritt beim Scheitern einer Beziehung ist das Betrauern. Ich betraue, dass diese Ehe gescheitert ist, dass damit ein Lebenstraum von mir zerbrochen ist. Betrauern bedeutet: durch den Schmerz des Zerbrechens hindurchgehen, um so in den Grund der Seele zu gelangen. Im Grund meiner Seele entdecke ich dann mein wahres Selbst. Und ich entdecke meine tiefste Sehnsucht. Der konkrete Lebenstraum ist zerbrochen, aber die Essenz des Lebenstraumes kann nicht zerbrechen. So versuche ich, auf dem Grund meiner Seele die Essenz meines Lebenstraumes zu entdecken. Dann bin ich offen für das, was mein wahres Wesen ausmacht. Und ich finde auf dem Grund meiner Seele inneren Frieden. Wenn ich das Betrauern verweigere, werde ich entweder jammern oder anklagen. Im Jammern schwimme ich im eigenen Selbstmitleid, ziehe immer dieselben Kreise und komme nie voran. Ich bleibe letztlich immer in der Vergangenheit hängen und bemitleide mich selbst, dass alles so schlimm ist. Die andere Reaktion ist die Anklage. Ich suche alle Schuld beim anderen und klage ihn an: Du hast mein Leben zerstört, du bist deiner Verantwortung, die du übernommen hast, nicht gerecht geworden. Das Selbstmitleid raubt mir alle Kraft. Das Anklagen und Beschuldigen gibt dem anderen Macht über mich. Ich bin letztlich immer noch an ihn gebunden, allerdings in einer negativen Weise. Scheitern verlangt, dass ich den anderen loslasse. Und das gelingt nur, wenn ich durch das Betrauern in meinen eigenen Grund gelange. Dort hat der andere keine Macht über mich. Dort kann er mich nicht mehr verletzen.

Vertrauensbrüche heilen

Oft wird das Scheitern einer Ehe dadurch ausgelöst, dass der Partner eine Freundin oder die Partnerin einen Freund hat. Manchmal spricht die Frau ihren Mann darauf an, weil sie eine Liebschaft vermutet. Doch der Mann leugnet es. Dann liest die Frau auf dem Handy des Mannes eine eindeutige SMS einer anderen Frau. Sie stellt den Mann zur Rede. Der wirft ihr vor, dass sie ihm nachspioniert. Doch irgendwann müssen sie sich der Wahrheit stellen. Für die Frau ist das ein Vertrauensbruch. Und häufig ist sie dann nicht fähig, ihrem Mann noch zu trauen. Vielleicht verspricht der Mann der Frau, dass er sie liebt und zu ihr steht. Er werde die Beziehung zu der anderen Frau abbrechen. Manchmal bereut der Mann, dass er sich auf die andere Frau eingelassen hat. Er bittet seine Frau um Vergebung. Aber der Frau fällt es schwer, zu vergeben. Sie fühlt sich so tief gekränkt, weil sie ihrem Mann immer vertraut hat. Es ist nicht leicht, in so einer Situation das Vertrauen wiederherzustellen. Es verlangt von beiden Seiten die Bereitschaft, dem anderen zu vergeben und wieder neues Vertrauen zu entwickeln. Es ist dann gut, die Hilfe eines Eheberaters anzunehmen oder eine Paartherapie zu beginnen. Dann könnte der Vertrauensbruch zu einer noch ehrlicheren und intensiveren Beziehung führen. Manchmal aber ist der Bruch nicht mehr zu kitten. Auch hier steht mir kein Urteil zu.

Doch grundsätzlich glaube ich, dass Vertrauensbrüche wieder geheilt werden können. Es braucht freilich von beiden Seiten die Bereitschaft dazu. Der, der seinen Partner durch eine neue Beziehung betrogen hat, muss sich den Folgen seines Tuns stellen. Er muss sich in seinen Partner und dessen Schmerz einfühlen und von ganzem Herzen um Vergebung bitten. Und zugleich muss er sich anstrengen, das Vertrauen des Partners wiederzugewinnen. Doch auch der verletzte Partner muss an sich arbeiten. Die Verletzung bringt ihn in Berührung mit alten Verletzungen aus seiner Kindheit. Vielleicht bricht eine alte Wunde wieder auf, die Erfahrung, dass er als Kind von den Eltern verlassen worden ist oder dass die Ehe der Eltern in die Brüche gegangen ist. Dann löst die Verletzung eine tiefe Angst vor neuer Verletzung in ihm aus. Um diese Angst nicht mehr zu spüren, trennt er sich dann von sich aus. Er kann die Angst nicht aushalten. Manchmal führt der Vertrauensbruch auch zu einer anderen Haltung: Ich zahle dem anderen seinen Fehler heim und lasse ihn sein Leben lang im Bußgewand herumlaufen. Jetzt bin ich stärker als er. Immer wenn er mich kritisiert, antworte ich: »Du musst gerade reden. Du hast mich damals so verletzt. Du hast die Ehe gebrochen.« Doch wenn ich so reagiere, wird die Partnerschaft nicht gelingen. Sie wird dann eher zur Hölle. Und irgendwann wird der Partner diese Hölle nicht mehr aushalten.

Ein Vertrauensbruch bringt unser Lebensgebäude ins Wanken. Er verlangt, dass wir uns unseres eigenen Fundaments bewusst werden. Was trägt mich wirklich? Und was trägt unsere Partnerschaft? Was ist der gemeinsame Grund, auf dem wir stehen und auf dem wir das wacklig gewordene Gebäude neu stabilisieren oder gar zum Teil neu errichten können? Der Bruch zeigt uns die Brüchigkeit unserer eigenen Existenz und auch die Brüchigkeit unserer Liebe. Das verlangt Demut: Nur wenn wir uns diese Brüchigkeit selber eingestehen, können wir das Vertrauen gewinnen, dass wir trotz allem miteinander den Weg in die Zukunft wagen.

Eine Frage der Gegenseitigkeit

Vertrauen ist ja nicht nur ein Thema der Partnerschaft. Um Vertrauen geht es auch im Umgang mit den Menschen und vor allem im Umgang mit Mitarbeitern. Für mich war es immer wichtig, dass ich als Cellerar den Mitbrüdern und Mitarbeitern Vertrauen geschenkt habe. Wenn ich Vertrauen schenke, dann wecke ich auch in den Mitarbeitern Vertrauen. Dann arbeiten sie gerne, dann schauen sie nicht auf die Uhr. Wenn ich misstrauisch bin, dann werden sie sich selber davor schützen und sich weniger in die Arbeit einbringen. Aber meine Erfahrung ist auch: Vertrauen kann man nicht einfach als Trick einsetzen, um eine bessere Arbeitsatmosphäre zu schaffen. Jemand hat die Ausstrahlung von Vertrauen, oder er hat sie nicht. Dann betont er zwar mit Worten, wie wichtig das Vertrauen ist, aber es geht nicht von ihm aus. Vertrauen muss in Fleisch und Blut übergehen. Das muss aus meiner Mimik, meinen Worten, meinem Leib herausstrahlen. Sonst wirkt es aufgesetzt. Und so ist es eine lebenslange Aufgabe, sich selbst und den anderen zu vertrauen. Und es ist immer wieder eine Entscheidung für den Menschen und für das Vertrauen. Vertrauen heißt immer auch Zutrauen: Ich traue dem Mitarbeiter etwas zu. Vertrauen weckt die eigenen Kräfte und Fähigkeiten. Wenn mir jemand etwas zutraut, dann traue ich es mir selber auch zu.

6

Die Macht der Gefühle

> *Gefühle können uns schützen, wenn wir Angst haben. Sie können uns zu Gestaltern unseres Lebens werden lassen, wenn wir über innere Ruhe und Selbstvertrauen verfügen. Oder sie können uns zur Qual werden, wenn wir von Selbstzweifeln und Sorgen geplagt werden.* Walter Kohl

Gefühle sind immer da

»Wir sind von Natur aus so geschaffen, dass die Kinder von den Eltern geliebt werden, und das ist der Ausgangspunkt, von dem wir zu der allumfassenden Gemeinschaft des Menschengeschlechtes gelangen« (Zenon von Kition, ca. 333 – 262/61 v. Chr.). Mit diesem Satz greift der Gründer der griechischen Philosophenschule der Stoiker eines der Hauptmerkmale des menschlichen Lebens auf: die Bedeutung des Gefühls als Urbedürfnis. Für mich heißt das in variierender Anspielung auf ein Bibelwort: Am Anfang unseres Menschseins stehen neben dem Wort auch unsere Gefühle, besonders die Liebe.

In unserer Welt zählt aber scheinbar nur der messbare Erfolg. Stören Gefühle da nur die Logik der Effizienz? Sind Emotionen etwas für das Privatleben? Wie gefährlich, wie produktiv können sie im öffentlichen, politischen und geschäftlichen Bereich werden? Wie auch immer die Antwort ausfällt – sie hat Konsequenzen für unser Leben. Sicher ist, dass die Kraft der Emotionen unser Leben prägt. Warum sonst suchen Menschen überall auf der Welt Liebe, Glück, das gute Gefühl, also Dinge, die man weder zählen noch messen oder wiegen kann? Davon, dass wir als Menschen zuallererst Gefühlswesen sind, künden unzählige Lieder, Romane, Gedichte und Kunstwerke in allen Kulturen und zu allen Zeiten. Die großen Werke der Weltliteratur sind immer auch Geschichten über Gefühle. Ob Odysseus, Romeo und Julia, Faust oder Werther, sie alle beeindrucken uns vor allem wegen ihrer Gefühle.

Liebe ist das erste Gefühl, das wir mit unserem Eintritt in das Leben kennenlernen. Sie wird somit zu einer Art Urgefühl, einer Quelle für viele andere Gefühle, ob im Guten wie bei Mitgefühl und Freundschaft oder im Schmerzenden wie bei Enttäuschung und Hass. Ohne Zweifel: Mit unserem Eintritt in die Welt beginnt unser Fühlen, und unsere Gefühle werden zu unseren ständigen Begleitern. Sie bleiben ein Leben lang untrennbar mit unserem Menschsein verbunden. Sie sind da, ob wir es wollen oder nicht. Als Menschen haben wir immer Gefühle, in jedem Augenblick unseres Seins. Wir wollen geliebt und anerkannt werden, wir wollen zugehörig, Teil einer Gemeinschaft sein und verwurzelt in einer Gruppe glücklich werden. Wir können uns unseren Gefühlen nicht entziehen. Und wenn wir es versuchen, holen uns unsere Gefühle stets wieder ein. Gefühle formen in ganz wesentlicher Weise, wie wir die Welt und unser Leben erleben: zufrieden oder unglücklich, »himmelhoch jauchzend« oder »zu Tode betrübt«, ruhig und gelassen oder aufgewühlt und gestresst. Gefühle können uns schützen, beispielsweise, wenn wir Angst haben. Sie können uns zu Gestaltern unseres Lebens werden lassen, wenn wir über innere Ruhe und Selbstvertrauen verfügen. Oder sie können uns zur Qual werden, wenn wir von Selbstzweifeln und Sorgen geplagt sind. Auch in ihrer Wirkung sind sie ganz unterschiedlich, sie können Fluch oder Segen, Kraftfresser oder Kraftquelle sein. Das liegt aber nicht an den Gefühlen an sich, sondern an unserem Umgang mit ihnen und letztlich an unserem Umgang mit uns selbst. Sogar zu Zeiten, in denen das Gefühl der Leere oder der Einsamkeit vorherrscht – Gefühle sind immer da, man kann sie nicht wie einen Lichtschalter an- oder ausschalten. Die Frage ist daher nicht so sehr, ob Gefühle stören, sondern wie wir mit der Unausweichlichkeit, mit der Omnipräsenz von Gefühlen in unserem Leben umgehen. Egal, wie viel Macht, Erfolg oder Geld wir haben, jeder Mensch muss sich seinen Gefühlen stellen. Selbst schlimmste Tyrannen wollen am Ende doch noch von ihrem Volk oder ihren Mitmenschen geliebt und verehrt werden.

So, wie wir mit unseren Gefühlen umgehen, so gehen wir insgesamt mit uns selbst um. Wir können unsere Gefühle ablehnen, uns gegen sie auflehnen, gegen sie kämpfen. Doch das führt zu einem Kampf gegen uns selbst. Oder wir können vor unseren Gefühlen davonlaufen, können versuchen, sie zu ignorieren. Dann fliehen wir am Ende vor uns selbst. Oder wir können uns von unseren Gefühlen überwältigen lassen und schließlich in Gefühlsduselei versinken. Doch es gibt noch eine andere Möglichkeit: Wir können unsere Gefühle ernst nehmen, uns mit ihnen in respektvoller und friedlicher Weise beschäftigen. Wir können sie als das nehmen, was sie sind: Signale, die uns unser Leben sendet. Und diese Signale stellen uns in unzählig vielen Varianten stets die gleiche Frage: Wie willst du mit dir selbst, deinen Erlebnissen, deinen Mitmenschen und dem Leben umgehen?

Zum Glück zählt in unserer Welt nicht nur der messbare Erfolg, denn dann würde Erfolg und damit das gelungene Leben sich auf das Anhäufen messbarer Dinge reduzieren. Was wäre das für eine ärmliche, eindimensionale Welt, in der nur Geld und Status zählen würden? Eine Welt, in der wir durch die Reduzierung des Erfolgs auf äußeren Erfolg zur emotionalen Selbstkastration gezwungen wären, in der in fast Orwell'scher Weise alle Menschen zum Takt der Trommel materiellen Erfolges marschieren müssten. Was nützen die größten Reichtümer oder Erfolge, wenn sie sich am Ende nicht gut anfühlen? Erfolge, die nicht mit unseren Gefühlen in Einklang stehen, machen nicht glücklich.

Geschäft und Gefühle

Und wie sieht es im Geschäftsleben aus? Schließen sich Geschäftsleben und Gefühle aus? Ich glaube nicht. Gerade erfolgreiche Manager und Unternehmer sind zumeist Menschen, die viel Gefühl, viel Herzblut, viel Persönliches in ihre Arbeit investieren. Ihre Mitarbeiter, Kunden und Lieferanten spüren dies als Authentizität.

Manager oder Unternehmer zu sein heißt vor allem, Menschen zu führen, und das geht nun einmal nicht ohne Gefühle. Mehr noch, gerade unser Umgang mit Gefühlen kann sehr viel mit geschäftlichem Erfolg zu tun haben. Gefühle sind in vielen Bereichen die Grundlage für Big Business, und damit meine ich nicht nur die Branchen wie Mode, Film oder Musik, wo das offensichtlich ist. Manche der größten Geschäftserfolge basieren auf klar erkannten und erfolgreich genutzten menschlichen Gefühlen und Bedürfnissen. Die explosionsartige Entwicklung der Anbieter von sozialen Medien in den letzten Jahren ist hier ein gutes Beispiel. Solche Anbieter stützen ihr Geschäftsmodell auf ein emotionales Urbedürfnis, auf das Gefühl der schnellen und leichten Erreichbarkeit, der Kommunikation in der eigenen Gruppe, des Teilens und Mitteilens, auf Gemeinsamkeit, auf das gute Gefühl, einer Gemeinschaft anzugehören. Es entbehrt meiner Meinung nach nicht einer gewissen Ironie, dass ausgerechnet digitale »Buschtrommeln« innerhalb kürzester Zeit zu einem Milliardenbusiness in unserer vermeintlich so aufgeklärten Welt geworden sind. Ihr Erfolg zeigt die Macht der Gefühle in der Wirtschaft, wenn auch in einer ganz unerwarteten Weise.

Warum kaufen Menschen teure Markenwaren? Sicher, Qualität ist ein wichtiger Aspekt. Doch viele der Kaufentscheidungen erfolgen wohl vor allem wegen des guten Gefühls, »es sich leisten zu können«, und um zu zeigen, »dass man es geschafft hat«. Der emotionale Mehrwert des Produkts liegt auch in seiner impliziten Statusbotschaft. Dieses Phänomen kann man sehr gut bei so unterschiedlichen Produkten wie Kleidung, Autos, Küchen, Möbeln, Mobiltelefonen, Stiften, Accessoires oder Uhren beobachten. Neben dem funktionalen Aspekt entscheidet stets auch das eigene Gefühl bei der Kaufentscheidung mit. Schließlich soll der Kauf »mit einem guten Gefühl« erfolgen. So gewinnen Produkte eine zusätzliche Dimension. Sie werden auch zu Gefühlsbotschaftern. Oder betrachten wir das Auto: Zunächst ein technisches Produkt, wird es gezielt über Emotionen verkauft. Deshalb legt jeder Autokonzern großen Wert auf ein unverwechselbares Design, darauf, dass die gewünschten Emotionen subtil transportiert werden. Egal, ob sportlich, aggressiv, nüchtern oder frech, das Auto ist stets ein Botschafter der Gefühlswerte seines Herstellers. Ein großer Hersteller wirbt sogar mit dem Slogan »Auto Emotion«.

Gefühle, menschliche Verhaltensweisen und Empathie werden zunehmend als wichtige Einflussgrößen für wirtschaftlichen Erfolg, vor allem auch im Konkurrenzkampf, erkannt, denn Empathie beschreibt unsere Fähigkeit, eigene und fremde Gefühle anzunehmen und in die jeweilige Situation zu integrieren. Seit ein paar Jahren werden unter Schlagwörtern wie »behavioral economics« oder »behavioral finance« die verhaltensökonomischen Aspekte wieder verstärkt von den Wirtschaftswissenschaften erforscht und berücksichtigt. Adam Smith, der Schöpfer des modernen Wirtschaftsdenkens und Vordenker des Kapitalismus, erkannte schon vor mehr als 200 Jahren die enge Verbindung von Ökonomie und Psychologie. Diese Verbindung ging Ende des 19. Jahrhunderts durch die Industrialisierung und die einsetzende Automatisierung im Denken vieler Ökonomen zunehmend verloren. In den großen, fließbandorientierten Produktionsanlagen wurde der Mensch zu einem akkordarbeitenden Gehilfen, ja manchmal zum Sklaven der Produktion degeneriert. Mit einer logischen Konsequenz: In einem solchen seelenlosen, maschinengetriebenen Umfeld stören Gefühle nur.

Durch die Digitalisierung und die damit verbundene Möglichkeit, sich von der herstellergetriebenen Massenproduktion hin zu einer kundengetriebenen, individuell ausgerichteten Einzelproduktion weiterzuentwickeln, wird der einzelne Kunde wieder sehr viel wichtiger. Dadurch wächst die Auswahl, und die Befindlichkeiten des Einzelnen werden immer wichtiger für die Kaufentscheidung. Heute hat der Kunde mehr Macht als wohl jemals zuvor in den letzten 200 Jahren. Und je wichtiger der Einzelne wird, desto mehr rücken seine Emotionen in den Blickpunkt, denn nun muss jeder Kunde einzeln und immer wieder überzeugt werden.

Das alte Denkmodell eines rein rational handelnden Homo oeconomicus, das ich noch in den 1980er Jahren als Student der Volkswirtschaft an der Universität lernte, ist überholt. Inzwischen ist klar geworden, dass diese einseitige, die menschlichen und emotionalen Dimensionen des Menschen ignorierende Weltsicht falsch ist und zu krassen Fehlurteilen und -prognosen führt.

Langsam erlebt auch die Wirtschaftswissenschaft einen Wandel des Denkens, und alte Ansichten über die Verbindung von Ökonomie und Psychologie erfahren eine von den harten Realitäten des Alltags getriebene Renaissance. Adam Smith erkannte schon im 18. Jahrhundert, dass Gier (also ein Gefühl) den zentralen Hauptantrieb für menschliches Wirtschaften darstellt. Ironie des Schicksals: Manchmal kann Fortschritt auch eine Form der Rückbesinnung auf alte Quellen darstellen.

Als Unternehmer kenne ich die Härte der Vergabekämpfe in meiner Branche bei neuen Automobilprojekten gut. Preis, Qualität und Termin scheinen den Vergabeprozess zu beherrschen. Dies mag in den ersten Runden der Auftragsvergabe, in denen die sogenannten harten Fakten die Hauptrolle spielen, noch richtig sein. Doch je mehr Anbieter ausscheiden und je weiter der Vergabeprozess fortschreitet, desto enger rückt das Feld der verbleibenden Anbieter zusammen, desto wichtiger werden die sogenannten weichen Faktoren, denn die Angebote unterscheiden sich am Ende des Vergabeprozesses immer weniger auf der Ebene der harten, messbaren Faktoren. Entscheidungsträger wollen dann häufig ihre Entscheidung nicht nur auf der Faktenebene absichern, sondern bei ihrer Entscheidung auch ein gutes Gefühl haben. Der Bauch entscheidet eben mit.

Doch auch destruktive Gefühle haben ihren berechtigten Platz in unserer Welt. »Macht kaputt, was euch kaputt macht!« So lautete ein Spontispruch der 68er-Bewegung. Von Schumpeter, einem der größten Ökonomen des 20. Jahrhunderts, kennen wir den Begriff der schöpferischen oder auch kreativen Zerstörung, durch die Neuordnung und Weiterentwicklung überhaupt erst möglich wird. Zerstörung ist dabei kein Systemfehler oder keine Katastrophe, sondern eine notwendige Grundlage für Weiterentwicklung. Seine ursprünglich auf das Wirtschaftsleben bezogene Kernaussage über Zerstörung als Motor von Weiterentwicklung und Innovation läßt sich auch auf andere Lebensbereiche ausdehnen.

Jede Entwicklung erreicht irgendwann ihren Höhepunkt und beginnt dann zu verblühen oder sozusagen zu verstopfen. Die Natur macht es uns vor. Manchmal muss der alte Wald mit all seinem toten Holz brennen, damit neuer Wald, neues Leben entstehen kann. Hier zeigt sich wieder die Macht der Gefühle. Wenn Frustration und Desillusionierung im Einzelnen oder in der Gesellschaft einen kritischen Punkt erreicht haben, dann brechen selbst die vermeintlich stärksten Systeme zusammen, so der Ostblock zu Beginn der 1990er Jahre oder die großen Wirtschaftskartelle der sogenannten *robber barons* in den USA am Ende der 19. Jahrhunderts.

Eine innere Quelle

Als Kinder haben wir ein ganz natürliches, unverkrampftes Verhältnis zu unseren Gefühlen. Erst mit zunehmender Lebenserfahrung entfremden wir uns Schritt für Schritt von ihnen. Deshalb müssen wir Gefühle nicht lernen, sondern einfach nur zu unserer inneren Quelle zurückkehren und zulassen, dass wir sie in uns annehmen und leben lassen wollen. Manchmal müssen wir lernen, dass Gefühle ihren

Raum und ihre Aufmerksamkeit in uns benötigen, genauso wie unser Körper oder unser Intellekt. So, wie wir uns um unseren Körper und unseren Intellekt kümmern, so sollten wir auch für unsere Gefühle sorgen. Ich bin überzeugt, dass so gut wie jeder Mensch den Umgang mit seinen Gefühlen lernen kann und sollte, denn die Freundschaft mit den eigenen Gefühlen ist ein wesentlicher Schritt zu mehr Lebensfreude.

Als ich während meiner großen Krise 2002 innerlich vor einem Abgrund stand, erlebte ich, wie wichtig die Rückkehr zu den eigenen Gefühlen ist. Dabei hat mir eine kleine Schrift von Anselm Grün sehr geholfen. In *Einreden* beschreibt er unter Bezugnahme auf Einsichten der alten Mönchsväter des 5. Jahrhunderts, wie stark die Wechselbeziehung zwischen unseren Gedanken und Gefühlen ist und wie sehr wir von dem, was wir uns einreden, beeinflusst werden. Durch diese Lektüre wurde mir klar, warum ich litt. Mein Herz und mein Geist strebten auseinander, und dieser Spagat wurde immer schmerzhafter. Schließlich kam ich an einen Punkt, an dem ich mich entscheiden musste: Mache ich weiter wie bisher, oder bin ich bereit, mich wirklich zu hinterfragen und auch neue Wege auszuprobieren? Anselm Grün schreibt dort: »Die Gedanken prägen unsere Haltung. Gute Gedanken machen uns gut, schlechte Gedanken dagegen lassen uns böse werden. Wie einer ist, so handelt er auch ... Wir müssen bei unseren Gedanken ansetzen und sie Gottes Geist entsprechen lassen. Dann wird auch unser Tun sich danach richten.« Gedanken bilden Brücken – nicht nur zu unseren Gefühlen, sondern auch zu unserem Handeln. Dieses Bild war so stark, dass ich anfing, mich von meinem bisherigen inneren Kampf mit meinen Erlebnissen zu lösen, um mich aktiv um meine Gedanken zu kümmern.

Schließlich akzeptierte ich, dass meine bisherigen For-

Die Macht der Gefühle

men des Umgangs mit meinen Gefühlen mich nur tiefer in mein Opferland führten und dass ich neue Antworten brauchte. Es ist nicht einfach, aus lange etablierten Denkschablonen auszusteigen, aber es ist machbar. Um mir mehr inneren Halt zu geben, formulierte ich für mich neue Weisen des Umgangs mit meinen Gefühlen:

Gefühle sind wichtig und kein Widerspruch zu unserem Intellekt. Gefühle zu haben und sie zu zeigen ist weder unmännlich noch peinlich, im Gegenteil, es erfordert Mut und Klarheit.

Heute versuche ich zu meinen Gefühlen zu stehen und sie nicht zu unterdrücken. Ich gebe ihnen stattdessen einen würdigen Platz in meinem Leben, denn sie sind ein natürlicher, guter Teil von mir. Heute weiß ich: Wer seine Gefühle missachtet, der missachtet sich selbst. Das macht mich freier, lebensfroher und selbstbestimmter, ohne mich verletzbar zu machen. Denn ich kann immer wieder neu entscheiden, welche und wie viele Gefühle ich wem wie zeigen will. Dabei sollte sorgfältig zwischen einem ehrlichen Umgang mit Gefühlen und Gefühlsduselei unterschieden werden.

Ich denke, es ist ratsam, unsere Gefühle von innen nach außen zu klären. Wir sollten zunächst in uns selbst beginnen und dann im privaten Umfeld Frieden schaffen. Dadurch schaffen wir neue innere Stabilität und Gelassenheit. Diese Stabilität und Gelassenheit wird dann auch in unsere äußere Welt wirken, ob im beruflichen oder im gesellschaftlichen Kontext. Unser professionelles Verhalten ist stets auch eine Reflexion unseres inneres Seins. Je klarer und friedlicher wir in unserem Inneren und im privaten Umfeld mit unseren Gefühlen umgehen, desto souveräner können wir berufliche oder gesellschaftliche Situationen erleben und meistern.

Als ich 2011 mein Buch *Leben oder gelebt werden* veröffentlichen wollte, riet mir mancher davon ab. »Kannst du dir als Unternehmer in der Autoindustrie ein Buch über

Gefühle leisten?«, sagten sie. Eine nicht ganz unberechtigte Sorge. Ich war mir selbst nicht sicher und wartete nach der Veröffentlichung gespannt auf mögliche geschäftliche Auswirkungen. Doch schon nach wenigen Wochen wurde ich überrascht. Zu meiner Verblüffung meldeten sich Menschen aus ganz unterschiedlichen Unternehmen, die ich zuvor gar nicht kannte, und wollten mich kennenlernen. »Herr Kohl, ich habe Ihr Buch gelesen. Ich habe das Gefühl, ich kenne Sie. Können wir uns persönlich kennenlernen, vielleicht ergibt sich ja ein gemeinsamer Ansatz?« Wer wagt, gewinnt. Meine Sorgen waren unbegründet. Es zeigte sich, dass auch und gerade in einem sehr wettbewerbsintensiven Markt der Mensch eine wichtige Rolle spielt.

Wie mit negativen Emotionen umgehen?

Der Umgang mit Gefühlen gehört zu den schwierigsten aber auch bereicherndsten Lebensthemen die ich kenne. Lange habe ich suchen müssen, bis ich dazu für mich stimmige Antworten gefunden habe, die auch (meistens) leben kann. Aber, und auch das ist eine für mich wichtige Erkenntnis, der Umgang mit Gefühlen hört nie auf, jeder Tag bringt neue Themen und auch Überraschungen.

Ich versuche mit den Gefühlen anderer Menschen wertschätzend und respektvoll umzugehen. Gefühle sind wie dünnes Porzellan, sehr wertvoll und zerbrechlich. Gefühle haben immer eine Ursache, und wenn ein anderer Mensch seine Gefühle zeigt, dann ist er verwundbar und offen. Diese Verwundbarkeit zu respektieren bedeutet zugleich eine Chance der Offenheit, die es zu ergreifen gilt. Jedes Gefühl ist ein Faden, und aus vielen Fäden können wir ein Seil, eine starke Verbindung drehen. Und ist das nicht ein

Die Macht der Gefühle

Sinn des Lebens, gute und starke Verbindungen mit anderen Menschen zu haben?

Eine ganz andere Herausforderung ist der Umgang mit eigenen, insbesondere eigenen negativen Gefühlen. Wohl jeder Mensch kennt negative Gefühle, auch Wut, Neid oder Hass. Besonders schwierig wird es, wenn solche Gefühle in einer bestimmten Situation wie eine Flutwelle über uns hereinbrechen und uns förmlich wegzuspülen drohen. Dann übernehmen sie das Ruder unseres Lebens, und unsere Kraft wird von ihnen regelrecht besetzt. Sie entwickeln selber eine Kraft, die einen Menschen ganz schön in die Enge treiben kann. Und natürlich sind solche Gefühle auch mir nicht unbekannt – leider.

In meiner Herkunftsfamilie fanden Gespräche über Gefühle, wenn überhaupt, nur am Rande statt. Die jeweils aktuellen politischen Themen dominierten. Man hatte zu funktionieren. Gefühle blieben für mich daher lange abstrakte Größen, die mir unbekannt und unheimlich waren, die mich zu überwältigen drohten und vor denen ich besser die Flucht ergriff. Durch diese Prägung war es für mich lange selbstverständlich, Gefühle nicht in mir zuzulassen. Durch dieses Verdrängen entwickelte ich ein hohes Maß an Sprachlosigkeit mir selbst gegenüber. Erst durch schmerzhafte Erfahrungen konnte ich lernen, dass Negatives wie Hass, Zorn und Neid weder abzuschalten noch zu verdrängen war. Solche Gefühle sind nicht peinlich oder schlecht, sie gehören einfach zum Leben dazu. Wenn wir unser Leben gestalten wollen, also mehr leben und weniger gelebt werden wollen, dann müssen auch eigene Antworten für solche Gefühle finden.

Ich glaube, dass es sinnlos ist, Gefühle zu verdammen: »Wut oder Hass sind etwas ganz Schreckliches, das darf ich nicht haben« – ein solcher moralischer »Knüppel« entfremdet uns nur von uns selbst und verhindert konkrete Lösungen. Das Leben ist, wie es ist, und manchmal passieren Dinge, die uns den Zorn ins Gesicht oder gar den Hass in die Seele treiben. Wenn so etwas passiert, dann sollten wir auch zu diesen Gefühlen stehen und die innere Größe haben, um vor uns zuzugeben: Ja, ich bin jetzt wütend oder voller Hass. Durch diese Ehrlichkeit vor uns selbst erreichen wir inneren Abstand und neue Handlungsmöglichkeiten für unseren Umgang mit diesen Emotionen. Besonders die starken Gefühle wie Wut oder Hass sind geballte, schmerzende Energie, aber auch hochkonzentriertes Potenzial. Dieser Schmerz kann uns innerlich schier zerstören oder auffressen. Die Macht solcher Gefühle liegt in ihrer Energie. Und Energie kann man wandeln, ihr eine neue Richtung geben, zum Beispiel durch einen Prozess der bewussten Versöhnung.

Ziel dieses Prozesses bewusster Versöhnung ist es, alte Kraftfresser wie Zorn, Enttäuschungen oder Ängste in neue Kraftquellen zu wandeln. Unser gegenwärtiges Lebensgefühl wird sowohl von unserer Vergangenheit als auch von unserer Zukunft mitbestimmt. Durch Versöhnung können vergangene, schmerzhafte Erfahrungen in inneren Frieden und somit in neue Kraft gewandelt werden. Die Zukunft wird durch Sinn und persönlich akzeptierte Ziele in unser Leben integriert. Dieser gesamtheitliche Ansatz, der Vergangenheit, Zukunft und Gegenwart in Einklang bringt, macht uns zu Kapitänen unseres Lebens – mein Plädoyer für selbstbestimmte Lebensgestaltung!

Wenn wir uns unseren schmerzlichen Gefühlen offen und ehrlich stellen, können wir alte, belastende Erlebnisse innerlich heilen und neue Lebensabschnitte friedlich, eigenverant-wortlich und in Freude gestalten. Häufig halten uns aber Reaktionsmuster wie Kampf oder Flucht gefangen. Hier gilt es, innere Sackgassen zu vermeiden und entschieden den Weg der Versöhnung zu beschreiten – einen Weg,

Die Macht der Gefühle

der uns zu uns selbst führt und damit zu unserer inneren Kraftquelle wird. Der Weg der Versöhnung will dazu inspirieren, sich aktiv der eigenen Lebensrealität zu stellen, dabei zu lernen, eigene Spielräume zu erkennen und diese für die eigene Lebensgestaltung zu nutzen.

Eine der größten Kraftquellen unseres Lebens ist dabei unser Lebenssinn. Wenn wir wissen, warum wir tun was wir tun, werden wir stark und zufrieden. Wenn wir Verantwortung übernehmen und überzeugt sind von unseren Zielen und unserem Handeln, dann finden wir alle notwendige Kraft, um unseren Weg in Freude und Bestimmtheit zu gehen. Jeder Weg hat seine Meilensteine, so auch der Weg der Versöhnung. Ich möchte diese Meilensteine hier nur kurz in fünf wichtigen Schritten skizzieren:

1. Fragen: Was ist mein Anliegen? Oft sind Lebenssituationen verworren, und mehrere Themen überlagern sich. Deshalb ist es wichtig, zunächst einmal in wenigen Worten klipp und klar für sich zu definieren, wie das Versöhnungsthema konkret heißt.

2. Der ehrliche Blick in den inneren Spiegel: Alles auf den Tisch legen. Dieser Schritt hilft, alle schmerzenden Gefühle, die wir mit unserem Anliegen verbinden, für uns sichtbar und fassbar zu machen. Dazu schlage ich vor, Briefe an uns selbst zu schreiben und durch vorbehaltlose Ehrlichkeit allen Punkten ins Auge zu schauen – eben einen wirklich ehrlichen Blick in den inneren Spiegel zu werfen. Mit Hilfe mehrerer Zwischenschritte können dann am Ende des zweiten Schrittes alle schmerzenden Gefühle in Bezug auf unser Anliegen konkret benannt werden. Wenn wir wissen, wo es schmerzt, wo die Ursachen liegen, dann können wir uns diesen auch widmen und sie durch neue Antworten heilen.

3. Den Energiewandel erleben. Der Energiewandel ist ein Prozess bewusster innerer Neuausrichtung und der wohl spannendste Schritt auf dem Weg der Versöhnung. Durch ihn werden wir zu Gestaltern unseres Lebens und somit auch unserer Gefühle. Wir werden aktiv und suchen durch den Energiewandel nach neuen Antworten. Jetzt entscheiden wir konkret, wie wir neu und anders mit den alten Themen umgehen wollen, wie wir aus alter Angst neue Zuversicht, oder aus alter Ohnmacht neue Kraft machen wollen. Energiewandel heißt: Das alte Gefühl wird angenommen, aber es wird nun in eine neue Antwort überführt, die nicht länger schmerzt, sondern und neue Kraft und Lebensfreude schenkt.

4. Den (vielleicht einseitigen) Friedensvertrag mit sich selber schließen. Unser (vielleicht einseitiger) Friedensvertrag fasst den Energiewandel zusammen. Er ist unser Dokument, unsere Selbstverpflichtung, die sagt: So soll es nun sein, so will ich nun leben, sein. Das sind meine neuen Antworten auf das alte Thema. Durch einen solchen Friedensvertrag werden wir frei, denn er wird zu unserer eigenverfassten Unabhängigkeitserklärung vom alten Schmerz.

5. Die neue Kraft im Alltag nutzen. Am Ende des Versöhnungsweges steht einerseits der Abschluss durch einen (einseitigen) Friedensvertrag (und somit des Abschlusses der ehemals belastenden Situation), aber auch die Aufforderung unsere Lebenskraft gezielt, verantwortungsbewusst und sinnvoll einzusetzen. Deshalb fordert der fünfte und letzte Schritt uns auf, eine neue, zukunftsgerichtete Aufgabe, ein neues Projekt im Geiste unserer erreichten Versöhnung umzusetzen.

Die Macht der Gefühle

Meine Erfahrung ist, dass mit Hilfe dieser fünf Schritte auch schwierige Lebenssituationen befriedet werden können und dass wir durch sie lernen können, nicht länger Abhängige unserer Gefühle zu sein, sondern aktive Gestalter unseres Lebens zu werden. Dadurch leben wir mehr und werden weniger fremdbestimmt, weniger gelebt. Und wer wünscht sich das nicht?

> *Für klare Entscheidungen und nüchternes Arbeiten braucht es den guten Umgang mit Gefühlen. Ich kenne natürlich auch negative Gefühle wie Ärger und Enttäuschung. Und für mich sind auch diese Gefühle wichtig.* ANSELM GRÜN

Gefühle schenken Lebendigkeit

Für mich sind Emotionen sehr wichtig. Manche Gefühle erinnern mich an die Kindheit. Wenn ich etwa weihnachtlichen Schmuck sehe und weihnachtliche Düfte rieche, wenn ich weihnachtliche Lieder singe, dann komme ich mit der Kindheit selber in Berührung, in den Gefühlen von Angerührtsein, von Geborgenheit, Heimat und Liebe. Auch bestimmte Choralgesänge bringen mich in Berührung mit starken Gefühlen, die ich etwa beim Singen in der Choralschola in Sant'Anselmo in Rom unter unserem damaligen Kantor P. Godehard Joppich hatte. Ich konnte diese Gesänge nicht halbherzig singen. Ich ließ mich von den starken Gefühlen, die Godehard hatte, mitreißen. Feste des Kirchenjahres verbinde ich immer mit starken Gefühlen. Manche werfen mir vor, das sei romantisch. Ja, dazu stehe ich, ich liebe die romantischen Gefühle. Das ist für mich keine Flucht vor der harten Wirklichkeit. Meine Gefühle schenken mir Lebendigkeit: Ich fühle, also bin ich. Ich spüre mich. Ich fühle mich lebendig, geliebt und voller Liebe.

Gefühle verbinde ich immer mit der Erfahrung von Menschen. Die Gefühle von Weihnachten verbinde ich mit meiner Familie. In der Familie fühlte ich mich geborgen und vom Geheimnis Gottes umgeben. Wenn ich Heu rieche, dann steigen in mir sofort Gefühle von Urlaub auf. Ich erinnere mich an die gemeinsamen Tage, die wir als Ministranten zusammen mit dem Pfarrer in der Nähe des Starnberger Sees verbrachten. Damals war die Zeit der Heuernte, und so ruft Heugeruch noch immer die Gefühle der Freiheit, der Gemeinschaft, der Lust am Leben in mir wach.

Natürlich durfte ich mich in meiner Verantwortung als Cellerar nicht so sehr von Gefühlen leiten lassen. Ich musste die Gespräche nüchtern und sachlich führen. Ich habe Mitarbeiter erlebt, die sich nur von Gefühlen leiten ließen. Mit solchen Menschen kann man sich nur schwer sachlich unterhalten. Andererseits lassen sich Probleme nicht alle nur sachlich lösen. Und Gefühle sind auch in der Arbeitswelt wichtig. Wer keine Gefühle zeigt, dem kann man nicht begegnen. Da wird die Zusammenarbeit wie das Zusammenwirken mit einer Maschine, und das macht auf die Dauer keinen Spaß. Wenn ich den Menschen spüre, dann arbeite ich auch gerne mit ihm zusammen. Das habe ich auch bei Gesprächen mit Vertretern gespürt. Wenn ein Vertreter aalglatt nur seine Sprüche heruntergeleiert hat, wenn er sich hinter reiner Sachlichkeit versteckt hat, dann kam ich nicht in Beziehung zu ihm. Und dann entstand auch kein Vertrauen und kein Impuls, ihm etwas abzukaufen. Geschäfte sind immer eine Sache von Beziehung. Nicht umsonst sprechen wir von einer Geschäftsbeziehung. Wenn

Die Macht der Gefühle

ich in einer guten Beziehung zu einem Firmenchef stehe, dann arbeite ich auch lieber mit ihm zusammen. Vor 35 Jahren haben wir zum ersten Mal einen Bau nach außen vergeben. Vorher hatten wir alle Bauarbeiten immer selbst durchgeführt. Mit der Firma, die wir damals unter vielen Bewerbern ausgesucht haben, weil sie auf uns den besten Eindruck gemacht hat, arbeiten wir heute noch vertrauensvoll zusammen. Wenn die Beziehung stimmt, dann trickst man sich nicht aus. Die Preisgestaltung hat immer auch Grenzen. Aber wenn ich weiß, dass der andere sich anstrengt und es ehrlich meint, dann kann ich auch offen mit ihm verhandeln. Ich werde ihn nicht immer weiter im Preis drücken. Es wird ein faires Miteinander geben, zum Vorteil für beide. Wer immer nur das billigste Angebot annimmt, der zahlt zuletzt oft mehr. Denn dann gibt es genügend Nischen, in die die Firma flüchten kann, sodass sie am Ende eine höhere Rechnung präsentieren wird als die Firma, mit der man vertrauensvoll zusammenarbeitet. Und bei der Zusammenarbeit geht es nicht nur um das Gefühl des Vertrauens, sondern auch um andere Gefühle. Man spürt es, wenn Sympathie und eine gleiche Wellenlänge vorhanden sind.

Emotionen setzen Energie frei

Der lateinische Ausdruck für Gefühl ist »Emotion«. Und dieses Wort kommt von *e-movere*. Das bedeutet: bewegen, in Bewegung bringen, herausbewegen. Die Gefühle bringen etwas in Bewegung. Sie setzen Energie frei. Wer keine Gefühle hat, der hat auch keine Quelle, aus der er seine Kraft schöpft. Gefühle sind eine stärkere Quelle als der reine Wille. Der Wille verbraucht sich, wenn er auf sich allein gestellt ist. Er braucht die Gefühle, die ihn antreiben und ihm Kraft verleihen. Auch in einer Firma wird nur der etwas bewegen, der Gefühle hat und sie auch zeigt. Ein eiskalter Manager mag zwar gut organisieren und seine Forderungen durchdrücken, aber er wird nicht die Energie der Mitarbeiter wecken und aus ihnen herauslocken. Gefühle binden die Menschen aneinander. Und sie bewegen etwas in ihnen. Ich erschrecke manchmal, wenn ich auch in der Liturgie Mitbrüder Texte vortragen höre, ohne dass ich da ein Gefühl spüre. Singen und Sprechen hat immer mit Gefühlen zu tun. Und wer da von seinen Gefühlen abgeschnitten ist, der wird die Herzen der Menschen nicht berühren.

In meiner Arbeit als Cellerar habe ich natürlich auch Mitarbeiter erlebt, die auf alles sehr emotional reagiert haben. Da wusste ich, dass da alte, verdrängte Gefühle hochkamen. Doch sie *hatten* nicht die Gefühle, sondern die Gefühle hatten *sie* in der Hand. Die Gefühle beherrschten sie. Es ist unsere Aufgabe, mit den Gefühlen umzugehen und uns nicht von ihnen überschwemmen zu lassen. Gefühle zu haben heißt nicht, sentimental zu sein. C. G. Jung meint: Wer seine Gefühle verdrängt, bei dem geraten sie in den Schatten. Und vom Schatten aus regen sie sich als Sentimentalität. Man wird dann von den Gefühlen auf einmal überschwemmt und kann sich nicht dagegen wehren. Dann gibt es auch keine klaren Entscheidungen und kein nüchternes Arbeiten mehr. Daher braucht es den guten Umgang mit Gefühlen.

Auch negative Gefühle sind wichtig

Ich kenne natürlich auch negative Gefühle wie Ärger und Enttäuschung. Für mich sind diese Gefühle wichtig. Wenn ich mich in der Verwaltung über etwas ärgere, dann ist der Ärger normalerweise ein Impuls, etwas zu ändern. Statt mich zu ärgern, versuche ich, etwas besser zu organisieren.

Wenn etwas schiefläuft, berufe ich eine Sitzung ein, damit wir das klären können. Oder aber der Ärger ist für mich eine Einladung, mich über kleine Dinge nicht so aufzuregen. Er ist ein Impuls, die Dinge gelassener zu sehen, Abschied zu nehmen von manchen Erwartungen oder Illusionen.

Bei anderen Aufgaben, die ich habe – etwa bei Vorträgen oder Kursen –, höre ich sehr genau auf meine Gefühle, die ich bei einer Anfrage oder aber dann beim Vortrag oder Kurs habe. Wenn ich in mir Ärger oder Widerstand spüre, dann ist es für mich immer ein Zeichen, dass ich mich abgrenzen muss. Wenn der Widerstand schon bei der Anfrage in mir aufsteigt, dann sage ich einfach Nein. Wenn ich aber den Widerstand oder Ärger erst beim Vortrag spüre, dann ist das für mich ein Signal, das nächste Mal besser auf mein Gefühl zu hören. Wenn ich dann beim Vortrag bin, versuche ich, das Beste daraus zu machen, ohne mich allzu sehr anzustrengen. Wenn die Organisation des Vortrags nicht achtsam war, muss ich nicht alles ausbaden, was die Organisatoren versäumt haben. Ich ziehe mich dann auf mich selbst zurück. Und ich sage mir: Ich halte jetzt diesen Vortrag, nicht wegen der Organisatoren, sondern wegen der Leute, die da sind. Ich schaue mir die Leute an. Und dann bin ich wieder motiviert. Allerdings gibt es auch die Erfahrung, dass ich in desinteressierte Gesichter schaue. Dann werde ich gut bei mir bleiben und das sagen, was für mich stimmt, ohne mich zu verausgaben.

Auch Neid gehört zu den negativen Gefühlen. Neid kenne ich vor allem bei anderen mir gegenüber. Aber auch in mir steigt manchmal Neid auf, wenn andere mehr Erfolg haben oder mehr beachtet werden. Doch wenn ich den Neid in mir wahrnehme, dann versuche ich, ihn in Dankbarkeit zu verwandeln. Ich schaue auf mich und mein Leben und bin dankbar für alles, was Gott mir geschenkt hat.

Und ich nehme den Neid dann als Einladung, meinen eigenen Ehrgeiz und meine übertriebenen Wünsche ans Leben loszulassen. Neid ist kein Gefühl, das länger in mir bleibt. Wenn ich den Neid anderer mir gegenüber wahrnehme, dann versuche ich, das Gefühl bei ihnen zu lassen. Ich mache ihnen keine Vorwürfe, aber ich mache mich auch nicht klein. Denn den Neid der anderen kann ich selber nicht auflösen. Ich kann versuchen, ihn nicht zu verstärken, indem ich mit mir und meinen Erfolgen angebe. Der Neid der anderen ist für mich eine Einladung, bescheiden zu sein. Bei meinen Mitbrüdern erzähle ich normalerweise kaum mal etwas von den Vorträgen, die ich halte, oder von den Reaktionen auf die Vorträge. Wenn sie es von anderen erfahren, gut. Aber ich muss das nicht verstärken, indem ich erzähle, wie viele Leute da waren. Wenn ich den Neid anderer mir gegenüber spüre, dann versuche ich, den anderen zu verstehen: Er hat es nicht leicht mit sich. Er strengt sich auch an, aber er wird kaum gesehen. Das tut natürlich weh. Ich versuche dann eher, mich für den anderen und seine Arbeit zu interessieren. Ich frage, was er macht und wie es ihm dabei geht. Dann erlebe ich oft, dass der Neid des anderen verfliegt. Er wird gesehen. Und das tut ihm gut. Mich dafür zu entschuldigen, dass ich Erfolg habe, würde niemandem helfen.

7

~

Von der Lebenskraft Angst

Statt gegen die Angst zu kämpfen soll ich sie als Freundin nehmen, die mich auf den eigentlichen Grund meines Lebens hinführt.

ANSELM GRÜN

Eigene Ängste

Auch Angst gehört nicht zu den angenehmen Gefühlen. Als Jugendlicher und junger Erwachsener war ich eher schüchtern und kannte vor allem die Angst, mich zu blamieren. Ich fühlte mich in einer Gruppe unsicher. Ich hatte Angst, nicht so gut reden zu können wie die anderen. Vielleicht kam diese Angst daher, dass ich daheim in der Familie sehr behütet war. Dann war ich im Internat in Münsterschwarzach. Die letzten vier Jahre kamen wir Internatsschüler dann nach Würzburg und besuchten die staatliche Schule. Und die »Stadtschüler« traten viel selbstbewusster auf als wir.

Da hatte ich oft den Eindruck, dass ich nicht gut genug war. Erst als dann die ersten schriftlichen Arbeiten kamen und der Lehrer die Noten bekannt gab, merkte ich, dass ich mich nicht verstecken musste: Meine Noten waren wesentlich besser als die der Stadtschüler, die so selbstbewusst aufgetreten sind. Aber die Unsicherheit in Gruppen blieb lange Zeit. Auch als ich anfing, Vorträge zu halten, hatte ich immer Angst, nicht gut genug zu sein. Habe ich überhaupt etwas zu sagen, was die Menschen berührt? Die Angst, besonders gut sein zu müssen, setzte mich unter Druck. Und dann zeigte sich die Angst oft darin, dass ich beim Vortrag zu schwitzen anfing. Das ärgerte mich. Denn oft sprach ich ja auch über psychologische Themen. Und dann merkte ich, dass meine Psyche selber nicht gefestigt war. Ich sprach mit einem befreundeten Psychologen darüber. Ich wollte das Schwitzen loswerden. Doch er sagte: »Warum eigentlich? Du hast einfach Gefühle. Und die dürfen sein.« Als ich mir erlaubt habe, zu schwitzen und im Schwitzen meine Gefühle zu zeigen, hörte es auf. Ich lernte: Wenn ich gegen etwas kämpfe, dann wird es nur immer stärker.

Diese Angst, einen Fehler zu machen oder in der Gruppe unsicher zu sein, ist längst verflogen. Jetzt muss ich mich nicht mehr beweisen. Die Erwartungen der Zuhörer setzen mich heute nicht mehr unter Druck. Ich sage das, was ich zu sagen habe. Ob die Leute damit alle zufrieden sind, ist ihr Problem. Außerdem geht es nicht darum, dass sie mit mir zufrieden sind, sondern dass sie sich ansprechen lassen von den Worten, dass sie sich letztlich von Gott ansprechen lassen. Natürlich bin ich nicht ganz frei von dem Bedürfnis nach Anerkennung. Wenn jemand meinen Vortrag kritisiert, steigt in mir sofort der Impuls auf, mich zu rechtfertigen. Aber je älter ich werde, desto schwächer wird dieser Impuls. Ich kann inzwischen auch eine Kritik einfach stehen lassen. Die Erwartungen der Menschen an den Vortrag sind eben verschieden. Und ich kann nicht alle Erwartungen erfüllen.

Wenn ich mich frage, wovor ich heute Angst habe, dann ist es manchmal die Angst, dement zu werden. Die Angst steigt in mir hoch, wenn ich Mitbrüder sehe, die an dieser Krankheit leiden, oder wenn ich von bekannten Menschen höre, dass sie nichts mehr wahrnehmen und hilflos geworden sind. Doch wenn diese Angst in mir aufsteigt, spüre ich in mir gleichzeitig das Vertrauen, dass ich verschont werde. Ich versuche, wach zu bleiben. Ich bin interessiert an den Fragen der Zeit, ich lese und schreibe gerne. Und es tauchen doch immer wieder neue Ideen auf, die mich lebendig halten. Natürlich kenne ich mich zu wenig mit dieser Krankheit und ihren Ursachen aus. Doch wenn ich manche demente Menschen sehe, habe ich auch den Eindruck, dass da vielleicht ein Punkt war, wo es nicht weitergegangen ist, wo kein Ziel mehr da war und wo sich einer selber innerlich aufgegeben hat. Wenn ich also diese Angst spüre, selber dement zu werden, dann bete ich zu Gott, dass er mich bis zum letzten Augenblick meines Lebens begleitet. Ich bitte ihn, dass er mich geistig wach hält. Aber ich bete immer auch: »Dein Wille geschehe!« Ich vertraue dann darauf, dass ich selbst in der Demenz noch durchlässig sein kann für Gott und mich in ihn hinein ergeben werde. Der Gedanke von Hans Küng, vor dem Dementwerden dem Leben ein Ende zu setzen, ist mir fremd und widerstrebt mir völlig. Wenn es geschieht, dann geschieht es, und ich lasse mich und mein Image, das Bild, das ich von mir selber habe, in Gott hinein los.

Was will mir die Angst sagen?

In die Gespräche kommen viele Menschen, die Angst haben. Was ich diesen Menschen rate, ist, nicht gegen die Angst zu kämpfen, sondern mit ihr zu sprechen. Was will die Angst mir sagen? Die Angst hat immer einen Sinn. Oft schützt sie mich vor Auseinandersetzungen, die mich überfordern würden. Und oft weist sie auf falsche Grundannahmen hin, z.B. auf die Annahme: Ich darf keinen Fehler machen, sonst werde ich abgelehnt. Ich darf mich nicht blamieren, sonst bin ich nichts wert. Die Angst lädt mich ein, realistischere Grundannahmen zu entwickeln, mich zu verabschieden von perfektionistischen Gedanken und von dem Anspruch, überall beliebt zu sein. Statt gegen die Angst zu kämpfen, soll ich sie als Freundin nehmen, die mich auf den eigentlichen Grund meines Lebens hinführt, und das ist letztlich Gott. Wenn ich in Gott meinen Grund habe, dann muss ich mich nicht vor allen Menschen beweisen. Viele haben Angst, dass sie Krebs bekommen könnten. Diese Angst hat natürlich eine gewisse Berechtigung. Es kann ja wirklich sein, dass ich Krebs bekomme. Dann ist es wichtig, mir das vorzustellen: Wie wäre es, wenn ich die Diagnose Krebs bekomme? Stürzt dann mein ganzes Lebensgebäude zusammen? Oder wäre das eine Herausforderung, auf der einen Seite um mein Leben zu kämpfen, auf der anderen Seite intensiver zu leben, damit die begrenzte Zeit, die mir bleibt, eine erfüllte Zeit wird? Dann könnte die Angst vor der Krankheit mich jetzt schon einladen, intensiver zu leben, ganz im Augenblick zu leben. Durch das Gespräch mit der Angst wird die Angst verwandelt. Aus einer Feindin wird eine Freundin, die mich begleitet und mich lehrt, achtsamer und zugleich demütiger zu leben.

Depression – die Angst vor allem

Neben der Angst ist die Depression ein häufiges Thema bei der geistlichen Begleitung. Manchmal hängen Angst und Depression zusammen. Der depressive Mensch hat Angst vor allem. Er hat Angst, sein Leben nicht zu schaffen, immer im Loch zu sitzen, Gott nicht mehr zu spüren, nicht mehr zu früheren Lebensmöglichkeiten zurückzufinden. Angst gehört zu jedem Menschen. Denn ohne Angst hätten wir kein Maß. Traurige Gefühle kennt auch jeder Mensch. Aber Depression als Krankheit überfällt nur eine kleine Anzahl von Menschen. Ob jemand, der von Depression spricht, wirklich krank ist oder ob er einfach traurige Gefühle oder eine gedrückte Stimmung hat, das ist nicht immer leicht zu erkennen.

Wenn Menschen mit Depressionen zu mir kommen, dann ordne ich ihren Zustand nicht in ein psychologisches oder medizinisches Raster ein. Ich höre einfach hin, wie die Depression sich ausdrückt und wann sie sich zu Wort meldet. Es gibt wirkliche depressive Erkrankungen, die man nur durch Medikamente mildern kann. Aber oft entstehen depressive Gefühle einfach dadurch, dass ich zu hohe Bilder von mir habe. Ich müsste mich dann verabschieden von diesen zu großen Bildern, etwa: dass ich immer perfekt sein muss, immer erfolgreich, immer gut gelaunt usw. Manchmal sind die Depressionen auch ein Hilfeschrei der Seele, weil ich mir zu viel zugemutet habe. Sie fordern mich auf, mein Maß zu erkennen und es zu schützen. Und manchmal zeigen sie, dass ich gerade gegen meine innere Wahrheit lebe. Dann sind sie eine Herausforderung an mich, genauer hinzuschauen, was ich eigentlich mit meinem Leben möchte. Ich versuche, dem Depressiven immer zu vermitteln: »Deine Depression hat einen Sinn. Entweder will sie dir sagen, dass du etwas in deinem Leben ändern sollst, dass du dich verabschiedest von zu großen Bildern, die du von dir und vom Leben hast. Oder aber die Depression ist einfach deine Aufgabe, an der du reifen sollst. Dein Weg zu Gott führt nicht an der Depression vor bei, sondern durch sie hindurch.«

Ganz gleich, welche Ursachen die Depressionen haben und wie stark sie sind: Es ist immer wichtig, sich zum einen mit seiner Depression auszusöhnen und sich selbst nicht zu verurteilen. Zum andern ist es hilfreich, eine gute Tagesordnung zu haben, heilsame Rituale zu entwickeln. Weil die Seele von sich aus in der Depression keine Struktur hat, sondern chaotisch ist, braucht sie feste Rituale, die ihr Struktur geben. An den Ritualen halte ich mich fest, auch mitten im Chaos und in der Kraftlosigkeit einer Depression. Natürlich darf ich mich mit Ritualen nicht überfordern. Aber ich soll mir überlegen, welche Rituale mir guttäten. Und dann soll ich diese Rituale täglich durchhalten. Dann kommt langsam die Seele in Ordnung.

Verdeckte Ängste

Nicht immer zeigt sich Angst offen. Verdeckte Ängste zeigen sich bei Menschen, die nicht allein sein können, die immer reden müssen, bei denen immer etwas los sein muss. Sie haben Angst davor, dass sie mal für sich allein sind, dass es um sie herum still ist. Denn dann würden sie mit ihrer eigenen Wahrheit konfrontiert. Dann könnten sie erkennen, dass sie an sich selbst vorbeileben, dass ihr Leben, so wie sie es leben, nicht stimmig ist. Sie laufen gleichsam vor ihrer Angst davon. Nach außen hin zeigen sie keine Ängste. Aber ihre Ruhelosigkeit ist Ausdruck verdrängter Angst. Wenn solche Menschen mit mir sprechen, dann sage ich immer das Wort Jesu: »Die Wahrheit wird euch frei machen« (Joh

8,32). Ich kann meine Angst nur überwinden, wenn ich meine ganze Wahrheit Gott hinhalte und darauf vertraue, dass Gott mich so annimmt, wie ich bin, auch mit all dem Chaotischen und Unstimmigen in mir.

> *Schädliche Ängste gedeihen am besten im Verborgenen, wenn sie aus der sicheren Deckung eines Hinterhaltes wirken können. Ihre größten Feinde heißen Offenheit, Transparenz und das Licht der eigenen inneren Ehrlichkeit.*
> WALTER KOHL

Ängste sind menschlich

Angst ist eines der wichtigsten Gefühle in unserem Leben und oft ein hilfreiches Regulativ. Sie kann unser Beschützer sein, wenn sie uns vor Gefahren warnt oder vor wichtigen Entscheidungen zum Nachdenken zwingt. Angst ist also ein notwendiger Bestandteil des Lebens. Auch hier gilt: Es ist nicht die Angst an sich, die uns Probleme macht. Die Herausforderung liegt in unserem Umgang mit ihr. Jede Zeit hat ihre eigenen Ängste und Angsterfahrungen, das verbindet uns mit Menschen in der Geschichte. Der russische Autor Daniil Granin, der Diktatur und Krieg erlebte, hat von einem »Jahrhundert der Angst« gesprochen, der Psychologe Wolfgang Schmidbauer spricht von der »Generation Angst«. Angst hat also immer auch eine geschichtliche Färbung. Wir sollten daher nicht so sehr auf die Angst an sich schauen, sondern auf die Welt, die uns umgibt, und wir sollten unseren Umgang mit den Ängsten – und der Wirklichkeit, auf die sie sich beziehen – immer wieder neu definieren.

In Deutschland erleben wir seit 1945 die längste durchgehende Friedensepoche seit vielen Jahrhunderten, die zudem mit einer einmaligen Zunahme des gesellschaftlichen Wohlstands einhergeht. Die wirtschaftliche Entwicklung seit den 1950er Jahren ist einmalig, bei allen Problemen, die wir heute im globalen Wettbewerb haben. Wir erleben seit dem Ende des Kalten Krieges nach 1989 zudem eine kontinuierliche Demilitarisierung Mitteleuropas. Wann zuvor war die Gefahr eines Krieges in unserem Land geringer als heute? Wann konnten Menschen in unseren Breiten in einem derart materiell sicheren, wohlhabenden und gesunden Umfeld leben wie heute? Eigentlich gute Gründe für ein angstärmeres Leben, oder?

Doch warum nimmt die Angst einen solchen Stellenwert in der öffentlichen Diskussion in unserem Land ein? Ich glaube, dass viele öffentliche Angstattacken inszeniert sind, so wie die Weltuntergangsszenarien 1984 im Rahmen der sogenannten Prophezeiungen des Nostradamus oder die Ängste im Zusammenhang mit einem globalen Computercrash zur Jahrtausendwende oder im Blick auf den Mayakalender 2012. Manchmal scheint es, als ob manche sich an solchen Angstszenarien fast weiden würden. Provozierend gefragt: Ist die Angst wirklich eine Signatur unserer Zeit? Oder verspüren wir in unserer Kultur nicht manchmal eine fast perfide Lust an der Angst, gerade weil die objektiven Rahmenbedingungen so wenig Anlass zur Angst geben? Gibt es gar eine geheime Lust an der Angst, gerade weil es uns so gut geht?

Desorientierung erzeugt Unsicherheit – und diese wieder schafft den Nährboden für Angst. Die digitale Informationskultur und eine damit verbundene, teilweise extreme Form der Informationsüberfrachtung macht die Wirklichkeit nicht übersichtlicher. Unzählige Unfälle, Naturkatastrophen, Kriege oder Bombenanschläge werden innerhalb von Sekunden weltweit bekannt. Der moderne Mensch wird regelrecht mit Gewaltnachrichten bombardiert, selbst am Bahnsteig wird man »in Echtzeit« über aktuelle Katastrophen informiert. Ein weiterer Aspekt sind die zahllosen, oft exzessiven Gewaltszenen in Filmen und Videospielen und im Fernsehen. Man müsste einmal ausrechnen, wie viele Tote und Verletzte ein typischer Medienkonsument in einem Jahr zu sich nimmt. Sicher eine erschreckende Zahl. Eine solche Flut von Gewaltimpulsen und -bildern kann kaum gesund sein.

Es ist schon paradox. Einerseits sind wir sehr sensibel, wenn es um Verschmutzungen in unserer physischen Nahrung oder der Umwelt geht. Bei Nahrungsmittelskandalen steht die Öffentlichkeit Kopf, Straßen oder Stromleitungen werden wegen Umweltbedenken nicht gebaut. Doch bei geistiger Umweltverschmutzung in Form von exzessiver Gewalt in den Medien herrscht Funkstille. Hier regiert ein brutaler, auf Wettbewerb und Verdrängung ausgelegter Markt ohne jede Zügelung. Selbst ein einfaches Elektrogerät wie ein Föhn muss mehr Qualitätsprüfungen über sich ergehen lassen als ein Videospiel, das dann im Internet oder im Elektronikmarkt angeboten wird. Als Gesellschaft ist uns noch kein Mittel zum Maßhalten, zur rechten Dosierung im Umgang mit medial dargestellter Gewalt eingefallen. Vielleicht brauchen wir ein neues Denken zur Schaffung von Standards des informatorischen Umweltschutzes, ohne gleich die Keule der Zensur zu schwingen.

In vielen Ländern wird oft ironisch von *German angst* gesprochen, wenn Ängstlichkeit oder besser eine Art übertriebener Sorge oder Zurückhaltung gemeint ist. *German angst* (also die deutsche Angst) ist allerdings nicht ohne ihr Gegenstück, die *German assertiveness* (also die deutsche Überheblichkeit) möglich. Wenn man also übertriebene Angst und Überheblichkeit gemeinsam betrachtet, entsteht ein anderes Bild. In dieser Betrachtung geht es nicht um Angst, sondern um Unausgeglichenheit: also um eine Kultur, die zwischen den Extremen der Ängstlichkeit und der Überheblichkeit schwankt.

Jede Gesellschaft, jede Epoche ist aufgerufen, ihr Verhältnis zur Angst zu klären und im Umgang mit gewissen zeitrelevanten Ängsten Gegenkräfte zu stärken. Gerade in Zeiten, in denen es uns mehrheitlich gut geht, muss auch der Umgang mit Ängsten eine Weiterentwicklung erfahren. Wir haben die Freiheit, Ängste als real zu akzeptieren und sie dann konstruktiv zu integrieren, um nicht von ihnen beherrscht zu werden.

Hilfreich oder schädlich?

Angst ist nicht nur eine Emotion, die das Klima einer Gesellschaft infiltrieren und untergründig bestimmen kann. Nur wenige andere Gefühle können unser Leben in einem solchen Maße beherrschen. Deshalb ist der bewusste Umgang mit Angst eine der großen Herausforderungen, auch in unserer persönlichen Entwicklung. Oft schämen wir uns unserer Ängste oder wollen sie nicht wahrhaben, wollen sie verdrängen. Vergeblich, denn: »Angst essen Seele auf« – so der sprichwörtlich gewordene Titel eines Fassbinder-Films.

Viele Ängste entstehen durch Erfahrungen, die uns immer wieder wie ein inneres Echo einholen. Ein persönliches Beispiel: Ich liebe Tiere und habe vor den wenigsten Tieren Angst – außer vor Pferden. Warum? Weil ich mit 13 Jahren einen schweren Reitunfall hatte, bei dem zunächst nicht klar war, ob ich in der Folge gelähmt sein würde. Jedes Mal, wenn ich mit Pferden zu tun habe, steigen die alten Gefühle wieder in mir auf. Ich spüre noch immer, wie ich mich auf dem galoppierenden Pferd festkralle, das Reißaus genommen hatte – mit mir im Sattel. Mit einem irren Tempo jagen wir den Waldweg entlang, bis ich auf einmal in hohem Bogen abgeworfen werde und krachend mit einem Baumstamm kollidiere. Ich liege auf dem Boden. Und dann dieses Gefühl der absoluten Taubheit. Ich spüre nichts in meinem Körper, keinen Schmerz. Es ist, als ob mein Körper von mir abgefallen wäre. Und dann bricht in mir eine panische Angst aus. Irre Gedanken rasen mir durch den Kopf: Du bist tot, du bist gelähmt, du wirst dich nie wieder bewegen können. Jetzt ist alles aus.

Heute, fast 40 Jahre später, sind diese damaligen Gefühle nur noch diffus in mir vorhanden, aber dennoch habe ich immer noch einen gehörigen Respekt vor Pferden und vermeide wenn möglich den Kontakt mit ihnen. Inzwischen gebe ich meine alte Angst vor Pferden zu und habe akzeptiert, dass ich dieses Unwohlsein wohl immer behalten werde. Da Pferde so gut wie keine Rolle in meinem Leben spielen, ist das auch nicht weiter schlimm. Mit dieser Form der Angst kann ich leicht leben.

Doch was ist, wenn eine solche schlechte Erfahrung einen Kernbereich unseres Lebens betrifft? Dann sollten wir uns sehr überlegen, ob wir über diese Angst einfach hinwegsehen können – wie im Pferdebeispiel – oder ob wir uns aktiv mit ihr auseinandersetzen müssen. Eine solche schlechte Erfahrung ist wie Erdöl, das man in einen Trinkwasserspeicher schüttet. Wenige Tropfen verseuchen viele Tausend Liter Wasser, und Angst kann Leben gefährden.

Schlechte Erfahrungen im zwischenmenschlichen Bereich, besonders in unserer unmittelbaren Umgebung, haben eine lange Halbwertszeit. Besonders verletzend sind schwere Enttäuschungen, Grenzverletzungen gegenüber unserer Person. Wir haben Angst, dass die mit der Erfahrung verbundenen Schmerzen sich in einer neuen Beziehung wiederholen könnten. Der innere Schrei »Nie wieder« führt zu angstgesteuertem Vermeidungsverhalten. Alte Erfahrungen werden in Form von neuem Präventivverhalten recycelt. Diese neuen Ängste bauen dann nicht auf Fakten auf, sondern auf verinnerlichten und verkapselten Gefühlen, festgefahrenen Einschätzungen und alten Bildern in unserem Kopf. Wir glauben, dass etwas passieren könnte, dass ein neuer Schmerz entstehen könnte. Unsere Vorstellungskraft ersetzt die Realität. Unsere Angstgefühle sind dann nicht das Ergebnis objektiver Fakten, sondern das Produkt unserer Phantasie, unserer Ansichten und unserer Beeinflussbarkeit. Unser Kopfkino übernimmt die Regie unseres Lebens. Verdeckte Ängste werden dann zu den mit am grausamsten agierenden Herrschern über unser Leben.

Wichtig ist, zwischen hilfreichen und schädlichen Ängsten zu unterscheiden. Hilfreich sind jene Ängste, die uns schützen und vor Fehlern oder Unglücken bewahren. Wenn ich Angst vor bestimmten Naturgefahren oder einem gefährlichem Tier habe, dann sind das nützliche Ängste, denn sie helfen mir, mich vor Gefahren zu bewahren. Zu solchen konstruktiven Ängsten sollten wir ein aufgeschlossenes, positives Verhältnis pflegen und ihnen offen und aufgeschlossen gegenüberstehen. Sie gilt es mit Gelassenheit als Alarmgeber in unser Leben zu integrieren.

Ganz anders sieht es mit schädlichen Ängsten aus. Sie hindern uns am Leben und zerstören unsere Lebensfreude. Sie tragen viele Namen: Da ist die Angst, nicht gut genug zu sein, die Angst, nicht vertrauen zu können, die Angst, nicht anerkannt zu werden, oder die Angst, nicht geliebt zu werden. Solche Ängste sind wie Fesseln. Sie zwingen uns ihren Willen auf und üben eine manchmal grausame Kraft der Fremdsteuerung über unser Leben aus.

Schädliche Ängste gedeihen am besten im Verborgenen,

wenn sie aus der sicheren Deckung eines Hinterhaltes wirken können. Ihre größten Feinde heißen Offenheit, Transparenz und das Licht der eigenen inneren Ehrlichkeit. Wenn wir uns eine solche Angst eingestehen, dann haben wir schon einen entscheidenden Schritt zu ihrer Überwindung geleistet. Wenn wir ehrlich sagen können: »Ja, da gibt es diese Angst in meinem Leben«, dann ist dieser Satz ein erster wichtiger Sieg.

Schädliche Ängste sind heimtückisch und arbeiten gerne mit Verbündeten wie Peinlichkeit, Scham, Unsicherheit und Sprachlosigkeit. Sie tun dies, um von sich abzulenken und uns zu verwirren. Indem sie unsere Aufmerksamkeit auf ihre Verbündeten lenken, schützen sie sich selbst. Ein Verwirrspiel zwischen Ursache und Wirkung entsteht. Unsicherheiten sind stets eine Wirkung und das Ergebnis von Ängsten. Wenn wir sie überwinden wollen, dann müssen wir uns nicht mit ihnen aufhalten, sondern zur eigentlichen Ursache, zur jeweiligen Angst vorstoßen. Es ist wie bei einer Pflanze: Die Wirkungen sind sichtbar, liegen über der Erde, die Ursachen, die Wurzeln, sind auf den ersten Blick unsichtbar. Deshalb müssen wir graben und uns fragen: Wie heißt die Angst an der Wurzel?

Schlüssel zum heilenden Umgang

Ängste als Ausdruck unserer Unvollkommenheit zeigen uns den Lebensanteil auf, der in uns (noch) nicht voll entwickelt ist. Indem wir sie als Anzeiger unserer eigenen Unvollkommenheit verstehen, nehmen wir ihnen viel von ihrer Kraft und richten uns schon auf eine Heilung der jeweiligen Angst aus.

Lange Jahre hatte ich eine tief sitzende Angst in mir: die Angst, nicht gut genug zu sein. Da große Teile meines Umfeldes sowohl in der Schule als auch bei der Bundeswehr oder später im Beruf mich weitgehend über meine Herkunft definierten, war ich ständig mit mir selbst unzufrieden. Mit der Zeit wurde dieses Gefühl zu einer fixen Idee. Dabei wurde ich selbst zu meinem ärgsten Feind, denn mein innerer Kritiker bekam jeden Tag neues Kraftfutter durch meine zahllosen Vergleiche mit anderen, die ja so viel besser waren als ich. Mit der Zeit entwickelte ich eine erstaunliche Fähigkeit, meine eigenen Erfolge kleinzureden und die Erfolge anderer Menschen zu übertreiben. So machte ich mich vor mir selbst immer kleiner und die anderen größer. Da war sie nun, die völlig unsinnige Angst, nicht gut genug zu sein. Sie hatte sich tief in meiner Seele eingenistet und viele Verbündete um sich geschart: mangelndes Selbstbewusstsein, Unausgeglichenheit, Unsicherheit im persönlichen Umgang mit anderen Menschen. Diese verursachten Beziehungs- und Eheprobleme. Und die Angst machte einen richtig guten Job. Sie hatte mich und mein Leben über viele Jahre lang fest im Griff, denn jedes weitere vergleichen wurde zu einer erneuten Bestätigung. Lange Jahre düngte ich durch meinen Hang zum Vergleichen die Wurzeln der Angst und spürte nicht, wie diese Angst langsam, aber sicher meine Seele aufzufressen begann. Es dauerte sehr lange bis ich die Ratschläge unserer Kölner »Perle« wirklich umsetzen konnte.

Doch ich hatte Freunde und erfuhr Hilfe von Menschen, von denen ich es am wenigsten erwartet hatte. Es waren Menschen, die erkannten, dass ich einen eigenen Wert hatte, dass ich in der für mich eigenen Art ein wertvoller und selbstständiger Mensch bin. An ein Beispiel erinnere ich mich gerne: das Coming-out meines guten Freundes Chad. Wir hatten an der Universität über mehrere Jahre zusammen in einer Wohngemeinschaft gelebt und waren sehr gute Freunde geworden. Im letzten Studienjahr erkannte er seine Homosexualität und – was noch viel wichtiger war –

er nahm sie an. Eines Abends, nach einem Streit zwischen uns über ein ganz anderes Thema, klopfte er plötzlich an meine Tür und offenbarte sich mir. Ich war völlig perplex, als er mir sagte, dass ich der erste Mensch sei, demgegenüber er sein Schwulsein offen bekennen würde. Es war ein sehr emotionaler Moment, für ihn und für mich. Dieser Abend war ein Höhepunkt in meinem Leben, denn das Vertrauen, das er mir gegenüber zeigte, überwältigte mich. Ein großes Thema war seine Angst, als Schwuler seine Eltern und seine Familie zu enttäuschen. Er hatte Angst, in ihren Augen ein Versager zu sein.

In den folgenden Monaten entwickelte sich sein Comingout, und wir sprachen oft über das Thema, nicht gut genug zu sein oder sich nicht für gut genug zu halten. Ich machte ihm Mut und verbrachte viel Zeit damit, ihm zu erklären, dass seine sexuelle Orientierung kein Urteil über ihn bedeute. Er sei deswegen nicht besser oder schlechter als andere, er sei einfach Chad. Diese Diskussionen gingen über mehrere Wochen, und auf einmal gab er mir eine Antwort, die mich förmlich vom Stuhl haute und unser beider Ängste schlagartig wandelte. »Walter, if I am good enough as a gay guy, then you are good enough as the son of Helmut Kohl. – Walter, wenn ich als Schwuler gut genug bin, dann bist du es auch als Sohn vom Kohl.« Dieser Satz krachte wie eine Bombe in mein Herz, durchschlug all die Wände, die ich innerlich aufgerichtet hatte, und führte zu einer dramatischen Wandlung.

Wir schauten uns beide an, und die Tränen flossen. *We are good enough, we are ok.* So wie wir sind, ist es gut. Wir sind gut genug. Ich werde diesen Moment nie vergessen, denn er begann langjährige Fesseln zu lösen. Plötzlich entstand eine neue Freiheit, die Freiheit zu einer neuen Ansicht, zu einem neuen Ja zu uns selbst. Chad konnte als Schwuler Ja sagen zu sich selbst, und ich konnte Ja sagen zu mir selbst, gerade auch wegen meiner Herkunft.

Die Angst, nicht gut genug zu sein, löst sich in dem Moment, in dem wir uns selbst, mit allen Stärken und allen Schwächen, ganz annehmen können. Es klingt so einfach und ist doch so schwer: Wir sind okay, so wie wir sind – auch wenn manche Leute sich über uns lustig machen und uns abwerten. Warum hat die Meinung anderer Menschen so viel Macht über uns? Weil wir es zulassen. Also ist es nicht die Meinung der anderen, die das Problem darstellt, sondern unser Umgang mit ihr.

Meistens geht es ja (doch) gut

Die Angst vor dem Alter treibt heute viele um. Dabei ist klar: Vom ersten Tag, vom Augenblick unserer Geburt an werden wir alle älter. Das Alter ist Teil des Lebens, wir können ihm nicht entkommen. Sterben werden wir alle, ausnahmslos. Wir können nicht verhindern, dass geliebte Menschen sterben. Ich habe das schmerzlich beim Tod meiner Mutter erfahren müssen. Aber, auch wenn dies jetzt hart klingen mag: Wir müssen versuchen, das Unabänderliche zu akzeptieren, denn im Kampf mit der Realität gibt es nur einen Verlierer: uns selbst. Es ist sinnlos, sich gegen das Altern oder das Sterben aufzulehnen – genauso könnten wir der Schwerkraft den Kampf ansagen. Den ewigen Jungbrunnen wird es nie geben, und verzweifelte Schönheitsoperationen verkommen schnell zur Lächerlichkeit, wie man an gelifteten Gesichtern nicht nur bei manchen italienischen Politikern oder bei Schauspielern auch hierzulande erkennen kann.

Und dennoch ist es menschlich, Ängste zu haben. Meine Hauptangst ist, dass geliebten Menschen etwas passieren könnte. Welche Mutter, welcher Vater hat nicht manchmal Angst um ihr oder sein Kind? Das ist völlig natürlich und ein Ausdruck unserer Liebe – aber eben auch eine Form der

Angst. Ich erinnere mich noch genau, wie mein Sohn zum ersten Mal alleine für ein Schulprojekt mit dem Zug nach Friedberg ins Stadtarchiv fuhr, um dort gewisse Unterlagen zu suchen. Ausgerüstet mit Rucksack, Handy und passendem Geld ging er auf seine etwa 30 Kilometer lange Reise, bei der er auch noch einmal selbstständig umsteigen musste. Äußerlich bewahrte ich eine betont coole Miene, denn ich wollte ihm zeigen, dass ich ihm eine solche Reise alleine mit seinen damals zwölf Jahren zutraute. Mein Vertrauen in ihn sollte sein Selbstvertrauen stärken. Und trotzdem war ich voller Sorge und hatte Ängste: Würde jemand ihn angreifen, würde er vor einen Zug fallen, von einem Auto angefahren werden, sich verirren? Solche und andere Gedanken brauten sich in mir zusammen, und mein Kopfkino fing an, verrückt zu spielen. Ich weiß nicht, wie oft ich auf die Uhr sah, um mir auszurechnen, wo er jetzt wohl steckte. Immer wieder nahm ich mein Handy zur Hand und verbot mir, ihn anzurufen, denn wir hatten ausgemacht, dass er mich beim Erreichen des Stadtarchivs sogleich anrufen würde. Nicht ich sollte anrufen, sondern er. So war es ausgemacht, und ich wusste, dass dies für ihn wichtig war. Ich wollte auf keinen Fall eine Glucke sein, aber meine Ängste machten es mir immer schwerer, ruhig zu bleiben. Endlich kam die Erlösung. Mein Handy klingelte, und er erzählte mit fröhlicher Stimme von seinen bisherigen Abenteuern. Ja, er war gut im Stadtarchiv angekommen, und das Umsteigen war auch kein Problem gewesen, alles voll easy. Im Stadtarchiv, so fuhr er fort, sei es sehr schön. Alle seien total nett zu ihm und würden ihm helfen, die notwendigen Dokumente zu finden und zu kopieren. Und Plätzchen hatte er auch bekommen. Bei dieser Beschreibung musste ich schallend lachen und stellte mir vor, wie der kleine Mann den verdutzten Mitarbeitern mit ernstem Gesicht sein Anliegen vortrug. Sicher ein Kunde der selteneren Art.

Am Abend kehrte er selig zurück. Sein Rucksack war prall gefüllt mit Kopien für das Schulprojekt, und er hatte so viel erlebt. Er erzählte mir alles und berichtete sogar, wie er sich selbst an einem Imbissstand etwas zu essen gekauft hatte. Das Signal war klar: Papa, ich bin schon groß, ich kann das. Als er dann müde und zufrieden in seinem Bett lag, reflektierte ich den Tag und meine vielen völlig überflüssigen Ängste. Und ein Gedanke blieb haften: Meistens geht es ja gut, und deine Ängste waren völlig überflüssig.

8

~

Von Liebe und Hass

*Gerade wenn ein Lebensweg von den Killern der
Liebe, also von Enttäuschungen, Einsamkeit,
Verrat und Gewalt, gekennzeichnet ist, bleibt
doch stets noch ein letztes Samenkorn von der
Liebe, die in uns angelegt ist.* WALTER KOHL

Die Schwierigkeit zu lieben – Angst vor der Liebe

Jedes Leben sucht und findet seine eigenen Antworten; jedes Leben ist anders, einzigartig. Es gibt so viele Wege zur
Liebe, wie es Formen des Lebens gibt. Es ist nie zu spät,
sich der Liebe zu öffnen. Irgendwo wartet sie auf uns, und
wenn es noch so sehr im Verborgenen ist. Das Leben ist dynamisch und unberechenbar. Leben heißt Veränderungen
erfahren und das Lernen lernen. Es heißt, sich immer wieder neu zu entdecken, mit allen dazugehörigen Facetten.
Leben heißt offen sein und vor allem in Zeiten der Kata-

strophe offen bleiben. Das ist manchmal schwer, aber unsere beste Chance für eine Heilung der Schmerzen, die die Katastrophe uns zugefügt hat.

Das gilt insbesondere in Fragen der Liebe. In uns allen ist die Fähigkeit zu lieben angelegt, auch wenn wir das manchmal nicht mehr glauben oder hoffen wollen. Dies gilt selbst für Menschen, die die Liebe kategorisch ablehnen. In dem Filmklassiker *Citizen Kane* macht Orson Welles diesen Punkt bildhaft deutlich: Der gnadenlose und eiskalte Medientycoon reflektiert am Ende des Films die eine Szene aus seinem Leben, in der er wirklich glücklich und damit in Liebe war – die Szene mit seinem Kinderschlitten Rosebud.

Gerade wenn ein Lebensweg von den Killern der Liebe, also von Enttäuschungen, Einsamkeit, Verrat und Gewalt, gekennzeichnet ist, bleibt doch stets noch ein letztes Samenkorn von der Liebe, die in uns angelegt ist. Aus der Natur kennen wir Ereignisse, die jedes Leben auszulöschen scheinen: Waldbrände, nach denen sich nur noch qualmende, verkohlte Stümpfe zum Himmel recken, vernichtende Hochwasser, die alles Leben zu ertränken scheinen. Doch – und darin besteht für mich das Wunder der Schöpfung – selbst nach den größten Katastrophen durchdringen nach einiger Zeit erste Sprösslinge den scheinbar toten Boden, und neues Leben erscheint.

Für mich ist Liebe ein anderes Wort für gelebtes, gestaltetes Leben, für den Einklang mit sich selbst und anderen. Gerade wenn unser Leben eine oder gar mehrere Katastrophen für uns bereitgehalten hat, sind unsere Offenheit und unser Wille, zur Liebe zurückzukehren, unsere beste Chance, wieder zu uns selbst und zu unserem Glück zu finden. Denn wenn es eine Medizin für das scheinbar Unheilbare gibt, dann ist es die Liebe.

Ich weiß, das schreibt sich leicht. Aber wie funktioniert das im richtigen Leben? So einfach sicher nicht, denn die

Von Liebe und Hass

Liebe ist eine vertrackte Sache, voller Widersprüche und Kapriolen. Aber wir müssen ihr mit aller Macht eine Tür in unserem Leben offen halten, sonst hören wir auf zu leben und vegetieren nur mehr. Das allerdings weiß ich aus eigener Erfahrung.

Als meine erste Ehe 2002 endgültig scheiterte, eskalierten die Dinge in einer schwierigen Scheidung und einem jahrelangen Rosenkrieg. Mein Schmerz war sehr groß, und ich schwor mir: »Walter, du heiratest nie wieder!!« (Ich setze bewusst zwei Ausrufezeichen hinter diese Aussage, um zu unterstreichen, wie ernst mir dieser Satz damals war.) Es war ein Satz, der geboren war aus Schmerz, Enttäuschung und dem tiefen Gefühl der Ohnmacht und der Demütigung durch die Rahmenbedingungen der Scheidung. Damals glaubte ich fest an diesen Satz, und ich hielt mich an ihm fest wie ein Ertrinkender an einem Rettungsring. Nur so meinte ich mich vor meiner großen Angst schützen zu können, die da hieß: Nie wieder eine solche katastrophale Erfahrung. Nie wieder diesen Schmerz. Dieser Satz wurde für mich zum Glaubenssatz, zu einem Panzer, der mich vor neuem Unbill durch dieses Monster mit dem Namen Liebe schützen sollte. Aber gleichzeitig stoppte mich dieser Panzer bei meinem Versuch, ein neues Leben zu finden.

Doch zum Glück überholte mich das Leben, auch wenn ich mich anfangs mit Händen und Füßen dagegen wehrte. Als ich Kyung-Sook schließlich näher kennen und schätzen lernte und allmählich tiefe Gefühle auf meiner Seite entstanden, war es dieser Satz, der wie die Berliner Mauer zwischen unseren Herzen stand. Ich mochte sie sehr, so viel hätte ich damals gerade noch zugegeben. Aber Liebe? Um Himmels willen, nein. Die Vorstellung, dass ich sie lieben könnte, war mir völlig fremd, denn sofort begannen die Aasgeier meiner alten Ängste in meinem Herzen zu kreisen.

Meine Antwort war klar: Liebe, nein danke! In der mir eigenen Sturheit verrannte ich mich immer tiefer in meine Sackgasse und entfernte mich damit von jeder Heilung immer weiter.

Wenn ich heute an diese Zeit und unsere damaligen Diskussionen zurückdenke, dann schäme ich mich für meinen damaligen Kleinmut, meine innere Gefangenschaft und meinen Mangel an Vertrauen in mich und sie. Ich war ein Gefangener alter Ängste, tief im eigenen Opferland verhaftet und unfähig, eine neue, eigene Meinung zu entwickeln, fremdbestimmt durch eine verkorkste Vergangenheit. Es dauerte lange, bis ich einsehen konnte – und vor allem wollte –, dass ich mir selbst und damit unserer Beziehung eine unüberwindliche Bürde auferlegte. Denn letztlich bestrafte ich Kyung-Sook und unsere neue Chance mit den Altlasten meiner ersten Ehe. Es war, als ob ich ständig den Müll von gestern in die neue Zeit schaufelte. Es war falsch von mir. Und unfair dazu.

Heute, rund ein Jahrzehnt später, schreibe ich diese Zeilen mit Befremden, denn wir sind seit Jahren glücklich verheiratet und haben uns ein neues, gemeinsames Leben aufgebaut. Heute bin ich glücklich, mit ihr gemeinsam durchs Leben zu gehen. Es gibt wohl kaum einen Menschen, der mir mehr geholfen hat, der mich mehr ermutigt hat als meine Frau Kyung-Sook. Was wäre wohl ohne sie aus meinem Leben geworden? Ich weiß es nicht, aber sicher nicht das Glück, das ich heute erlebe.

Was also ist passiert? Gab es magische Momente, irgendeinen Knall, der alles verändert hat? Nein. Am Ende reduzierte sich das ganze Thema aus meiner Sicht auf wenige Punkte: Ehrlichkeit, inneren Frieden – und den Weg dahin. Ich musste mir die Dinge eingestehen, so wie sie nun einmal passiert waren, musste meine Fehler und die eigenen Anteile am Scheitern meiner ersten Ehe akzeptieren und vor allem dieser elenden Angst in die Augen sehen. Diese Erfahrung war wohl der Wendepunkt.

Wenn wir unseren Ängsten direkt ins Gesicht schauen, dann schmelzen sie dahin wie ein Vanilleeis im Hochsommer. Ängste blühen im Verborgenen. Licht und Transparenz sind ihre Feinde, und innere Ehrlichkeit bedeutet ihren Tod und damit unsere Chance für neues Leben und neues Glück. Ängste sind nicht peinlich, sie sind real, auch und vielleicht sogar besonders bei Männern. Als ich dies verstanden hatte, begannen sich die Dinge allmählich zu verändern. Langsam entstand neuer Raum für neue Ansichten. Ich spürte, wie die Angst kleiner wurde, sich zurückzog. Ihr alter Würgegriff wurde schwächer. Aus dem bisherigen »Du heiratest nie wieder!!« wurde ein »Na ja, vielleicht doch« und schließlich ein entschiedenes »Ja!«. Dieser Weg brauchte seine Zeit, aber Zeit allein heilt keine Wunden. Im Gegenteil, wenn man Wunden lange allein lässt, dann entzünden sie sich. Eine komplexe systemische Entzündungsreaktion, die den ganzen Organismus »vergiftet«, also eine Sepsis der Seele kann das Ergebnis sein, wenn man die Ängste nicht richtig behandelt.

Gerade die Ängste, die unserer Fähigkeit zu lieben im Weg stehen, müssen aktiv bearbeitet werden. Von allein ändert sich nichts. Sich aktiv mit Hindernissen auseinanderzusetzen kann anstrengend sein. Für mich habe ich dazu den oben beschriebenen Weg der Versöhnung entdeckt. Die Kraft der Versöhnung, die ich auch dieses Mal erleben durfte, half mir, die Tür zu einem neuen Lebensabschnitt aufzustoßen und Frieden mit den alten Erfahrungen einer schmerzhaften Scheidung zu schließen.

Ist Feindesliebe wirklich möglich?

Ich glaube, dass menschliche Liebe und Gottesliebe eng verwandte Ausdrucksformen der Liebe sind. Ich halte es für unmöglich, Gott zu lieben und zugleich Menschen nicht zu lieben, denn Gottes wichtigste Botschaft ist die Nächstenliebe, die Liebe zu unseren Mitmenschen. Die Feindesliebe stellt andererseits einen sehr hohen, vielleicht sogar einen fast unerreichbaren Anspruch. Können wir Menschen lieben, die große Verbrechen begangen haben, die gemordet und gequält haben? Kann man einen Massenmörder, einen Serienvergewaltiger oder Kinderschänder, der noch dazu aus niedrigsten Motiven gehandelt hat, lieben? Wollen wir das überhaupt? Oder will ich einen Menschen lieben, der mir ganz persönlich das Leben zur Hölle gemacht hat? Oder in meinem konkreten Fall: Will ich RAF-Terroristen wirklich lieben?

Die ehrliche Antwort lautet meiner Meinung nach: Nein. Ich persönlich möchte meine Liebe jenen Menschen schenken, die ich für liebenswert im eigentlichen, ursprünglichen Sinne des Wortes halte, die ich also wirklich lieben will. Liebe ist etwas sehr Wertvolles, vielleicht das Kostbarste, was ich geben kann. Sie ist keine Wegwerfware, die ich blind an jeden verschenke.

Viele Theologen werden mich jetzt wahrscheinlich kritisieren, wenn ich folgende These wage: Hat Jesus mit der Feindesliebe wirklich gemeint, dass wir unsere Feinde genauso lieben sollen wie unsere engsten Freunde oder unsere Familie? Das kann ich mir ehrlich gesagt nicht vorstellen. Hier rebelliert mein Innerstes. Wenn Gott uns eine Klaviatur der Gefühle mit vielen Abstufungen mitgegeben hat, dann kann er in meinen Augen damit nicht verlangen, dass Liebe gleich Liebe, also auch Feindesliebe gleich Mutterliebe sein sollte. Ein solcher Anspruch erscheint mir unerreichbar, ja schlicht unmenschlich. Mein Verständnis von Feindesliebe bedeutet zunächst die Abwesenheit von Zorn, Rache und Gewalt. Auf dieser Basis können wir dann mit größerer Gelassenheit der Person des Feindes und der damit verbundenen Situation gegenübertreten. Für mich bedeutet Feindesliebe eine auf innerem Frieden und Gelassenheit aufgebaute Umgangsweise mit Feinden. Ich habe erlebt, dass so etwas möglich ist.

Im Winter 1989/90 studierte ich in Wien und erhielt einen Anruf meines Vaters. Er bat mich, einen Termin wahrzunehmen. Ich war überrascht, denn darum hatte er mich noch nie zuvor gebeten. Umso perplexer war ich, als ich hörte, wen ich treffen sollte: Simon Wiesenthal. Der legendäre Gründer und Leiter des Dokumentationszentrums des Bundes Jüdischer Verfolgter des Naziregimes in Wien war mir natürlich ein Begriff. Aber warum sollte ich ihn im Namen meines Vaters treffen? Als ich ihn nach dem Grund fragte, bat er mich, nicht weiter zu bohren, und fragte nur: »Nimmst du den Termin wahr oder nicht?« Damals war eine Zeit, in der alles und nichts möglich erschien, in der man sich über immer weniger wunderte, und so sagte ich spontan zu. Schließlich war dieser Termin eine einmalige Chance, einen Menschen aus der Nähe kennenzulernen, der für mich eine Legende war. Diesmal hatte ich meiner Herkunft ein echtes Privileg zu verdanken.

Zur verabredeten Zeit fand ich mich in Simon Wiesenthals Büro in der Wiener Innenstadt ein. Er begrüßte mich und begann sofort, mich über meinen Lebensweg und meine Ansichten zu befragen. Ich erzählte ihm von meinen Schulerlebnissen, meiner Zeit bei der Bundeswehr, den Studienjahren in den USA. Schließlich kamen wir auf den Holocaust zu sprechen. Ich berichtete ihm von meinen Besuchen in den KZs Mauthausen und Buchenwald, erzählte, welche Bücher ich zu dem Thema gelesen hatte. Ich wusste, dass er unter anderem auch Häftling in Mauthausen gewesen war und dass die US-Armee ihn dort 1945 befreit hatte. Er hörte mir lange aufmerksam zu, sicher mehr als eine Stunde. Dabei sah er mich die ganze Zeit intensiv mit seinen durchdringenden Augen an. Ich konnte es gar nicht glauben, dass sich ein solch bedeutender Mann für meinen Lebensweg interessieren könnte. Aber er stellte mir immer weitere Fragen, und ich antwortete ihm pflichtschuldig.

Plötzlich lehnte er sich zurück und sagte: »Walter, jetzt weiß ich, was ich wissen wollte.« Ich schaute ihn verblüfft an, und er bedeutete mir mit einer Geste, nicht weiter nachzufragen. Ich wollte schon aufstehen, da ich das Gespräch für beendet hielt, als er lächelnd sagte: »Vielleicht hast du ja noch eine Frage für mich?« Natürlich hatte ich Fragen an ihn, und er wusste sofort, dass er mit dieser Einladung ein Fass aufgemacht hatte. Ein intensiver Dialog über den Umgang mit Verbrechen, Feinden und Leid entwickelte sich, vielleicht eines der prägendsten Gespräche in meinem Leben. Ich fragte ihn schließlich ganz direkt: »Hassen Sie die Nazi-Verbrecher, die Lagerkommandanten, die NS-Schergen?«

Er schaute mich ganz ruhig an und sagte nur: »Nein.« Dann erzählte er mir die Geschichte seiner Familie und seines Überlebens in den Lagern. Um die jahrelangen Qualen auszuhalten, legte er sich eine mentale Kartei aller Lagermannschaften und anderer Täter an, die er schon kurz nach dem Krieg den US-Truppen übergab. Er suchte nicht die Rache, sondern sah sich in der Pflicht, als Zeitzeuge und Überlebender einem Vergessen des Holocausts entgegenzutreten. Ich wunderte mich nicht, als ich später den Leitspruch las, unter den er seine Tätigkeit stellte: »Aufklärung ist Abwehr«. Würde er hassen, so fuhr er fort, dann hätte ihn seine Arbeit im Dokumentationszentrum umgebracht, dann hätte der Hass nach dem Krieg geschafft, was die Nazis in den Lagern nicht erreicht hatten.

Von Liebe und Hass

Dieser Satz von einem Mann mit einem solchen Lebensweg hinterließ bei mir einen tiefen Eindruck. Ich spürte, dass die Quelle seiner Kraft in seiner Fähigkeit lag, die schreckliche Realität seiner mehrjährigen Haft in insgesamt fünf KZs in sein neues Leben zu integrieren.

Wenn ich heute über Feindesliebe nachdenke, dann kommt mir Simon Wiesenthal als Vorbild in den Sinn. Wie Millionen anderer Häftlinge musste er unmenschliche Qualen erdulden und den Tod geliebter Menschen ertragen und gab sich dennoch nicht auf. Er folgte seiner Aufgabe, bekämpfte die Kultur des Zudeckens, des Ableugnens, des Nicht-gewusst-haben-Wollens und die Ausreden wie »Befehlsnotstand«, die auch im Deutschland und Österreich der fünfziger, sechziger und siebziger Jahre noch zu hören waren.

Ich glaube nicht, dass Simon Wiesenthal seine Feinde geliebt hat, aber er konnte trotz aller Qualen und allen Wahnsinns, den er erleben musste, friedlich mit ihnen umgehen, denn er war trotz allem in der Lage, den Menschen im Täter zu entdecken. Manchmal, so erzählte er mir, wenn er nach dessen Enttarnung an der Wohnung eines Täters klingelte, hatte eine Frau oder ein Kind die Tür geöffnet. Am Türschild stand ein anderer Name. Es waren nur Sekundenbruchteile, aber nicht immer vollstreckte er dann die Aufdeckung des Täters. »Manchmal«, so sagte er mir mit einem besonderen Blick, »bin ich einfach nur wieder weggegangen und habe den Fall zu den Akten gelegt.«

Ein Beispiel für gelungene Feindesliebe? Es ist zumindest das, was ich mir darunter vorstellen kann: Alte Gewalt wird zu neuer Aufklärung, zu Transparenz und Verantwortung und schließlich zu Vergebung. Mich würde sehr interessieren, was Jesus zu diesen Gedanken sagen würde.

In der Gleichgültigkeit ist keine Liebe mehr. Der Hass ist pervertierte Liebe. Die Liebe ist in ihr Gegenteil umgeschlagen. Aber im Hass steckt noch Liebe. Anselm Grün

Keine Liebe hat mich satt gemacht

Um lieben zu können, muss ich als Kind Liebe selber erfahren haben. Ich bin dankbar für die Liebe meiner Eltern, die ich als Kind genossen habe. Aber ich weiß aus vielen Gesprächen, dass viele Menschen zu wenig Liebe erfahren haben oder dass sie zumindest das Gefühl haben, zu kurz gekommen zu sein, nicht genügend geliebt worden zu sein. Auch ich kenne dieses Gefühl, obwohl ich sicher sehr geliebt worden bin. Aber das Gefühl, dass es nie genug ist, gehört wohl zum Menschen. Was ich mir selbst immer gesagt habe und was ich dann auch anderen sage, ist dies: Ich habe Liebe erfahren, auch wenn ich vielleicht mehr erwartet hätte. Aber es gibt keine menschliche Liebe, die mich ganz satt macht. Es ist gut, dass ich nicht satt geworden bin. Denn das hält mich lebendig. Das drängt mich dazu, zu suchen und einen Weg zu finden, wie mein Leben gelingt. Und das Gefühl des »Nicht-satt-geworden-Seins« öffnet mich für die Menschen, die zu mir kommen und mir von ihren Nöten erzählen. Es hat mich feinfühlig gemacht. Und es hat mich letztlich auch auf Gott hin angetrieben und meine Sehnsucht nach ihm genährt.

Es kommt also immer darauf an, wie ich mit der Liebe umgehe, die ich erfahren habe. Und etwas Liebe hat jeder erfahren. Denn allein die neun Monate, die mich die Mutter ausgetragen hat, sind ja ein Zeichen von Liebe. Auch wenn ich dann als Kind vielleicht zu wenig Liebe erfahren habe, kann ich mich immer an diese Liebe erinnern. Alle Eltern wollen ihre Kinder lieben, auch wenn sie es nicht immer genügend zum Ausdruck bringen. Ganz gleich, wie viel Liebe ich erfahren habe, die Liebe verweist mich immer auf die Quelle der Liebe, die auf dem Grund meiner Seele strömt. Und diese Liebe kann mir niemand nehmen. Wenn ich mit dieser Quelle in Berührung bin, dann weiß ich auch, was Liebe ist. Und ich vermag aus dieser inneren Quelle zu schöpfen und auch andere Menschen zu lieben.

Als Mönch verzichte ich auf die eheliche Liebe. Aber ich verzichte nicht auf menschliche Liebe. Ich genieße es, von Mitbrüdern geliebt zu werden, von Männern und Frauen, mit denen ich befreundet bin, geliebt zu werden. Aber ich weiß, dass die Liebe zu Menschen mir nie ganz genügen wird. Allerdings verfalle ich auch nicht ins Gegenteil und meine: Mir genügt die Liebe zu Gott allein. Wer das sagt, der überschätzt sich. Und manchmal erlebe ich, dass manche, die von der Liebe zu Gott allzu sehr schwärmen, damit nur ihrer eigenen Beziehungsunfähigkeit ausweichen. Sie wollen ihre Beziehungsunfähigkeit oder Beziehungslosigkeit nicht wahrnehmen und nicht betrauern und fliehen stattdessen in die Vorstellung, dass sie ja von Gott ganz und gar geliebt sind. Oder sie stellen sich vor, dass sie ganz und gar mit Gott eins sind und gar keine menschliche Beziehung brauchen. Sie stellen sich über all die Menschen, die noch menschliche Beziehungen brauchen. Sie schauen auf sie herab. Sie fühlen sich so spirituell, dass sie diese Bedürftigkeit längst überstiegen haben. Doch das ist für mich Hybris. Solche Menschen verstärken nur ihre narzisstische Struktur. Sie fühlen sich grandios. Doch irgendwann werden sie mit ihrem Bedürfnis nach menschlicher Liebe konfrontiert und fallen dann oft sehr unsanft auf die Nase. Dann wollen sie von Spiritualität nichts mehr wissen und fallen in eine tiefe Depression, aus der sie auch die Gottesliebe nicht mehr herauszuführen vermag.

Gottesliebe und Menschenliebe

Für mich gehören sie zusammen: die Liebe zum Menschen und von Menschen auf der einen Seite und die Liebe zu Gott und Gottes Liebe zu mir auf der anderen. Die Liebe zum Menschen ist emotionaler. Da spüre ich die Liebe, vor allem dann, wenn ich verliebt bin. Wenn ich verliebt bin, kommt mir die Rede von der Gottesliebe oft schal und kraftlos vor. Aber in der emotionalen Liebe zu einem Menschen spüre ich immer auch eine Grenze. Und wenn ich mir dieser Grenze bewusst werde, ahne ich, dass die Liebe Gottes grenzenlos ist. Sie ist nicht brüchig wie die menschliche Liebe. Sie wird nicht getrübt durch die Lebensmuster, die wir aus unserer Kindheit mit uns herumschleppen. Sie kann auch nicht zerbrechen. Ich spüre dann einen festen Grund für mein Leben. Umgekehrt stimmt aber auch: Wenn ich die Liebe zu einem Menschen spüre, dann kann ihre emotionale Färbung auch in meine Liebe zu Gott hineinfließen. Ich ahne, was es heißen könnte, Gott so emotional zu lieben wie einen Freund oder eine Freundin.

Und noch ein anderer Aspekt ist wichtig: Manchmal erwarten wir von der Liebe eines Menschen zu viel. Wir möchten absolute Gewissheit, absolute Geborgenheit und Sicherheit. Aber kein Mensch kann uns etwas Absolutes geben. Allein Gott kann das. Wenn ich um die absolute Liebe Gottes weiß, kann ich die bedingte Liebe eines Menschen genießen, ohne ihn ständig mit meinen überzogenen Erwartungen zu nerven. Der andere muss mir nicht alles geben, dessen ich bedarf. Er deckt immer nur einen Teil meiner Sehnsucht nach Liebe. Aber diesen begrenzten Teil darf ich dankbar genießen. Viele Ehen scheitern, weil man vom Partner zu viel erwartet. Man erwartet, dass er das eigene Defizit an Liebe ausfüllen kann. Mir haben manche Männer erzählt: Ich kann geben, was ich will – für meine Frau ist es immer zu wenig. Oder Frauen erzählen mir: Mein Mann möchte mich am liebsten immer um sich haben. Ich habe überhaupt keinen Freiraum mehr. Das wird mir alles zu eng.

Wer nie genug bekommen kann, wird nie zufrieden sein und seinen Partner damit allmählich zermürben. Es wäre der Tod der Liebe.

Feindesliebe heißt nicht Tatenlosigkeit

Ich habe noch nie die Erfahrung gemacht, dass jemand mir bewusst als mein Feind gegenübergetreten ist. Natürlich mache ich die Erfahrung, dass manche mich anfeinden und im Internet dann schlecht über mich schreiben. Ich lese nicht im Internet, aber werde von anderen darauf aufmerksam gemacht. Aber das erlebe ich nicht als persönliche Feindschaft. Ich erfahre es eher als Ausagieren von irgendwelchen Komplexen, die bei manchen Lesern von meinen Gedanken ausgelöst werden. Manchmal sind es Ängste, die da hochkommen. Wenn von den Lesern verlangt wird, dass sie ihr Lebensgebäude und auch ihren Glauben überdenken und daraufhin überprüfen sollen, was daran noch stimmig ist und was einfach nur Übernahme von alten Vorstellungen ist, dann kann das ja beängstigend sein.

Dass die Feindesliebe höchst aktuell ist und dass sie durchaus auch für die Politik ein wichtiger Weg ist, habe ich bei den Anschlägen am 11. September 2001 auf das World Trade Center erlebt. Als ich von diesem grausamen Terrorakt hörte, kamen in mir richtige Rachegefühle hoch. Ich malte mir aus, wie man die Terroristen und alle, die mit ihnen sympathisierten, durch moderne Technik mundtot machen könnte. Es tauchten da in mir durchaus sadistische Züge auf, die Terroristen zu quälen. Doch als ich über meine aggressiven Phantasien nachdachte, spürte ich: Durch solche Gedanken verwandle ich keine Gewalttat. Vielmehr erzeugen solche brutalen Gedanken in den Terroristen noch brutalere Aggressionen. Es gibt eine Spirale von Gewalt und Gegengewalt. Da erkannte ich, dass die Feindesliebe auch hier durchaus ein Weg zur Verwandlung sein könnte. Natürlich heißt Feindesliebe nicht, dass ich tatenlos zusehe, wie einige Psychopathen die ganze Welt zerstören. Es braucht durchaus Kraft, um dem Terrorismus zu widerstehen. Aber wenn ich mich von Hass leiten lasse, dann werde ich nur noch mehr Hass in dieser Welt erzeugen. Feindesliebe heißt für mich dann konkret, mich in diese Menschen, die solche Taten vollbringen, hineinzumeditieren, um das innere Chaos oder die Angst in ihnen zu entdecken. Und Feindesliebe heißt dann, dass ich für diese Menschen bete, dass sie in sich Frieden finden und so ablassen können von ihren Terroraktivitäten. Wie kann ich diesen Menschen die Angst nehmen, die sie zu solchen Terrorakten führt? Wie können diese Menschen einen Weg für sich selbst finden, ohne Angst mit sich und der Welt in Frieden zu leben?

Sowohl von der Liebe als auch vom Hass sagt man, dass sie blind machen. Die Liebe verklärt den anderen und ist blind für seine Schattenseiten. Der Hass verdunkelt den anderen und erkennt in ihm nur noch den total bösen Feind, den man vernichten muss. Manche meinen: Das Gegenteil von Liebe ist nicht Hass, sondern Gleichgültigkeit. In der Gleichgültigkeit ist keine Liebe mehr. Der Hass ist pervertierte Liebe. Die Liebe ist in ihr Gegenteil umgeschlagen. Aber im Hass steckt noch Liebe. Das erkennt man manchmal in der Begleitung. Wenn ich den Mann, der voller Hass ist auf seine Frau, die ihn verlassen hat, ermutige, alle seine Gefühle anzuschauen und auszusprechen, dann entdeckt er auf einmal auf dem Grund seines Hasses eine große Liebe zu seiner Frau. Und manchmal kann dann der Hass wieder in Liebe verwandelt werden. Aber bei manchen ist die Verletzung so groß, dass sie den Hass ausagieren. Doch dann zerstören sie sich selbst und den, den sie hassen.

9

Von Neid und Scham

> *Wer bin ich selbst? Was macht mich aus? Wofür*
> *bin ich dankbar? Wenn ich so frage, kann ich auf*
> *mich und mein Leben mit einem anderen Blick*
> *schauen, mit einem Blick der Dankbarkeit und*
> *Freude.*   ANSELM GRÜN

Begegnung mit der eigenen Begrenztheit

Scham entsteht, wenn etwas von uns offenbart wird, das wir am liebsten verbergen möchten, weil es nicht für die Öffentlichkeit bestimmt ist. Wir schämen uns, wenn etwas Intimes von uns in aller Öffentlichkeit ausgeplaudert und dort breitgetreten wird. Das kann junge ebenso wie erwachsene Menschen betreffen. Da ist zum Beispiel ein kleines Kind, vielleicht zwei oder drei Jahre alt, es spielt im Garten und macht in die Hose. Und seine Geschwister erzählen es lachend der Mutter. Ich selber war dieses Kind und spüre heute noch, wie sehr ich mich in diesem Augenblick beschämt fühlte. Persönlich habe ich nur dieses eine Mal das Gefühl von Scham intensiv erlebt. Etwas, was mir selbst peinlich war, wurde anderen erzählt, auch wenn es im Kreis der Familie blieb. Aber dieses Erlebnis hat mir gezeigt, was Scham ist. Schamgefühle haben wir, wenn etwas Intimes nach außen getragen wird, wenn unsere Nacktheit bloßgestellt wird und wenn unsere Sexualität zum Gesprächsthema wird. Nacktheit und Sexualität betreffen etwas Intimes. Schon in der Bibel schämten sich Adam und Eva, als sie erkannten, dass sie nackt waren. Vor dem Sündenfall war es selbstverständlich, dass sie sich als nackt wahrgenommen und geachtet haben. Der Sündenfall – so sagen uns die Exegeten – bestand darin, dass die Menschen wie Gott sein wollten. Die eigene Nacktheit ist das Gegenteil von dieser Sehnsucht, wie Gott sein zu wollen. Denn in der Nacktheit begegnen wir der eigenen Begrenztheit. Wir haben ein Gespür, dass die Nacktheit uns selbst gehört bzw. allein dem Menschen, dem wir in Liebe verbunden sind. Aber sie gehört nicht der Öffentlichkeit. Die Scham vor dem Nacktsein ist nur ein Bild für einen tieferen Zusammenhang. Der Mensch schämt sich, wenn etwas, das seine Würde schützt, zerbrochen wird und wenn seine Würde in der Öffentlichkeit in Frage gestellt wird. Damit Menschen in ihrer Brüchigkeit miteinander leben können, braucht es Schambarrieren. Wenn diese Barrieren nicht beachtet oder zerbrochen werden, entsteht in uns Scham.

Aber wir können uns nicht nur für uns selbst schämen, sondern auch für andere. Dieses Fremd-Schämen habe ich während meines Studiums erlebt. Ich habe vier Jahre in Rom studiert. Wenn ich mit dem Bus durch die Stadt gefahren bin, war es mir oft peinlich, wie deutsche Touristen sich danebenbenahmen. Ich habe mich in diesem Augenblick geschämt, als Deutscher mit diesen oberflächlichen und lauten Touristen in Verbindung gebracht zu werden. Und ich habe mich ein anderes Mal gleichsam stellvertretend geschämt, als ein Mitbruder einen Lehrling vor den anderen bloßgestellt hat. Es war die Scham, dass da ein junger Mensch verletzt und vor den anderen lächerlich gemacht wird. Scham ist ein natürliches Gefühl, das anzeigt, dass da Grenzen übersprungen werden, dass da etwas Intimes verletzt wird. Es geht nicht immer nur um die eigene Verletzung, sondern auch um die Verletzung anderer. Wir schämen uns gleichsam stellvertretend für den, der verletzt. Aber wir fühlen in der Scham auch mit dem, der verletzt wird.

Zerstörung der Würde

Ich schäme mich auch, wenn Menschen schamlos über andere herfallen. Das geht mir so, wenn ich bestimmte Zeitungsartikel lese, in denen das Seelenleben eines Menschen in aller Öffentlichkeit analysiert und bloßgestellt wird. Dieses Bloßstellen ist oft mit einer Verurteilung verbunden. Und man spürt die Lust daran, etwas Verborgenes in aller Öffentlichkeit zu beschreiben. Man nimmt mit solch schamlosen Darstellungen dem anderen seine Würde. Und diese Zerstörung der Würde von Menschen erfüllt mich mit Scham. Da kommt das Gefühl hoch: Wie kann man nur so brutal sein, so wenig mitfühlend, so sarkastisch, so verletzend?

Die Scham, die ich bei schamlosen Darstellungen von Menschen in der Öffentlichkeit empfinde, schützt mich davor, selbst über andere zu reden und über ihre Fehler zu urteilen. Ich werde ja oft vom Fernsehen eingeladen, bei diesem oder jenem Skandal etwas zu dieser oder jener Persönlichkeit zu sagen. Ich weigere mich immer, über eine Person zu sprechen. Denn ich kenne diese Person nicht.

Und ich möchte nicht urteilen über jemanden, den ich nicht gut genug kenne. Und selbst wenn ich ihn kennen würde, würde ich nichts sagen. Denn ich möchte ja auch nicht, dass man über mich herzieht und alles besser weiß, wie ich mich hätte verhalten oder was ich hätte reden oder schreiben sollen. Ich habe keine Lust, bei der heute weit verbreiteten Empörungskultur mitzumachen. Ich stelle mich nicht über andere. Und ich habe absolut keine Lust, mich auf Anweisung hin zu empören.

Scham ist etwas anderes als Reue, auch wenn beide zusammengehören. Wenn ich schuldig geworden bin, dann bereue ich meinen Fehltritt. Ich schäme mich für mein Versagen, wenn das Versagen in aller Öffentlichkeit breitgetreten wird. Ich schäme mich für mich selbst, weil ich mit meiner Schuld wehrlos vor allen anderen dastehe. Wenn Menschen zu mir kommen, die man in aller Öffentlichkeit beschämt hat, dann halte ich zuerst einmal mit ihnen den Schmerz aus. Diese Menschen haben den Eindruck: Alles, was ich aufgebaut habe, ist zerstört worden. In der Öffentlichkeit bin ich nichts mehr. Ich kann mich nicht mehr sehen lassen. Alle zeigen mit dem Finger auf mich und reden über mich. Das tut sehr weh. Und ich weiß nicht, wie gut ich selbst damit umgehen könnte, wenn es mich träfe. Ich versuche, diesen Menschen dann Mut zu machen: »Dein Image ist zerstört. Alle deine Masken sind zerbrochen. Aber das ist auch eine Herausforderung, nach innen zu gehen, dein wahres Selbst zu entdecken. Dieses innere Selbst kann niemand zerstören. Die Menschen haben mit ihren gaffenden Blicken und bloßstellenden Worten keinen Zutritt zu diesem inneren Raum der Stille, in dem du ganz du selbst bist. So versuche, dich in diesen inneren Raum zurückzuziehen und dort zur Ruhe zu kommen. Dann wirst du allmählich freier von der Angst, alle würden auf dich schauen und dich verurteilen.«

Klerikaler Neid

Schon seit dem Mittelalter spricht man von der *invidia clericalis*, vom typischen Neid der Kleriker. Ich habe darüber nachgedacht, warum dieser Neid für Kleriker so typisch ist. Sportler, die gegeneinander kämpfen, sind in aller Regel nicht aufeinander neidisch. Jeder möchte siegen, aber man erkennt auch die Fähigkeiten des anderen an. Manchmal gelingt dem anderen der Sieg, weil er besser trainiert oder einfach bessere Voraussetzungen hat. Ehrgeiz, aber auch Fairness gehören gleichermaßen zum Selbstbild eines Sportlers. Auch das Verhältnis von Politikern, die miteinander konkurrieren, würde man nicht als grundsätzlich neiderfüllt beschreiben. Sowohl beim Sportler als auch beim Politiker wird der Erfolg bewusst angestrebt. Bei Klerikern dagegen sind Begriffe wie Erfolg und Leistung eher negativ besetzt, und die dahinter stehenden Haltungen und Antriebe werden typischerweise eher verdrängt. Aber die verdrängten Motive melden sich aus dem Schatten heraus zu Wort. Woher kommt der Neid auf den anderen Pfarrer, zu dem mehr Leute in die Kirche gehen, dessen Predigten mehr Aufmerksamkeit auf sich ziehen? Wohl daher, dass man sich das eigene Streben nach Erfolg nicht eingesteht und denkt, man würde ja alles nur für Gott tun oder sich für die Gemeinde aufopfern, man sei ganz für die anderen da. Aber dann zählt man doch insgeheim die Leute, die zu einem selbst in den Gottesdienst kommen, und vergleicht sie mit den Zahlen aus anderen Pfarreien. Unter der Oberfläche des Dienstes für alle zeigt sich eben doch der Ehrgeiz, Erfolg haben zu wollen. Aber weil man ihn sich nicht eingesteht, drückt sich der Ehrgeiz in Neid aus. Solchen Neid kann und mag man aber auch nicht offen zugeben. Wer als Theologe weiß, dass der Neid Sünde ist, versteckt ihn hinter der Kritik. Man kritisiert den Pfarrer, auf den man neidisch ist, macht ihn klein,

Von Neid und Scham

entwertet die Motive anderer und wertet sich dadurch selber auf: »Der macht zu viel Schau. Der predigt ein oberflächliches Christentum. Der hat zu wenig Tiefe. Und die Leute suchen heute halt das Oberflächliche.«

Ich begleite im Recollectio-Haus immer wieder Priester. Wenn da das Thema des Neides angesprochen wird, lade ich den Betreffenden immer dazu ein, sich offen einzugestehen, dass er gerne Erfolg hätte: »Ja, ich möchte gerne, dass die Leute zu mir kommen und nicht zum Nachbarpfarrer. Ich möchte, dass ich gesehen werde. Ich strenge mich für die Gemeinde an, damit auch die anderen sehen, dass ich ein guter Pfarrer bin.« Wenn ich mir meine Motivation für meine Arbeit ehrlich eingestehe, dann kann ich den Neid auch relativieren. Der Neid weist mich ja auf meine ehrgeizigen Motivationen hin. Ich gebe dann zu: »Ja, ich habe Ehrgeiz. Ich möchte, dass meine Arbeit anerkannt wird, dass ich gesehen werde.« Und indem ich mir das eingestehe, kann ich den Gedanken weiterführen und mir sagen: »Aber darum geht es ja eigentlich nicht. Es geht darum, dass die Menschen zu Gott geführt, dass sie von Gott berührt werden. Und da ist es ja eigentlich gleichgültig, ob Gott sie durch meine Worte oder durch die Worte des Nachbarpfarrers berührt.« Indem ich mir den Neid eingestehe, kann er sich langsam wandeln. Wenn ich ihn verdränge und mir einrede, ich würde alles aus reiner Nächstenliebe tun, wird der Neid unter der Oberfläche immer wieder auftauchen, mich möglicherweise tagelang besetzt halten und dann dazu führen, dass ich gegen den Nachbarpfarrer arbeite, dass ich zu unfairen Methoden greife. All das, was ich dem anderen unterstellt habe, praktiziere ich dann selbst.

Natürlich spüre ich die *invidia clericalis* manchmal auch mir gegenüber. Wenn ich einen Vortrag halte und die Kirche ganz voll ist, freuen sich manche Pfarrer mit mir. Manche äußern sich aber auch in dem Sinn: »Bei mir ist die Kirche nie voll. Selbst an Weihnachten nicht. Was mache ich nur verkehrt?« Oder aber der Neid wird zum Ventil, meine Vorträge zu entwerten: »Die Menschen sind oberflächlich. Man muss ihnen die unbequeme Wahrheit des Evangeliums sagen. Doch die wollen die Leute nicht hören.« Manche Pfarrer steigern sich dann sogar in die Rolle des Märtyrers hinein: Weil sie die reine Lehre Jesu verkünden, werden ihnen ständig Steine in den Weg gelegt, und sie werden von den Leuten abgelehnt. Und dann heißt es: »Der Pater Anselm passt sich einfach nur den Leuten an, daher laufen sie ihm nach. Doch das ist nicht die Botschaft Jesu.« Wenn solche Gedanken offen geäußert werden oder ich sie unausgesprochen wahrnehme, versuche ich, zu verstehen. Es ist ja auch nicht einfach, zu akzeptieren, dass die Leute zu mir kommen und nicht zu ihm. Ich versuche dann die Betreffenden aufzurichten, indem ich sage: »Wenn ich jeden Sonntag predigen würde, dann würden die Leute auch nicht regelmäßig kommen. Wir sind halt heute in einer Event-Gesellschaft. Da kommen sie nur zu einem Event. Und ein Vortrag von mir ist für manche ein Event, zu dem man halt geht, weil es gerade modern ist.« Ich versuche den Pfarrer also zu ermutigen, dass er seine eigene Tätigkeit nicht entwertet und sich nicht mit mir oder anderen vergleicht.

Ein Blick der Dankbarkeit

Der Neid entsteht immer dann, wenn ich mich mit anderen vergleiche. Ob wir wollen oder nicht, wir vergleichen uns immer mit anderen. Aber indem ich das wahrnehme, dass ich mich mit anderen vergleiche und dann auf den einen oder anderen neidisch bin, weil der erfolgreicher, gesünder, beliebter ist, dann ist das eine Einladung, mit mir selbst in Berührung zu kommen. Eine Hilfe könnte z. B. sein: Ich lege die Hand auf mein Herz und spüre mich selbst. Ich spüre meine Gefühle, meine Sehnsüchte. Ich spüre mich selbst. Und indem ich mich spüre, werde ich dankbar für mich und mein Leben. Ich spüre meine Einzigartigkeit. Und in diesem Augenblick muss ich mich nicht mehr mit anderen vergleichen. Da bin ich ganz ich selbst. Der Neid ist für mich immer eine Einladung, dankbar zu sein für mein Leben und für das, was mir Gott geschenkt hat an Fähigkeiten, an Erlebnissen, und dafür, dass Gott mich auf meinem Weg geführt hat und dass ich jetzt dort angekommen bin, wo ich gerade stehe.

Wenn ich Menschen begleite, die mir von ihrem Neid erzählen, dann frage ich sie immer: »Auf was bist du konkret neidisch? Welche Eigenschaft dieses Menschen möchtest du auch haben? Und dann stell dir alle Menschen vor, auf die du neidisch bist. Und stell dir vor, du hättest alle Eigenschaften, die deinen Neid erregen. Bist du dann noch du selbst? Oder wäre das ein Monster?« Indem ich mir alle Wünsche erlaube, die ich habe, merke ich, wie unrealistisch das ist. Und dann lade ich die Menschen dazu ein, den Neid als Freund zu nehmen, der mich zu mir führt: Wer bin ich selbst? Was macht mich aus? Wofür bin ich dankbar? Und dann kann ich auf mich und mein Leben mit einem anderen Blick schauen, mit einem Blick der Dankbarkeit und Freude.

Nicht das Was ist das Problem bei Scham und Neid. Die Herausforderung liegt im Wie: Wie gehen wir mit diesen destruktiven Emotionen um?

WALTER KOHL

Signal für inneren Mangel

Neid ist eines der stärksten und am weitesten verbreiteten Gefühle überhaupt. In Deutschland wird oft von einer Neidkultur gesprochen, und manchmal denke ich, dass an diesem Wort leider etwas dran ist. Neid heißt: einem anderen etwas nicht gönnen. Schnell werden Fragen gestellt: Haben der oder die das wirklich verdient? Warum dürfen die etwas haben, was ich nicht habe? Hätte ich nicht viel eher verdient, was dieser andere hat?

Nach einer Lesung, als ich Bücher signierte, stand eine freundliche Dame vor mir und reichte mir ihr Exemplar. Ich schrieb ihr eine Widmung hinein. Als ich das Buch zurückgab, dankte sie mir und sagte mit einem Lächeln, dass sie mir noch etwas geben wolle. Mit diesen Worten reichte sie mir einen kleinen Umschlag und verabschiedete sich. Später, auf dem Heimweg im Zug, nahm ich den Umschlag wieder zur Hand und öffnete ihn. Drinnen befand sich ein schön verziertes Blatt Papier mit folgender Geschichte:

»Eines Abends erzählte ein alter Cherokee-Indianer seinem Enkelsohn am Lagerfeuer von einem Kampf, der in jedem Menschen tobt. Er sagte: ›Mein Sohn, der Kampf wird von zwei Wölfen ausgefochten, die in jedem von uns wohnen. Einer ist böse. Er ist der Zorn, der Neid, die Eifersucht, die Sorgen, der Schmerz, die Gier, die Arroganz, das Selbstmitleid, die Schuld, die Vorurteile, die Minderwertigkeitsgefühle, die Lügen, der falsche Stolz und das Ego. Der

Von Neid und Scham

andere ist gut. Er ist die Freude, der Friede, die Liebe, die Hoffnung, die Heiterkeit, die Demut, die Güte, das Wohlwollen, die Zuneigung, die Großzügigkeit, die Aufrichtigkeit, das Mitgefühl und der Glaube.‹

Der Enkel dachte einige Zeit über die Worte seines Großvaters nach und fragte dann: ›Welcher der beiden Wölfe gewinnt?‹ Der alte Cherokee antwortete: ›Der, den du fütterst.‹«

Diese kleine Geschichte drückt anschaulich aus, um was es geht. Neid ist Teil unserer menschlichen Natur, daran können wir nun einmal nicht rütteln. Er gehört zu uns, es hat keinen Sinn, ihn zu verdammen oder mit moralischen Knüppeln zu bekämpfen. Neid kann beides: uns emotional versklaven oder auch ungeahnte Kräfte freisetzen. Ähnlich wie Hass oder Zorn ist auch der Neid eine Form von hochkonzentrierter innerer Energie, die auch eine erhebliche Triebkraft zu persönlichem Wachstum sein kann – aber nur, wenn er in die Übernahme von Eigenverantwortung mündet. Wenn man jemandem etwas neidet, dann will man mit dem anderen gleichziehen oder ihn gar überholen. Er hat etwas erreicht oder er besitzt etwas, das ich auch erreichen oder haben möchte. Dann muss analysiert und verstanden werden, warum die andere Person diesen Erfolg einfahren konnte und warum man selber noch nicht so weit ist. Im besten Falle kann dann eine neue Triebkraft zum Wachsen und Selber-Erreichen von Zielen entstehen. Wieder einmal stellt sich die gleiche Frage: Nicht das *Was*, in diesem Fall der Neid, ist das Problem, sondern die Herausforderung liegt im *Wie*: Wie gehen wir mit dem Neid um?

Allerdings glaube ich, dass dieser Umgang mit Neid eher die Ausnahme darstellt. Häufig aber lähmt der Neid uns und führt zu dem Gefühl, benachteiligt und ungerecht behandelt worden zu sein. Und leider ist an diesem Gefühl auch oft ein Stückchen Wahrheit dran. Vielleicht hat der andere ja mit gezinkten Karten gespielt, getäuscht, betrogen oder über Möglichkeiten verfügt, die man selbst nicht hatte. In diesem Fall wird der Neid zum Gefängnis. Denn wenn die Konkurrenzsituation nicht sauber war – und das ist häufig der Fall –, dann wird Neid zu keiner Lösung führen. Im Gegenteil, er bestätigt uns in unserem Gefühl, benachteiligt zu sein, und schwächt uns noch weiter. Es ist wie im Fußball, wenn der Schiedsrichter nur die Fouls der eigenen Mannschaft pfeift, für die Fouls des anderen Teams aber offenbar blind ist und schließlich auch noch dessen Abseitstor anerkennt. Dann kann man nichts machen, sondern nur irgendwie versuchen, das Spiel zu Ende zu bringen. Im Fußball zählt der Trend. Die Bundesliga kürt den Meister nach 34 Spieltagen. Genauso ist es im Leben: Nicht der einzelne (Spiel-)Tag zählt, sondern der Lebensweg, den wir gehen. Wenn es mal ein solcherart verflixtes Spiel, einen solchen »Misttag« gibt, dann muss man frühzeitig innerlichen Abstand finden, es durchstehen und die Sache zu einem möglichst guten Abschluss bringen.

»Cut your losses and move on«, frei übersetzt: »Nimm deine Verluste an und mach weiter«, sagt ein amerikanisches Sprichwort in solchen Fällen. »Es ist halt so« oder »Mund abputzen und es besser machen«, so lauten typische Fußballer-Weisheiten. Sicher, dies sind keine philosophisch besonders tiefgründigen Aussagen, aber sie entsprechen meiner Lebenserfahrung. Es gilt, irgendwie durch die Situation durchzukommen und sich ehrlich zu fragen: Regen wir uns in zwei Monaten wirklich noch über dieses Spiel oder über diese konkrete Situation auf?

Kraftfresser werden Kraftquellen

Neid kommt leider auch in meinem Leben manchmal vor. Vielleicht beschreibt das Wort Missgunst passender, was dann vor sich geht. Miss-Gunst: Darin steckt die Aussage, dass einem anderen etwas nicht gegönnt wird – ein Erfolg, etwas Materielles, eine Anerkennung. Wenn ich neidisch oder missgünstig bin, dann fühle ich, dass jemand etwas hat oder erreicht hat, das ich ihm nicht gönne. Oder ich empfinde es als ungerecht, dass die Karten so verteilt sind, wie sie verteilt sind. Das Leben war halt wieder einmal unfair.

Wie können wir dem Neid den Stachel ziehen? Ich glaube, dass wir auch die positive Seite des Neides anerkennen sollten, denn er bietet gute Möglichkeiten, um alte Kraftfresser in neue Kraftquellen umzumünzen. Dabei müssen wir uns den Neid zunächst auch wirklich eingestehen und die Ursache unseres Neides in der speziellen Situation erkennen und annehmen. Neid ist ein Signal für einen echten oder gefühlten inneren Mangel oder das Gefühl, Opfer einer Ungerechtigkeit zu sein. In der bewussten Klärung, warum wir etwas als Mangel oder als Ungerechtigkeit empfinden, liegt der Schlüssel zur Lösung des konkreten Neidproblems.

Neid oder Missgunst sind extreme Kraftfresser, die unser ganzes Denken und Fühlen blockieren und unser Leben zerstören können. Wir sind gut beraten, vor ihnen auf der Hut zu sein, denn sie saugen uns aus wie Blutegel. Neid kommt immer »after the fact«, also nach dem Ereignis. Etwas ist passiert, es ist unumkehrbar, und unsere nachträgliche Wertung ist Neid. In solchen Situationen verlieren wir doppelt: Zunächst durch die Tatsache, dass jemand etwas erhalten hat, was wir ihm nicht gönnen oder aber gerne für uns in Anspruch genommen hätten. Und dann verlieren wir ein zweites Mal, denn der Neid frisst uns innerlich auf, saugt uns förmlich leer.

Ich kenne nur zwei wirkliche Mittel gegen Neid: Akzeptanz und Dankbarkeit. Wenn Neid auftritt, dann muss man im ersten Schritt die Situation akzeptieren, wie sie ist. Ich sage mir dann Sätze wie: »Walter, das ist jetzt so, daran kannst du nichts mehr ändern. Hör auf, dagegen anzurennen, hör auf, gegen Windmühlen zu kämpfen.« Ein französisches Sprichwort sagt: »Accepter, c'est tolerer. – Akzeptieren heißt tolerieren.« Dieser Gedanke hilft, die konkrete Neidsituation in einen größeren Kontext zu stellen und damit die Situation zunächst durch eine Form der Verdünnung zu entschärfen.

Dankbarkeit überwindet Neid, denn sie hilft uns, zu gönnen. Dabei sage ich nicht, dass man dankbar für das Ereignis sein soll, das den Neid ausgelöst hat (obwohl das manchmal auch enorm hilfreich sein kann). Ich meine eine viel breiter angelegte Reaktion. Es geht um eine doppelte Dankbarkeit: darum, anderen etwas zu gönnen, und darum, im eigenen Leben dankbar zu sein für die vielen Dinge, die mir gegeben und geschenkt sind – und die wir vielleicht zu gerne als Selbstverständlichkeit ansehen. Um eine Dankbarkeit also, die das, was wir haben, in den Vordergrund stellt und die uns hilft, die Dinge, die uns (vermeintlich) fehlen, in einem größeren Kontext zu betrachten und somit diesen Mangel zu relativieren.

Scham und Fremdschämen

Neid und Scham können durchaus zusammengehen. Eine Form der Scham ist das Gefühl: Ich bin nicht gut genug. Und das hat oft mit Vergleichen und dann mit einer bestimmten Form von Neid zu tun. Typische Gedanken lauten: Mein Nachbar hat das große Auto, macht die Karriere – und ich?. Oder: Sie ist viel schöner wie ich. Oder: Sie hat das und das erreicht. Ich bin zu dick, zu dünn, zu groß, zu klein, zu hässlich, was auch immer – ich bin also nicht so, wie ich sein möchte, also bin ich eine Enttäuschung und gescheitert, und dafür schäme ich mich. Wir tragen ein Ideal in uns und spüren plötzlich, dass die Wirklichkeit diesem Ideal nicht entspricht, und wir schämen uns, weil wir uns und andere enttäuschen. Scham ist meiner Meinung nach eines der stärksten Gefühle überhaupt, und es ist wie Neid ein oft verstecktes Gefühl. Auch wenn es indirekt wirkt, kann es doch eine enorme Wucht entwickeln.

Und die Scham hat natürlich auch mehrere Gesichter und verschiedene Funktionen. Einerseits ist sie ein wichtiges Regulativ für menschliches Zusammenleben. Wir schämen uns ja auch, weil wir eine Norm, eine Regel der Gruppe, in der wir leben, verletzt haben und dafür eine Sanktion erwarten. Die Scham ist dann ein wenig wie die Verkehrsregeln. Wenn sich alle an die Verkehrsregeln halten, dann gibt es keine oder wenige Unfälle. Wenn sich alle an die Umgangsformen der Gruppe halten, dann läuft das Zusammenleben reibungsloser und harmonischer ab. Dabei wirkt Scham nach innen, indem wir uns vor uns selbst schämen, und nach außen, indem wir sagen: »Seht her, ich schäme mich, ich weiß, dass das nicht okay war, bitte keine Strafe.« Nach innen wirkt die Scham wie eine Alarmglocke, nach außen beschwichtigt sie: »Ich habe eine Regel verletzt, und mir geht es nicht gut damit. Mehr Bestrafung ist nicht mehr nötig.«

Eine andere Form der Scham entspringt eigener Unsicherheit. Da leiden Menschen unter dem allgemeinen Gefühl, nicht gut genug zu sein. Schon vermeintliche Kleinigkeiten führen zu wahren Schamattacken. Alles wird dann zur Peinlichkeit, der Betroffene möchte am liebsten im Boden versinken. In der Pubertät kommt das oft vor, und das wird dann zu einem manchmal harten Test für elterliche Langmut. Es gibt Zeiten, so denkt sich der Beobachter, wo einfach alles nur noch peinlich ist.

Und dann gibt es noch das Phänomen des Fremdschämens. Man schämt sich für etwas, das man gar nicht verursacht hat, es ist ein Schämen durch Assoziation. Man schämt sich für seinen Kollegen, der sich bei einem Geschäftstermin unmöglich benommen hat, oder für den Freund, der bei einer Einladung einen unnötigen Streit vom Zaun gebrochen hat.

Ich selber hatte ein besonderes Erlebnis im Bereich des Fremdschämens. Nach dem Tod meiner Mutter schämte ich mich für ihren Suizid. Es war eine innerlich völlig verfahrene Situation, denn mein Kopf sagte mir, dass mein Schämen absoluter Blödsinn sei. Und dennoch kam sie immer wieder über mich, diese unglaublich starke Scham. Sie äußerte sich auch körperlich, indem sie mir im wahrsten Sinne die Luft abschnürte. Ich konnte nicht mehr sprechen, und mein Hals schien wie von einem Strick abgeschnürt. Ich litt über ein Jahr unter dieser Form der Scham, bis ich eines Tages offen über meine Gefühle in Bezug auf ihren Tod sprechen konnte. An dem Tag, an dem ich »es sagen konnte«, also zu ihrem Tod und meinen damit verbundenen Gefühlen stehen konnte, war die Scham wie weggeblasen. Für mich war dies eine wichtige Erfahrung, denn sie zeigte mir, dass jede Form von Scham oder schmerzhaften Gefühlen ein Gegengefühl, eine Gegenenergie hat. Wenn es uns gelingt, diese Gegenkraft zu identifizieren und dann anstelle des alten, schmerzenden Gefühls anzunehmen, dann werden wir frei.

Die gleiche Erfahrung mache ich auch bei der Begleitung von Menschen. Gerade für Frauen, die sich für ihre gescheiterte Ehe schämen, ist das häufig die Lösung: »es sagen können«. Sie können dann selbstbewusster in ihrem alten Umfeld auftreten und sagen: »Ja, die Ehe ist gescheitert. Soll er doch gehen, ich gehe jetzt meinen eigenen Weg.«

10

~

Widerstände und Konflikte

> *Ich habe mir abgewöhnt, einen Konflikt zu bewerten. Vor allem habe ich darauf verzichtet, bei einem Konflikt zu moralisieren und der »gegnerischen« Partei ein schlechtes Gewissen einzuimpfen.* ANSELM GRÜN

Der Sinn innerer Widerstände

Widerstände haben immer einen Sinn. Und wenn ich auf sie treffe, ist es gut, sie genauer anzuschauen und mit ihnen ein Gespräch anzufangen. Das gilt in erster Linie für die Widerstände, die ich in mir selbst spüre. Wenn ich einen Widerstand spüre, zur Arbeit zu gehen, dann sollte ich den Widerstand nicht überspringen, sondern mit ihm sprechen und herausfinden, was er mir sagen möchte. Vielleicht zeigt er mir, dass die Arbeit für mich nicht mehr stimmt. Oder aber er weist mich darauf hin, dass ich mit einer anderen Einstellung in die Arbeit gehen soll. Oder er verweist mich auf Probleme, die endlich gelöst werden müssen. Manchmal ist der Widerstand auch ein Zeichen dafür, dass ich eine neue Motivation für meine Arbeit brauche: Warum mache ich diese Arbeit? Ist sie sinnlos geworden? Oder verlangt sie einfach mein Ja, ist sie einfach ein Dienst, den ich für andere auf mich nehme? Kann ich diesen Dienst bewusst wahrnehmen?

Ich achte bei mir genau auf den inneren Widerstand, den ich bei bestimmten Anfragen nach Vorträgen, Kursen oder Fernsehauftritten in mir spüre. Und oft genug erkenne ich, dass der Widerstand mich davor bewahren soll, dort Ja zu sagen, wo ich nur benutzt werde, wo ich nur der Verzierung diene, aber nicht wirklich etwas vermitteln kann. Wenn ich Lust verspüre, sage ich Ja. Und dann wird diese Lust meistens auch bestätigt. Wenn ich nicht auf meinen Widerstand gehört habe, dann zeigt sich spätestens beim Vortrag, dass da etwas nicht stimmig ist. Ich hätte lieber auf meinen Widerstand hören sollen. Diesen Vortrag hätte ich mir eigentlich sparen können. Der war die Mühe nicht wert, so viele Kilometer zu fahren und so viel Zeit dafür aufzubringen.

Umgehen mit Widerstand

Als Cellerar habe ich mit dem Widerstand von Mitbrüdern zu tun gehabt. Wenn ein Projekt anstand, etwa der Bau des Gästehauses, die Renovierung des Balthasar-Neumann-Baus usw., dann regte sich in manchen Sitzungen Widerstand. Manchmal hat mich der Widerstand geärgert. Ich dachte: Da kann doch niemand etwas dagegen haben. Und ich war geneigt, den Grund für den Widerstand in der Borniertheit mancher Mitbrüder zu suchen. Doch wenn ich den Widerstand nicht ernst genommen habe, hat es sich später immer gerächt. Ich habe etwas Wichtiges übersehen. Es ist wichtig, dass ich den Widerstand wahrnehme, ohne ihn zu bewerten. Ich frage nach dem Grund des Widerstandes. Im Gespräch mit den Mitbrüdern kommen dann oft vernünftige Gründe zum Vorschein, Gründe, die ich bei der Entscheidung für das Projekt bedenken sollte. Manchmal sind es auch eher subjektive Gefühle. Aber ich kann dann frei entscheiden, ob ich diese Gefühle berücksichtigen oder einfach stehen lassen soll.

Widerstand zu leisten ist für mich kein Gegensatz zum Gehorsam. Wenn ich in mir einen Widerstand gegen eine Tendenz im Kloster spüre, dann habe ich auch die Verantwortung, ihn zu äußern. Gehorsam heißt ja nicht, dass ich alles sofort unterschreibe, was der Abt sagt. Ich habe die Pflicht, auf mein Gewissen zu hören. Natürlich werde ich im Hören auf mein Gewissen auch genau darauf achten, welche Motive sich mit meinem Widerstand verbinden. Wenn Motive wie Ehrgeiz oder Profilierungssucht oder Neid dabei sind, dann sollte ich darauf verzichten, Widerstand zu leisten. Aber wenn ich spüre, dass ich hier Verantwortung für die Gemeinschaft und ihre Zukunft habe, dann muss ich meinen Widerstand in aller Demut anmelden und manchmal auch konsequent durchhalten, vor allem dann, wenn versucht wird, ihn mit frommen Ideen zu überspielen oder zu entwerten.

Ich kenne Menschen, die Lust haben, Konflikte zu lösen. Sie wachsen am Konflikt. Sie entdecken ihre Fähigkeit, einen Konflikt zu lösen. Von meiner eigenen Lebensgeschichte her bin ich nicht dafür prädestiniert, Konflikte auszuhalten und zu lösen. Ich bin eher konfliktscheu. Ich denke, bei gutem Willen dürfte es diesen oder jenen Konflikt nicht geben. Aber ich merke, dass ich mir durch diese Wertung den Weg verbaue, den Konflikt sachlich anzuschauen. Im Laufe der 36 Jahre, in denen ich Cellerar war, habe ich gelernt, mit Konflikten auf produktive Weise umzugehen. Ich habe mir abgewöhnt, einen Konflikt zu bewerten. Vor allem habe ich darauf verzichtet, bei einem Konflikt zu moralisieren und der »gegnerischen« Partei ein schlechtes Gewissen einzuimpfen. Ich habe versucht, objektiv die Gründe für den Konflikt anzuschauen. Jede der Konfliktparteien hatte ja Gründe dafür, dass sie so oder so dachte oder fühlte. Erst wenn ich die Berechtigung der verschiedenen Standpunkte innerlich akzeptiert habe, konnte ich versuchen, den Konflikt zu lösen. Und da habe ich dann die Stärke an meiner Schwäche entdeckt. Die Schwäche war, Konflikte nicht gut auszuhalten, und meine Stärke, in den Konflikten einen Konsens zu schaffen. Und das war dann auf die Dauer hilfreicher, als wenn ich mit einem Machtwort den Konflikt gelöst oder beendet hätte.

In jedem Konflikt liegt eine Chance

In den 36 Jahren meines Amtes für die Gemeinschaft habe ich gelernt, dass in jedem Konflikt auch eine Chance liegt. Die Herausforderung liegt darin, eine bessere Lösung zu finden, mit der die verschiedenen Konfliktparteien auf Dauer leben können. Allerdings habe ich auch erkannt, dass es manchmal hartnäckige Mitbrüder gibt, die den Konflikt solange aussitzen, bis er in ihrem Sinn gelöst wird. Da ist es dann auch wichtig, dass ich nicht jede der Konfliktparteien zufriedenstelle, sondern auch den Mut habe, eine Entscheidung zu fällen, die keinen Konsens findet. Denn ich darf der Sturheit Einzelner nicht den Sieg überlassen.

Als ich mit 32 Jahren als Cellerar angefangen habe, gab es sehr viele Konflikte. Die Meister in den verschiedenen Betrieben hatten nicht gelernt zu diskutieren. Sie waren eher gewohnt, die Befehle des Cellerars entgegenzunehmen. Aber das hatte dazu geführt, dass sie oft gegeneinander gearbeitet haben. Als ich mich den vielen Konflikten gegenübersah, wollte ich schon aufgeben. Aber dann habe ich mir gesagt: Erstens ist es deine Pflicht, für ein gutes Klima in der Gemeinschaft und vor allem für ein gutes Arbeitsklima zu sorgen, und zweitens musst du nicht alle Konflikte lösen. Ich kann den Konflikt unter den Segen Gottes stellen. Ich habe dann vor den konfliktbeladenen Sitzungen immer um Gottes Segen gebetet und bin dann tatsächlich gelassener, ruhiger und hoffnungsvoller in die Sitzung gegangen und habe das laute Poltern einiger Mitbrüder nicht mehr persönlich genommen. Ich konnte sie ausreden oder ausschimpfen lassen und dann ganz ruhig fragen, was uns jetzt weiterführen könnte. Die Kraft, mich diesen Konflikten zu stellen, habe ich letztlich aus meiner Spiritualität genommen. Ich habe mich am Morgen immer wieder unter den Segen Gottes gestellt. Und ich habe meine Sendung darin gesehen, den Menschen zu dienen, indem ich die Probleme, die sich in der Arbeitswelt stellen, zu lösen versuche. Es ist eine nüchterne Art des Dienens, aber eine Art, die den Menschen wirklich hilft, gerne in die Arbeit zu gehen.

Verantwortung trotz Verleumdung

Bei manchen Projekten habe ich auch Verleumdungen erfahren: »Du baust dir das aus Prestigesucht. Du willst dir nur ein Denkmal errichten.« Als ich diese Vorwürfe hörte, wollte ich das Projekt des Gästehauses schon aufgeben. Doch der damalige Abt, Bonifaz Vogel, sagte mir: »Die Schreier werden in zehn Jahren nicht mehr schreien. Aber wir haben die Verantwortung, ob wir etwas tun, was für die nächsten 50 Jahre nötig ist, was dem Kloster eine Zukunft eröffnet.« Die Sturheit und die Tapferkeit, die Abt Bonifaz gezeigt hat, haben auch mir dann den Mut gegeben, den Konflikt durchzuhalten und nicht auf die Anfeindungen zu achten. Die Anfeindungen waren nur eine Herausforderung, meine Motive nochmals zu überprüfen: Warum möchte ich das Gästehaus bauen? Ist es mein persönliches Interesse, oder liegt es im Interesse des Klosters? Auch Anfeindungen und Verleumdungen können einen Sinn haben. Sie zwingen mich, meine Motive zu reinigen, damit ich wirklich der Sache diene und nicht mir selbst und meinem Image.

Ich kannte Situationen in den 36 Jahren, in denen ich Cellerar war, in denen ich am liebsten alles hinwerfen wollte, weil es zu viele verschiedene Meinungen gab, die nicht miteinander in Einklang zu bringen waren. Aber dann hat mich meine Verantwortung für die Gemeinschaft immer wieder gehalten. Mir war klar: Ich bin dafür verantwortlich, dass die Gemeinschaft eine gute Zukunft hat. Und ich habe im Gebet die Kraft gefunden, diesen Dienst zu leisten. In solchen Augenblick habe ich hautnah gespürt, dass Führen Dienen ist. Ich diene der Gemeinschaft. Ich diene auch denen, die nur um ihre eigenen Interessen kreisen. Ich diene, damit die Gemeinschaft trotz der verschiedenen Interessen einen gemeinsamen Weg beschreitet. Und es kommt nicht darauf an, ob dieser Dienst von den Mitbrüdern anerkannt wird oder nicht.

Meine Erfahrung ist: Die meisten Konflikte spie-
len sich auf drei Ebenen gleichzeitig ab, auf der
Sachebene, der emotionalen Ebene und der spiri-
tuellen Ebene. WALTER KOHL

Wie man Widerständen ihre Macht nimmt

Widerstände sind Botschaften. Sie wollen uns sagen, dass
eine Situation nicht so ist, wie wir sie uns ausmalen, dass
Menschen sich anders verhalten, als wir es erwarten. Wichtig ist, dass wir Widerstände nicht persönlich nehmen. In
den meisten Fällen stellen sie keinen Angriff auf unsere Person dar. Sie sind vielmehr Ausdruck der Tatsache, dass unsere Wahrnehmung der Realität nicht deckungsgleich mit
den Wahrnehmungen anderer Menschen ist. Unser Ego ist
in der Regel der größte Feind im Umgang mit Widerständen. Es will uns verleiten, dem Widerstand direkt den
Kampf anzusagen, alle Besonnenheit und Klugheit über
Bord zu werfen und sich keine eigenen Schwächen und
Fehler einzugestehen. Mein erster Hinweis ist also: Es geht
darum, dass wir unseren Umgang mit dem Widerstand so
weit wie möglich entpersonalisieren und entemotionalisie-
ren.

Innere Widerstände können uns vor Fehlern bewahren.
Das nennen wir dann gerne Instinkt oder Bauchgefühl. Ich
halte viel davon, auf unser Bauchgefühl zu hören. Unser
Bauch ist ein wichtiger Sensor. Das heißt nicht, dass wir
blind unseren Gefühlen folgen sollen, aber wir sollten unsere emotionale Intuition zumindest sehr ernst nehmen und
wenn nötig auch den Mut haben, zu dieser Intuition zu stehen.

Rudi ist ein sehr guter Freund von mir und ein begeister-
ter Alpinist. Auf einer seiner Touren wollten sein Bergfüh-

rer und er einen schwierigen Gipfel ersteigen. Sie waren schon viele Stunden unterwegs gewesen und befanden sich nur wenige Hundert Meter von ihrem Ziel entfernt. Als Rudi mir die Geschichte erzählte, sagte er, dass man den Gipfel schon fast hätte riechen können, so nahe waren sie ihm schon. Plötzlich stoppte der Bergführer und sagte, dass er ein ungutes Gefühl habe. Etwas stimme nicht mit dem Wetter. Er wolle sofort umkehren. Rudi erzählte mir, wie überrascht, ja fast schockiert er gewesen sei. Er blickte in den strahlend blauen Himmel, keine Wolke trübte diesen scheinbar so perfekten Frühsommertag. So kurz vor dem hart erarbeiteten Ziel umdrehen, das wäre doch verrückt, ja lächerlich. Keiner von den anderen Bergsteigern im Tal würde ihnen glauben, und sie würden wie Versager dastehen, als schwache Bergsteiger eben, die den Weg zum Gipfel nicht gepackt hätten und nun ihre Schwäche mit einem Märchen kaschieren wollten.

Andererseits dachte er bei sich, dass der Bergführer über sehr viel Erfahrung verfügte und ein ruhiger und souveräner Mann war und dass er solche Bedenken deshalb ernst nehmen sollte. Beide beratschlagten eine kurze Weile und entschieden sich dann schweren Herzens für den Abbruch der Tour und den sofortigen Rückweg zur nächsten Hütte. Nach etwa der Hälfte ihres Rückweges zur Hütte schlug das Wetter tatsächlich dramatisch um. Ein Sturm brach los, scheinbar aus dem Nichts. Eiskalter Wind, Schnee und Nebelschwaden machten das Weitergehen fast unmöglich. Gott sei Dank waren sie schon sehr weit nach unten gekommen, sodass die schwierigen Passagen des Abstieges schon hinter ihnen lagen. Doch selbst das letzte Stück wurde noch zu einer echten Prüfung. Völlig vereist erreichten sie schließlich die Hütte. Später, als sie mit der Bergwacht sprachen, erfuhren sie, dass andere Bergsteiger am selben Gipfel weitermarschiert und dort zu Tode gekommen waren. Sie selbst hatten viel Glück gehabt, denn hätte der Sturm sie nur eine Stunde früher eingeholt, dann wären sie vielleicht nicht mehr über das letzte Steilstück hinübergekommen. »Du glaubst gar nicht, Walter«, so schloss mein Freund seine Erzählung, »wie froh ich bin, dass wir auf seinen Instinkt gehört haben.«

An diese Geschichte muss ich immer wieder denken, wenn ich es mit Widerständen in meinem Leben zu tun habe. In solchen Situationen versuche ich stets, ein Maximum an innerer Distanz aufzubauen. Ich versuche, die Situation von außen zu betrachten, wie ein Zuschauer, der zufällig vorbeikommt. Durch diesen Abstand versuche ich mich, zumindest für einen kleinen Augenblick, von Gefühlen wie Zorn, Enttäuschung und Ungeduld zu lösen und wieder einen klaren Kopf zu bekommen.

Eine weitere Technik, die mir hilft, ist das Visualisieren. Ich versuche, mit einem Bleistift eine Übersicht, eine Art Karte der Situation auf einem möglichst großen Blatt Papier zu zeichnen. Dabei benutze ich einen Bleistift, denn so kann man radieren und somit den eigenen Gedanken in ihrem Fluss folgen. Dabei haben sich DIN-A3-Blöcke bewährt, die ich sowohl zu Hause als auch im Büro aufbewahre. Wichtig ist, sich dann die richtigen Fragen zu stellen: Wer ist alles beteiligt? Worum geht es? Wer macht was? Warum? Welche ausgesprochenen und unausgesprochenen Interessen sind im Spiel? Ist Zeit ein kritischer Faktor? Welche Gefahren lauern? Indem wir uns bewusst um eine nüchterne, möglichst emotionsfreie Herangehensweise bemühen, können wir Widerständen viel von ihrer Macht nehmen. Ich gebe zu: Das geht nicht sofort, und nicht jeder wird so etwas gleich können. Es ist auch eine Frage der Übung und Lebenserfahrung.

Anfeindungen wirkungsvoll begegnen

Die stärkste Waffe gegen Anfeindungen und Verleumdungen ist, sich nicht selbst betreffen zu lassen. Eine Verleumdung funktioniert nur, wenn ich mich persönlich für betroffen erkläre und dies dem anderen, dem Verleumder, auch zu spüren gebe.

Am Anfang unserer unternehmerischen Laufbahn erhielten wir einen Auftrag für Presswerkzeuge von einem renommierten deutschen Presswerk. Wir lieferten die Werkzeuge nach erfolgreicher Vorabnahme in Korea und standen nun in der Endabnahme in Deutschland. Plötzlich änderte sich das Klima im Projekt merklich. Dinge, die in Korea noch in Ordnung waren, wurden nun moniert. Ein echter Kreativitätswettbewerb setzte bei unserem Kunden ein, um immer neue Probleme zu finden. Man suchte Wege, um die letzte Kaufpreisrate nicht bezahlen zu müssen. Wir wehrten uns gegen dieses Vorgehen, und schließlich eskalierte die Sache bis hoch zur Geschäftsführung unseres Kunden.

Schließlich saßen alle Beteiligten an einem Tisch im großen Besprechungsraum und fochten über technische Punkte. Plötzlich lehnte sich einer der Geschäftsführer zurück und fixierte mich mit einem Grinsen. »Sie sind doch der Sohn vom Kohl. Können Sie sich diesen Konflikt überhaupt leisten? Ich bin hier angesehen in der Region. Vielleicht werde ich der Presse stecken, was für ein Lieferant Sie sind, das würde viele Leute doch interessieren, oder?«

Im ersten Moment kochte die blanke Wut in mir hoch. »Du Arschloch, dachte ich bei mir. Mein Gesicht wurde rot und das Grinsen meines Gegenüber breiter, da er sich sichtlich über meine Verärgerung freute. Doch dann gelang es mir, meine Fassung wiederzufinden und wohl mit gepresster, aber entschiedener Stimme zu antworten: »Tun Sie, was Sie nicht lassen können. Ich habe die Spendenaffäre überstanden, dann werde ich auch Ihren Mist ertragen. Im Übrigen werden Sie dann auch meine Antwort in der Lokalzeitung über Sie und Ihre Gepflogenheiten lesen.« Eisige Stille breitete sich im Raum aus. Das Meeting wurde unterbrochen. Es war allen klar, dass jeder weitere Schritt zu einer Explosion führen konnte. Nach einigem Hin und Her wurde ein neuer Termin vereinbart, diesmal nur mit den Technikern. Dort konnte dann eine Lösung gefunden werden. Wir erhielten einen Teil unserer Rate und waren froh, das Projekt abschließen zu können.

Meine Rettung an diesem Tag war, dass ich meine Empörung zumindest für die Dauer des Termins im Zaum halten konnte. Verleumdungen sind gezielte Angriffe auf die Würde und Integrität eines Menschen. Deshalb muss man mit Verleumdungen auch hart und konsequent umgehen. Wer verleumdet, hat das Spielfeld der Fairness verlassen und darf sich nicht wundern, wenn das Echo entsprechend ist und es aus dem Wald heraushallt, wie hineingerufen wurde.

Verleumdungen sind fast immer überlegt und geplant, in »cold blood«. Das macht sie so gefährlich. Wenn jemand im Zorn eine Verleumdung ausstößt, dann kann diese meist wieder korrigiert werden. Vorsätzliche Verleumdungen aber sind wie ein Bumerang. Wenn sie abgewiesen werden können, dann kehren sie zum Verleumder zurück. Deshalb muss man auch beachten, was dies für den Verleumder heißt und ob in diesem Bumerangeffekt nicht schon der Keim für die nächste Eskalationsstufe liegt.

Ich denke, wir haben das Recht, uns zu wehren. Wir müssen in einer solchen Situation des Angriffs oder der Verleumdung entscheiden, ob nicht ein gezielter Gegenangriff oder auch kontrollierte Gewalt die richtige Antwort sein kann. Es gibt Menschen, die nur auf Gegendruck reagieren, wo Worte als Schwäche missverstanden werden und sogar noch zu weiterer Gewalt ermutigen. Im Umgang mit den großen oder kleinen Diktatoren der Welt muss manchmal erst ein harter Gegenschlag erfolgen, um Aufmerksamkeit zu erreichen und Lösungswege zu eröffnen. Es ist nicht per se schlecht, ein Krieger zu sein; die Kunst besteht meiner Meinung nach darin, ein guter, friedensorientierter Krieger zu sein.

Frieden suchen in Konflikten

Konflikte sind Kraftfresser. Sie belasten uns. Und ab einem gewissen Punkt saugen sie uns die Lebensenergie und die Lebensfreude buchstäblich aus den Knochen. Grundsätzlich haben wir vier Methoden, mit Konflikten umzugehen, ähnlich wie bei einem Kreisverkehr mit verschiedenen Ausfahrten. Wir können kämpfen, wir können fliehen, wir können uns weiter im Kreis drehen – oder versuchen, Frieden zu finden.

Jeder Konflikt ist anders, hat seine eigene Dynamik und muss daher auch individuell angegangen werden. Manchmal muss man tatsächlich kämpfen, manchmal ist es klüger, sich zurückzuhalten, und es gibt Konstellationen, da arbeitet die Zeit für uns, und Abwarten ist die klügste Antwort. Das oben beschriebene Mapping, das Aufzeichnen einer Karte der Situation, kann bei der Auswahl der jeweils richtigen Strategie sehr hilfreich sein.

Besonders schlimm sind Konflikte, die uns menschlich tief treffen, bei denen es um uns nahestehende Menschen, Familienmitglieder oder enge Freunde geht. Besonders wenn Themen wie Vertrauensbrüche, Lügen und Demütigungen Teil des Konfliktes sind, sollten wir die Dinge nicht auf die lange Bank schieben, sondern handeln. In solchen Fällen kann eine Doppelstrategie hilfreich sein: einerseits den Konflikt nicht verschweigen oder verdrängen, sondern nach außen führen, und andererseits nach innen gerichtet seinen eigenen, einseitigen Frieden mit den beteiligten Menschen und Gefühlen sowie der Situation machen. Gerade bei Konflikten zwischen Eltern und Kindern, zwischen Geschwistern oder Ehepartnern hilft diese Doppelstrategie, weil sie eine Entflechtung, eine Aufteilung des Konfliktes darstellt. Wenn wir also in einem Konflikt die äußerliche Sache nicht lösen können, so können wir doch unseren inneren Frieden finden und damit der Situation sehr viel von ihrer Schärfe nehmen.

Kraftquellen in Konfliktsituationen

Glücklicherweise darf ich auf eine Reihe von Kraftquellen zurückgreifen. Meine Frau und meine Familie unterstützen mich, ich habe Freunde, die ich um Rat und Hilfe bitten kann. Eine weitere wichtige Quelle ist mein Glaube. Entscheidend ist: Ich bin nicht allein. Und ich kann auch auf gewisse Erfahrungen zurückgreifen. Eine Erfahrung lautet: Die meisten Konflikte spielen sich auf drei Ebenen gleichzeitig ab, auf der Sachebene, der emotionalen Ebene und der spirituellen Ebene. Die Sachebene und die emotionale Ebene kann ich mit mir selbst oder mithilfe anderer Menschen klären. Für die spirituelle Ebene suche ich das Gespräch mit Gott, das Gebet.

Ein praktisches Beispiel: Als ich Anfang 2011 mein erstes Buch *Leben oder gelebt werden* veröffentlichte, in dem ich neben vielen anderen Themen auch von meinem einseitigen Frieden mit meinem Vater berichtete, konzentrierte sich viel mediale Aufmerksamkeit gerade darauf. Manche Journalisten fühlten sich gar berufen, mir nachzuweisen, dass das nicht wirklich ehrlich gemeint sei. Besonders im ersten

Jahr hat man in Interviews, Talkshows oder Radiosendungen immer wieder versucht, mich zu provozieren, und einmal auch, mir im Rahmen einer Livesendung ein Bein zu stellen. Einmal wurde sogar ein Psychologe, der allerdings mein Buch gar nicht gelesen hatte, aufgeboten, um mich live vor Publikum zu widerlegen.

Doch diese Versuche waren zum Scheitern verurteilt. Warum? Ich hatte vor der Druckfreigabe sehr intensiv, auch im Gebet, um spirituelle Klarheit und Verbindlichkeit mit mir gerungen. Ich prüfte mich immer wieder: Meinst du das auch wirklich ehrlich? Wirst du auch unter Druck dazu stehen? Ist das die Antwort deines Herzens, nicht nur für heute, sondern für eine lange Zeit, also mindestens für die nächsten zehn Jahre?

Der innere Kritiker ist zumeist der härteste, so war es auch bei mir. Niemand kennt uns besser als wir uns selbst. Doch das Gebet ist mehr und etwas anderes als ein Selbstgespräch. Wir halten unser Selbst, unsere Fragen und Nöte in aller Stille und Aufrichtigkeit Gott hin. In der Stille eines solchen Gebetes können wir uns nicht betrügen. Hier kommen alle Finten, alle Ausflüchte auf den Tisch. Nichts ist ehrlicher, als wenn wir vor unseren Gott treten. Dort können wir wahren Frieden finden, und er ist in meinen Augen die größte aller Kraftquellen. Im Gebet, das ist meine Erfahrung, finden wir Kraft und Mut im Übermaß, können wir an seiner Kraft teilhaben.

11

~

Die Macht und ihre Motive

*Macht ist nicht nur ein Thema der großen Politik,
sie betrifft uns auch in unserem Alltag. Wie setzen
wir unsere Macht ein? Was sind unsere wirklichen
Motive?* WALTER KOHL

Was ist das Motiv, wie ist die Dosierung?

Macht und Machen sind untrennbar miteinander verbunden. Wenn Menschen etwas tun, dann brauchen sie dafür auch die Macht, also die Möglichkeit und die Ressourcen, die für ihr Unterfangen nötig sind. Macht zu haben heißt auf Menschen oder Dinge in seinem Sinne einzuwirken, sie zu steuern und zu kontrollieren. Macht ist wie ein Schwert der Möglichkeiten, man kann damit angreifen und andere verletzen, aber auch schützen. Oder anders gesagt: Sie ist gewissermaßen wie ein Küchenmesser, man kann damit Tomaten schneiden oder jemandem den Bauch aufschlitzen – am

Ende bleibt es das gleiche Küchenmesser, nur Motiv und faktischer Gebrauch unterscheiden sich. Macht stellt nur ein Potenzial dar – wie Feuer: Man kann damit kochen oder etwas zerstören. Es ist nicht die Macht an sich, die problematisch ist. Was Menschen aus ihrer Macht machen, das ist es, was die Schwierigkeiten aufwirft.

Schon Trainer einer Jugendfußballmannschaft haben Macht. Und Eltern haben Macht über ihre Kinder. »Spiel nicht so nahe an der Straße« oder »Jetzt aber ab ins Bett«, das sind Statements elterlicher Macht. Das Kind muss sich ihnen fügen und tut dies vielleicht nur unter Protest. Vielleicht fließen auch Tränen, aber am Ende setzen sich die Eltern durch. Solche Beispiele von Macht sind zugleich auch Aussagen, die eine Verantwortung widerspiegeln. Indem Eltern so etwas zu ihrem Kind sagen, kümmern sie sich auch um das Wohl des Kindes. Sie sorgen sich um seine Unversehrtheit beim Spielen oder sie wollen sicherstellen, dass das Kind genügend Schlaf bekommt. Sie üben Macht aus zum Wohle eines anderen und nicht für sich selbst.

Eine andere Form der Macht ist, wenn Macht für eigene Interessen, nur für das eigene Wohl eingesetzt wird. Diese Macht ist die ausnutzende, die ausbeutende Macht. Diktaturen funktionieren nach diesem Prinzip. Sie sichern sich das Gewaltmonopol durch Kontrolle der Polizei und der Armee, und jeder, der nicht vorbehaltlos für sie ist, ist gegen sie – ein Feind des Volkes. Egal, ob Hitler, Stalin, Mao oder ihre heutigen Nachahmer, sie alle funktionieren nach den gleichen Prinzipien: Die Partei hat immer Recht. Diese Wahrheit ist unumstößlich. Zu klären bleibt nur, wer die Partei ist und wer in der Partei das Sagen hat.

Auch die Diktatoren unseres Alltags arbeiten nach diesen Prinzipien. Egal, ob es sich um die sprichwörtliche Schwiegermutter oder den tyrannischen Chef handelt, alle suchen einen mehr oder minder subtilen Hebel, um ihre

Macht zu maximieren und den anderen für ihre Zwecke zu benutzen. Da ist der Chef, der seine Mitarbeiter gnadenlos antreibt, weil er weiß, dass sie auf ihre Arbeitsstelle angewiesen sind und keine Alternative haben. Da ist die Schwiegermutter, die immer im unpassendsten Moment angeblich krank wird, in Wahrheit aber Zeit und Kontrolle einklagt. Sie tyrannisiert mit Schuldgefühlen und Ansprüchen ihre Familie und bringt die Eheleute schließlich auseinander.

Bei der Betrachtung von Macht und ihrer Ausübung sind für mich zwei Punkte entscheidend: Motiv und Dosierung. Ist das Motiv egoistisch, dann wird diese konkrete Form der Macht verletzen und zu Konflikten führen. Wird in einer Situation mit der sprichwörtlichen Kanone auf Spatzen geschossen, dann ist eine Eskalation vorprogrammiert.

Doch das ist nicht ein Phänomen unserer Tage. Eine Geburtsstunde der Anti-Atomkraft-Bewegung in Deutschland war in den 1970er Jahren in Wyhl in Südbaden, in einem ländlich-konservativen Raum, zudem einer Region mit traditionellen CDU-Mehrheiten. Damals wollte die konservative Landesregierung mit aller Macht den Bau eines Kernkraftwerkes durchsetzen. Die Bürgerproteste wurden politisch verdammt und polizeilich niedergeknüppelt. Letztlich bekämpfte und überwältigte die damalige CDU-Landesregierung mit dieser Vorgehensweise ihre eigene politische Basis. Der Bau des Kernkraftwerks wurde zwar begonnen, musste aber dann eingestellt werden. Außerdem musste die Landesregierung noch einen weiteren zwar langfristigen, aber sehr hohen politischen Preis für diese Machtausübung bezahlen: Eine neue politische Alternative entstand, die die erfolgsverwöhnte CDU viele Jahre später aus der Landesregierung verdrängte.

Aktion und Reaktion, Bewegung und Gegenbewegung – auch dies gehört zu einer Betrachtung der Macht. Wer Macht ausübt, muss mit Gegenbewegungen rechnen. Auch wenn diese Bewegungen erst nach langer Zeit sichtbar werden, so sind sie doch letztlich unvermeidlich. Die SED-Diktatur in der DDR hat dies sozusagen am eigenen Leibe erfahren müssen. Dieses Echo wird oft vergessen, denn Selbstüberschätzung ist ein bei machtorientierten Menschen oder Organisationen häufig anzutreffender Charakterzug. Der oder die anderen werden sich schon nicht trauen, so lautet die regelmäßige Fehleinschätzung.

Macht kann leicht zur Droge werden, zu einer Sucht nach Selbstdarstellung, Selbstüberhöhung und Applaus. Manche sagen sogar, dass Macht stärker sei als Heroin. Man kann dies regelmäßig beobachten, wenn Mächtige auch noch in hoffnungslosen Situationen verzweifelt an ihrer Macht festhalten, schlicht weil sie sich ein »Weiterleben ohne« nicht vorstellen können. Macht, und das sollte nicht unterschätzt werden, bedient den Narziss in uns. Charlie Chaplin stellte dieses Phänomen in seiner unsterblichen Darstellung des Diktators bloß, der mit der Weltkugel spielt und dabei selbstverliebt seine vermeintliche Allmacht genießt – bis die Kugel platzt.

Ein kaltes Spiel

Macht hat ihre Regeln und Mechanismen, sie ist ein kaltes Spiel. Machiavelli hat diese Zusammenhänge präzise in seinem Werk *Der Fürst* zusammengefasst – meiner Meinung nach eine Pflichtlektüre für alle, die sich mit Macht beschäftigen. Dabei geht er sehr logisch vor, unbelastet von allen anderen Betrachtungen oder Beschränkungen jenseits der reinen Machtsicherung und -maximierung. Wenn ein Fürst viel Macht will und sich gegen andere durchzusetzen wünscht, dann muss er alle Fesseln der Moral, der Ethik abwerfen und sich konsequent seinem Ziel der Machtmaximierung unterwerfen. Wer Macht in Form von Kontrolle und Beherrschung will, der muss sich der Macht und ihren Regeln komplett unterwerfen. An dieser Stelle zeigt sich ein weiteres Phänomen der Macht: Wer sich mit der Macht ins Bett legt, der wird von ihr vereinnahmt. Die Macht beherrscht immer den Mächtigen, sie ist eine unbarmherzige Geliebte. Dabei ist es egal, ob er sich äußerlich als Demokrat oder Diktator versteht.

Ich habe dieses Phänomen während der Amtszeit meines Vaters als Bundeskanzler gut beobachten können: an ihm und seinen Kollegen. Die Macht der Macht zeigt sich in der Schwierigkeit, sie loszulassen. Unzählige Spitzenpolitiker, ob ein Adenauer, ein Bismarck oder so mancher Ministerpräsident, sind Beispiele dafür. Das Problem ist: Ab einer gewissen Stufe der Macht kann es nur noch bergab gehen. Ist erst einmal der Zenit überschritten, dann beginnt die Angst vor dem politischen Abstieg. Es ist die Angst vor der öffentlichen Bedeutungslosigkeit – und am Ende die Frage nach der eigenen Bedeutung, nach dem Wert als Person. Wenn die Machtmaximierung und das Erreichen gewisser Positionen und Ämter das dominante bisherige Lebensziel war, dann befindet sich der Mächtige naturgemäß in einer fatalen Einbahnstraße, die nur eine Richtung kennt: den Abstieg. Und der wird dann auch als sehr persönliche Entwertung erlebt.

Und hier lauert noch eine Gefahr. Denn Macht fordert – neben der Unterwerfung unter das Prinzip der Machtmaximierung – noch einen weiteren Preis. Dieser Preis heißt Misstrauen. Wer Vertrauen bricht, der kann selbst auch nicht vertrauen – das ist nur konsequent. Wer selber politische Macht will, muss notwendigerweise andere Menschen beiseiteschieben, er muss Rivalen kaltstellen, er wird Absprachen brechen und in ihn gesetztes Vertrauen enttäuschen. Das liegt in der Natur der Sache. Denn das Streben nach

Macht, der Kampf um Macht ist stets auch ein Verdrängungswettbewerb. Mein Vater sagte mir oft, dass die Pyramide nach oben hin spitzer wird und die Luft dünner. Damit hat er unzweifelhaft Recht. Jede Ernennung eines Ministers lässt mehrere Kandidaten als Enttäuschte zurück. Und diese Verlierer werden ihre Niederlage und den damit verbundenen Groll nur selten vergessen. Machiavelli sagt zu Recht: Der Fürst muss verletzen, er hat gar keine andere Wahl, wenn er seine Macht absichern und weiter herrschen will.

Wenn einmal eine objektive Aufarbeitung der CDU-Parteispendenaffäre erfolgen sollte, dann wird man feststellen, dass es im Kern gar nicht um die Spenden an sich ging, sondern um die Macht in der Partei. Die junge Generation wollte den alten König, der nicht wirklich loslassen konnte, mit aller Macht loswerden. Der Rest war Parteiinnenpolitik von Shakespeare'schem Format. Die Fakten waren schon länger bekannt. Das Schwert lag schon länger auf dem Tisch. Nun wurde es von einer Hand ergriffen, die es entschieden zu führen wusste. Nur haben die Schwerter heute andere Namen als in Königsdramen von Shakespeare. Sie heißen Brandbriefe und Pressekampagnen. Egal, Machiavelli hätte seine helle Freude gehabt.

Ich bin überzeugt, dass das Leben Einseitigkeiten ausgleicht. Wer jahrelang auf Kosten anderer Menschen gelebt hat, der zahlt irgendwann die Zeche. Vielleicht errichten deshalb viele Mächtige am Ende ihres Lebens Stiftungen. Sicher, sie wollen, dass ihr Erbe gewahrt bleibt. Aber oft kann man sich nicht des Eindrucks erwehren, dass noch eine letzte Kurve der Wiedergutmachung versucht wird.

Die Macht und die Ängste

Je mächtiger ein Mensch wird, desto mächtiger werden auch seine Ängste. Dies konnte ich 1992 bei einer Fahrt durch Polen erleben, wo wir auch nach Ostpreußen kamen. Nicht weit von Rastenburg im Mauerwald liegt das alte Führerhauptquartier, die sogenannte Wolfsschanze, die lange die Machtzentrale des Dritten Reiches war. Die Anlage ist ringförmig angelegt, mit dem persönlichen Bunker Hitlers im Zentrum. Dieser Bunker ist letztlich ein großer Betonwürfel, ohne Fenster, ausgestattet mit nur einem Zugang. Im Zentrum des Würfels befindet sich eine Kammer, kleiner als die meisten Schlafzimmer in einem normalen Reihenhaus. Komplett von Beton umgeben, war dies das Schlafzimmer Hitlers, sein Ort der Sicherheit, sein Fluchtpunkt. Ich erinnere mich noch gut an diesen Besuch. Auf dem Weg zur Wolfsschanze hatte ich diffus irgendetwas Grandioses erwartet. In der Realität aber sah ich nur einen Raum, der auf mich schlimmer als jede Gefängniszelle wirkte. Dieser Bunker war wie ein Zerrbild. Einerseits präsentierte Hitler sich als »GröFaZ«, der vermeintlich größte Feldherr aller Zeiten, wie ihn seine eigene Propaganda gerne verherrlichte. Und andererseits verkroch sich dieser Mann wie der größte Feigling in einem Wald, gesichert von mehreren Tausend Soldaten und viel Technik, in einem Bunker ohne Fenster und Kontakt zur Außenwelt. Was für ein angstbesessenes Arrangement!

Ich glaube, unser Umgang mit Macht heute ist weder neu, noch ist er moralischer geworden. Dies gilt auch für Kirchen, insbesondere die katholische Kirche. Die Art und Weise, wie beispielsweise im kirchlichen Bereich die Missbrauchsskandale der letzten Jahre nicht aufgearbeitet wurden, zeigt, welche Mächte im Hintergrund wirken. Die gleiche Beobachtung gilt für die Machenschaften der Vatikanbank, die sich jahrzehntelang des Schutzes starker Interessengruppen erfreuen konnte.

Es wird wohl ein Wunschtraum bleiben, Macht moralisieren zu wollen. Und der Glaube, man könne den Missbrauch von Macht durch ethische Regelwerke auf Dauer und umfassend eindämmen, ist meiner Meinung nach unrealistisch. Das hat in der Vergangenheit nicht funktioniert, und die Aussichten für die Zukunft sind nicht viel besser. Ich bin überzeugt, dass Transparenz das beste Mittel gegen Machtmissbrauch darstellt. Sicher, bestimmte Regeln können helfen, aber nur, wenn sie auch eingeklagt werden können, und das geschieht immer in der Öffentlichkeit. Wenn Erwachsene ihre Macht über Kinder missbrauchen, sei es durch körperliche, seelische oder sexuelle Gewalt, dann ist Öffentlichkeit die beste Antwort. Der Missbrauchende muss sichtbar zur Verantwortung gezogen werden, seine Taten und ihre Folgen dürfen nicht zugedeckt werden.

Positive Seiten

Nach all diesen Worten über die Gefahren der Macht sollten nun auch die positiven Seiten der Macht zu Wort kommen. Macht kann auch retten, helfen und heilen. Wenn Menschen die Macht über eine Krankheit erringen, dann ist das ein Glück. Die Erfindung des Penizillins ist ein solcher Moment der Macht, oder auch der Sieg über die Pest. Gute Macht ist es, wenn Menschen anderen in der Not beistehen und dabei ihre Machtmittel einsetzen. Dies gilt im Großen wie im Kleinen. Wenn auf dem Pausenhof ein Kind einem anderen Kind im Streit gegen den körperlich überlegenen Schüler beisteht, der kleinere und schwächere Mitschüler schikaniert und zu drangsalieren versucht, dann ist das ein großer Schritt in Richtung eines verantwortungsvollen Umgangs mit Macht.

Hier liegt meiner Meinung nach der springende Punkt. Macht ist immer dann hilfreich, wenn sie ein verantwortungsvolles, dem gemeinsamen Wohl dienendes Ziel hat und wenn sie gewaltlos ist. Nichts fürchten die Mächtigen der Welt mehr als gewaltlose, öffentliche Opposition. Dann erhält die Macht den Platz, der ihr zusteht, dann ist sie Mittel zum guten Zweck.

Macht ist also nicht nur ein Thema der großen Politik, sie betrifft uns auch in unserem Alltag. Wie setzen wir unsere Macht ein? Was sind unsere wirklichen Motive? Nutzen wir unsere Macht, um Schwächeren beizustehen?

Es gehört zum Wesen des Menschen, dass er sich
nach Macht sehnt. Er sehnt sich danach, Einfluss
zu nehmen auf diese Welt, diese Welt zu gestalten.

ANSELM GRÜN

Das Doppelgesicht von Macht

Macht ist zunächst etwas Gutes. Macht kommt im Deutschen aus der gleichen Wurzel wie »vermögen, können«. Macht hat also der, der etwas vermag, der die Fähigkeit hat, etwas aus freier Kraft zu verwirklichen. Der deutsche Sozialphilosoph Max Weber hat Macht eher negativ definiert, »als Vermögen einer Person oder Gruppe, ihren Willen und ihre Ziele auch gegen äußere oder innere, materielle oder personelle Widerstände durchsetzen zu können«. Für Thomas von Aquin hat der Mensch als Geschöpf Gottes auch teil an der Macht Gottes. Aber die Macht ist nur dann stimmig, wenn der Mensch zugleich an den anderen Eigenschaften Gottes teilhat, vor allem an seiner Güte und Gerechtigkeit. Macht bedeutet, dass ich etwas gestalten kann, dass ich fähig bin, diese Welt so zu gestalten, dass sie Gottes Willen entspricht. Natürlich kann ich die Macht auch missbrauchen. Ich kann mich an der Macht berauschen. Und ich kann die Macht dazu verwenden, meine eigenen egoistischen Interessen durchzusetzen.

Psychologen sagen uns, dass die Macht den Menschen Fähigkeiten verleiht. Denn im Zusammenhang mit ihr werden im Gehirn bestimmte Substanzen ausgeschüttet, die nicht nur Kraft und Energie verleihen, sondern auch Kreativität. Aber diese Substanzen können den Menschen dann auch gewissermaßen süchtig machen. Und dann klebt der Mensch an seiner Macht. Er wird blind für die Realität. Die Stoffe im Gehirn, die anfangs seine Kreativität gestärkt haben, verdunkeln nun seinen Blick für die Wirklichkeit. Der Mächtige kämpft dann nicht mehr für die Dinge, die er gestalten kann, sondern nur noch dafür, dass er an der Macht bleibt. Auch die Bibel kennt dieses Phänomen. Sie zeigt als negatives Beispiel von Macht den König Herodes. Er war nicht nur als historische Gestalt machthungrig und brutal. Die Bibel zeigt ihn als einen, der Angst hat vor dem Kind, das die Magier als Königssohn anbeten möchten. Er hat Angst vor jedem Rivalen. Daher muss er alle, die ihm gefährlich werden, töten. Das kennen wir auch heute. Es gibt Politiker und Manager, die so von der Macht besessen sind, dass sie alle Rivalen um sich herum ausschalten, zwar nicht durch Mord wie in der Antike, aber durch irgendwelche Tricks oder Intrigen und manchmal auch durch Rufmord.

Negative Formen von Macht

Jesus kritisiert zwei negative Formen von Macht, wenn er sagt: »Die Könige herrschen über ihre Völker, und die Mächtigen lassen sich Wohltäter nennen. Bei euch aber soll es nicht so sein, sondern der Größte unter euch soll werden wie der Kleinste, und der Führende soll werden wie der Dienende« (Lk 22,25f.). Die eine negative Form von Macht besteht darin, dass ich Menschen beherrsche, dass ich mich über sie stelle und dass ich sie klein mache, um an meine Größe glauben zu können. Das ist die Macht der Menschen, die einen Minderwertigkeitskomplex haben. Sie können mit Macht nicht gut umgehen. Sie missbrauchen ihre Macht, um ihren Wert auf Kosten anderer zu erhöhen. Sie müssen alle anderen entwerten, um ihren eigenen Wert zu beweisen. Die zweite Form negativer Macht besteht darin, dass ich die Macht missbrauche, um mein eigenes Image aufzupolieren. Es geht mir nicht nur um die äußere Macht, sondern mehr um den Ruf und Ruhm, den mir die Macht einbringt. Ich will gesehen werden als einer, der Einfluss hat. Diese Form von Machtmissbrauch ist gerade heute in unserer Mediengesellschaft weit verbreitet. Da zielen manche nur darauf, möglichst oft im Fernsehen oder in den Medien aufzutauchen. Gegen diese negativen Formen von Macht zeigt Jesus, was Macht in einem positiven Verständnis eigentlich ist: dem Menschen zu dienen, in ihm das Leben hervorzulocken, das in ihm steckt.

Verschleierung von Macht

Ich erlebe manche Christen, die sich nicht trauen, Karriere zu machen. Sie wollen lieber klein bleiben. Manche begründen es auch mit der Familie. Das ist durchaus berechtigt. Wenn der berufliche Aufstieg auf Kosten der Familie geht, muss man sich das gut überlegen. Aber grundsätzlich ist Macht positiv. Wenn ich in der Firma aufsteige, habe ich auch mehr Gestaltungsmöglichkeiten. Ich kann dann meine Macht für die Menschen einsetzen, also so, dass ich ein besseres Arbeitsklima schaffe und dass ich Verantwortung für die Mitarbeiter übernehme und ihnen einen sicheren Arbeitsplatz schaffe, indem ich mit Phantasie und Kreativität der Firma eine gute Zukunft ermögliche. Wer die Macht bewusst wahrnimmt und sie wie Jesus als Dienst versteht, der kann viel Segen für die Menschen bewirken.

Die Kirche hat es versäumt, eine Theologie der Macht zu entwickeln. Karl Rahner hat zwar im Jahre 1960 einmal einen Artikel über die Theologie der Macht veröffentlicht. Aber viele Priester und Bischöfe haben über das Thema der Macht wenig nachgedacht. Und weil dieses Thema nicht bewusst gemacht worden ist, wurde die Macht in der Kirche oft missbraucht. Man versteckt sich hinter frommen

Worten. Man will ja nur den Menschen dienen. Der Papst nennt sich ja auch »servus servorum Dei« (Diener der Diener Gottes). Doch dieses fromme Wort führte oft zu einer Verschleierung der Macht. De facto hat der Papst eine große Macht. Die Frage ist, wie er diese Macht zum Ausdruck bringt. Papst Franziskus hat sein Pontifikat nicht mit der Ausübung äußerer Macht begonnen, indem er Entscheidungen machtvoll durchgesetzt hätte. Aber er hat allein durch sein Sprechen und durch seine Ausstrahlung viel Macht in der Welt ausgeübt und das Klima der Kirche verändert. Indem ich bestimmte Themen in dieser Welt anspreche, übe ich Macht aus. Die Welt kann dann an diesen Themen nicht vorbeigehen.

Der Grund dafür, dass die Kirche keine ausdrückliche Theologie der Macht entwickelt hat, liegt wohl darin, dass gerade in einem Klima, in dem man vor allem von Nächstenliebe und vom Dienen spricht, Macht als Schattenproblematik auftaucht. Doch man wollte sich dem eigenen Schatten nicht stellen. So wurde die Macht des Papstes häufig theologisch überhöht. Das hat dann dazu geführt, dass in Rom oft auf sehr unfaire Weise tatsächlich Macht ausgeübt worden ist. Da sind Theologen verurteilt worden, ohne dass man ihnen ein faires Verfahren gewährt hat. Und manche Bischöfe haben durchaus ein autoritäres Verhalten an den Tag gelegt. Autoritär ist nämlich der, der keine wirkliche Autorität hat. »Autorität« kommt von dem lateinischen Wort *augere*, »mehren«. Es gibt Lehrer oder auch Firmenführer, die eine Autorität darstellen und ihre Macht nicht zu beweisen brauchen. Sie haben natürliche Macht. Und diese Macht drückt sich darin aus, dass sie andere Menschen fördern, ihre Kraft »mehren«. Wer dagegen autoritär ist, versteckt seine Unsicherheit und seinen Mangel an Autorität hinter einem Verhalten, das keinen Widerspruch zulässt, das nicht mehrt, sondern abschneidet.

Auch jeder Priester hat Macht. Wie er den Gottesdienst hält, das hat Auswirkungen auf die Gemeinde. Und als Leiter der Gemeinde hat er großen Einfluss. Der Karikaturist und evangelische Pfarrer Tiki Küstenmacher hat einmal einen Pfarrerkollegen gezeichnet, der auf der Kanzel steht und ansetzt, zur Gemeinde herunterzuspringen, und zwar mit den Worten: »Ich bin doch einer von euch.« Küstenmacher karikiert hier die Weigerung eines Pfarrers, zu seiner Macht in der Gemeinde zu stehen. Allein wenn ich predige, übe ich Macht aus. Und das ist legitim. Ich muss mir der Macht nur bewusst werden und sie so einsetzen, dass sie zum Segen wird. Und als Pfarrer leite ich eine Gemeinde. Wenn ich die Leitung und damit die Ausübung meiner Macht verweigere, schade ich der Gemeinde. Dann entsteht ein Machtvakuum, das dann von anderen besetzt wird, meistens nicht zum Segen der Gemeinde.

Versuchungen der Macht

Es gehört zum Wesen des Menschen, dass er sich nach Macht sehnt. Er sehnt sich danach, Einfluss zu nehmen auf diese Welt, diese Welt zu gestalten. Letztlich ist die Macht des Menschen Anteilnahme an der Macht Gottes, der diese Welt geschaffen hat. Aber die Urversuchung des Menschen ist es eben, sein zu wollen wie Gott. Gott hat mir die Macht verliehen. Und ich soll sie als Gabe Gottes verantwortlich ausüben. Doch in der Macht steckt immer auch die Versuchung, andere klein zu machen, andere zu beherrschen, zu knechten. Dann gibt es die Machtgier. Ich übersteige mein Maß und brauche immer noch mehr Macht. Ich kann niemanden mehr neben mir gelten lassen. Alles muss sich um mich drehen. Alles muss ich selber bestimmen können. Ich tue so, als ob die ganze Welt mir gehören würde. Ich übernehme keine Verantwortung für die Welt, sondern die Welt soll nur mir selbst und meiner Macht dienen. Ich möchte gleichsam wie Gott sein.

Matthäus und Lukas beschreiben uns drei Versuchungen Jesu. Es sind Versuchungen, in die jeder Mensch gerät. Und die eine Versuchung ist die Versuchung der Macht: Der Teufel nimmt Jesus mit auf einen hohen Berg. »Er zeigte ihm alle Reiche der Welt mit ihrer Pracht und sagte zu ihm: Das alles will ich dir geben, wenn du dich vor mir niederwirfst und mich anbetest. Da sagte Jesus zu ihm: Weg mit dir, Satan! Denn in der Schrift steht: Vor dem Herrn, deinem Gott, sollst du dich niederwerfen und ihm allein dienen« (Mt 4,8–10). Die Versuchung, über viele Reiche dieser Welt zu herrschen, einer der mächtigen Männer oder Frauen dieser Welt zu sein, kennt jeder in sich. Doch Matthäus zeigt, um welchen Preis solche Macht erkauft wird. Es ist der Preis der Anbetung des Satans. Wenn ich machtgierig bin und es mir nur noch um meine Macht geht, dann falle ich letztlich vor dem Teufel nieder. »Teufel« heißt bei Matthäus »diabolos«. Das ist der, der alles durcheinanderbringt, der alles einnebelt, der die Maßstäbe durcheinanderwirft. Wenn ich machtgierig bin, bringe ich mein menschliches Maß durcheinander. Ich stelle mich über alle anderen und vergesse, dass ich Mensch unter Menschen bin und dass mir die Macht anvertraut ist, um den Menschen ein gutes Leben zu ermöglichen. Als Gegenmittel gegen diese Versuchung rät Jesus, vor Gott niederzufallen und Gott anzubeten. Die Macht kann zu einem Götzen werden, genauso wie das Geld. Und wenn ich Götzen diene und Götzen anbete, dann verliere ich meine Würde als Mensch. Ich übersteige mein Maß und falle in einen tiefen Abgrund. Tiefer fallen als vor dem Teufel niederfallen geht nicht. Wenn ich vor Gott niederfalle und Gott anbete, werde ich aufgerichtet und erfahre meine Würde. Wenn ich vor dem Teufel niederfalle, gebe ich meine Würde auf.

Thomas Mann hat diese Versuchung zur Macht in seinem Roman *Doktor Faustus* dargestellt. Da will der deutsche Komponist Adrian Leverkühn nicht Macht über Reiche bekommen, aber doch Macht über die Menschen, indem er geniale Musik komponieren will. Er schließt einen Teufelspakt. Der Teufel befähigt ihn, durch seine geniale Musik die Menschen zu beherrschen und zu beeinflussen. Aber der Preis besteht darin, dass er nie Liebe erfahren kann und darf. Sein Leben wird also kalt und leer. Die Macht übt auf jeden eine gewisse Faszination aus. Doch wer dieser Faszination verfällt, dem geht es wie Adrian Leverkühn. Sein Leben scheitert, denn er kennt nur noch Macht, sonst nichts. Die Menschlichkeit geht zugrunde, die Liebe fehlt. Und ohne Liebe kann kein Leben gelingen.

Machtmissbrauch

Es gibt nicht nur den Machtmissbrauch in der Politik und in der Wirtschaft, sondern auch im persönlichen Bereich und im geistlichen Leben. Man spricht heute von emotionalem Missbrauch, von geistlichem Missbrauch und von sexuellem Missbrauch. In allen drei Bereichen wird die Macht missbraucht. Im sexuellen Bereich missbraucht ein Erwachsener seine Macht über das schwächere Kind. Oft wird diese Macht hergestellt, indem man das Kind für sich gewinnt und an sich bindet, es mit Zuwendung überschüttet. Und dann wird die Macht missbraucht. Dieser Missbrauch führt zur Gefühlsverwirrung. Man spricht vom Tod der Seele. Die Seele wird gezwungen, sich zurückzuziehen. Denn sie kann den missbrauchten Körper nicht mehr bewohnen.

Der emotionale Missbrauch arbeitet mit der Macht der Emotionen und mit der Macht der Abhängigkeit. Man macht einen Menschen von sich abhängig, und dann erpresst man ihn emotional: »Du bist schuld, wenn es mir schlecht geht. Du liebst mich zu wenig. Du musst dich mehr um mich kümmern. Sonst kann ich nicht leben.« Gegen ein schlechtes Gewissen können wir uns nur schwer wehren.

Ähnlich schlimm ist es beim spirituellen Missbrauch. Da führt ein Guru einen spirituell suchenden Menschen. Er hinterlässt bei ihm den Eindruck eines heiligen Menschen, der genau weiß, was Gott von uns Menschen will. Doch er missbraucht diese Macht, indem er dem Suchenden genau vorschreibt, was er zu tun hat. Er macht ihn völlig von sich abhängig. Und er droht ihm alle möglichen Flüche an, wenn er sich nicht an das hält, was er ihm sagt: Gott wird ihn strafen, sein Leben wird zerbrechen usw.

In allen drei Fällen wird Macht missbraucht, um die eigenen Wünsche zu befriedigen. Der andere mit seiner Bedürftigkeit ist nicht wichtig. Es geht nur um mich und meine Macht. Mit meiner Macht mache ich mir Menschen gefügig und abhängig. Das steigert mein Selbstbewusstsein und mein Machtgefühl.

Macht und Ohnmacht

Wir alle kennen Macht und Ohnmacht. Gegenüber manchen Menschen fühlen wir uns ohnmächtig. Das müssen nicht immer die nach außen hin Mächtigen sein. Es gibt auch Menschen, die etwa dem autoritären Großvater gleichen. In ihrer Nähe fühlen wir uns klein und ohnmächtig. Jesus selbst kennt an sich beide Aspekte: Macht und Ohnmacht. Als er das erste Mal in der Synagoge von Kafarnaum predigte, da waren die Leute betroffen von seiner Lehre: »Denn er lehrte sie wie einer, der (göttliche) Vollmacht hat, nicht wie die Schriftgelehrten« (Mk 1,22). Jesus predigt, und sein

Wort bewirkt etwas. Ein Mann, der von einem Dämon besessen war, schrie auf. Dieser spürte, dass die Worte Jesu ihn entmachteten. Im ersten Teil seines Evangeliums beschreibt Markus, wie Jesus mit Vollmacht die Dämonen austreibt, wie alle Leute von ihm begeistert sind und ihm nachlaufen. Doch im dritten Teil des Evangeliums wirkt Jesus keine Wunder mehr. Da begibt er sich in den Bereich der Macht der Finsternis, in den Bereich der in der Welt Mächtigen. Und er selbst wird ohnmächtig. Aber gerade in der Ohnmacht seiner Liebe besiegt er die Macht der Mächtigen.

Jesus wendet sich den Menschen zu, die als Sünder gelten, als ausgesondert von der menschlichen Gemeinschaft, an die Kranken und Schwachen, die von der Öffentlichkeit übersehen werden. Und das ist auch seine Botschaft an die Christen. Jesus sendet seine Jünger aus »wie Schafe mitten unter die Wölfe« (Mt 10,16). Und er gibt ihnen den Auftrag: »Heilt Kranke, weckt Tote auf, macht Aussätzige rein, treibt Dämonen aus! Umsonst habt ihr empfangen, umsonst sollt ihr geben« (Mt 10,8). Und wie Jesus sich den verlorenen Schafen zuwendet, so soll es auch die christliche Gemeinschaft tun (Mt 18,12–14). Die Christen sollen gerade für die eintreten, die keine Lobby haben, die machtlos an den Rand der Gesellschaft gedrängt werden. Sie sollen Jesus nachahmen, der gerade denen, die in der Gesellschaft keine Geltung hatten, ihre Würde wiedergeschenkt und sie aufgerichtet hat.

Wenn ich die vielen Gespräche anschaue, die ich mit Menschen führe, so kommen da vor allem auch die Bedürftigen: Menschen, deren Beziehungen gescheitert sind, die sich einsam fühlen, die an ihren Depressionen leiden, die krank geworden sind und mit ihrer Krankheit nicht zurechtkommen. Sie alle brauchen Zuwendung. Sie wollen wahrgenommen, angenommen, gesehen werden in ihrem Leid. Natürlich gibt es in Führungskursen durchaus Menschen, denen es finanziell gut geht. Aber auch sie kommen, weil sie bedürftig sind, weil sie an ihrer Situation leiden, weil gute Beziehungen beschädigt oder auseinandergebrochen sind, weil sie in ihrem Beruf gescheitert sind, weil sie nicht zu denen gehören, die unangefochten an der Spitze stehen. Jesus hat niemanden von seiner Zuwendung ausgeschlossen. Er ist auch zu den Zöllnern gegangen, die finanziell gut dastanden, die aber von den Frommen abgelehnt und zu Außenseitern gemacht wurden. Er hat überall die Bedürftigkeit wahrgenommen. Er rechtfertigte sein Tun mit den Worten: »Nicht die Gesunden brauchen den Arzt, sondern die Kranken. Darum lernt, was es heißt: Barmherzigkeit will ich, nicht Opfer. Denn ich bin gekommen, um die Sünder zu rufen, nicht die Gerechten« (Mt 9,12f.).

In die Gespräche kommen aber auch Menschen, die durch die Macht anderer zerbrochen wurden. Da kommt ein Mann, den sein Vorgesetzter ständig herumgescheucht und ihn auch persönlich verletzt hat. Er kann daheim kaum schlafen. Sein ganzes Leben ist bestimmt von der Angst vor dem Missbrauch der Macht, den er in seiner Firma erfahren hat. Solchen Menschen mache ich Mut, sich abzugrenzen. Sie brauchen dazu ihre Aggressionskraft, um sich von dem, der seine Macht missbraucht, zu distanzieren. Natürlich ist das nicht einfach, wenn man immer wieder diesem autoritären Chef begegnet. Dann hilft das Bild: Ich gehe in die Firma und schaue zu, wie der Chef Theater spielt. Aber ich spiele nicht mit. Ich lasse seine Worte nicht in mich eindringen. Ich schütze mich davor. Wenn der, der Macht ausübt, erkennt, dass er über mich keine innere Macht hat, wird er womöglich seine Versuche, Macht auszuüben, noch verstärken. Doch irgendwann wird er seine eigene Ohnmacht spüren und von seinem Verhalten ablassen.

12

～

Von der Selbstverantwortung und dem eigenen Weg

Den Weg des Lebens zu gehen bedeutet zumeist, nicht zu wissen, was uns hinter der nächsten Ecke erwartet, keine Sicherheit zu haben, wie es mit uns weitergehen wird. WALTER KOHL

Richtig erkennen, entscheiden und handeln

Wer in unbekanntem Gelände unterwegs ist, tut gut daran, Karte und Kompass bei sich zu haben. So wie eine Landkarte alle Informationen über das Gelände abbildet, so brauchen wir eine innere Karte, in der wir die relevanten Informationen und Erfahrungen unseres Lebens so darstellen können, dass sie für die jeweilige Situation anwendbar werden. Eine solche innere Karte hilft uns zu navigieren und damit zu entscheiden: Welche der Alternativen ist in einer bestimmten Situation die richtige? Bleiben wir in unserem Job, oder suchen wir uns eine neue Stelle? Möchten wir diesen Menschen heiraten, passen wir zusammen? Ist das der Ort, an dem ich wirklich leben will? Macht das, was ich tue, Sinn? Wofür arbeite oder lebe ich? Immer wieder müssen wir neu navigieren, neu entscheiden.

Jede Entscheidung ist einzigartig. Denn sie findet in einem Kontext statt, der sich so nie wiederholen wird. Zeit, Ort, Umstände, alles wird sich ändern, weiterentwickeln. Es gibt also keine Patentrezepte für richtiges Entscheiden – wohl aber Erfahrungswerte für eine möglichst gute Entscheidung. Eine Entscheidung ist so gut wie ihre Vorbereitung, wie der Prozess der Entscheidungsfindung. Alle Erfahrungen und alle Informationen, auch die unangenehmen, sollten gut gewichtet in den Entscheidungsprozess einfließen, Ehrlichkeit gegenüber sich selbst und vernünftiger Mut gehören auch dazu. In letzter Konsequenz aber bleibt jede Entscheidung ein Wagnis, mit allen damit verbundenen Chancen und Risiken. Beide müssen sorgfältig, aber nicht ängstlich herausgearbeitet werden, um sie dann bedenken und gegeneinander abwägen zu können. Letztlich sind unsere Entscheidungen so gut wie wir selbst im Moment der Entscheidung.

Wenn ich sage, dass unsere Entscheidungen nur so gut sein können wie unser Wissen, unsere Weisheit und unsere konkreten Möglichkeiten im jeweiligen Augenblick, dann heißt entscheiden auch: Mut zu Risiken und Fehlern haben. Wir müssen akzeptieren, dass Fehlentscheidungen zu unserem Leben dazugehören. Entscheidungen zeigen uns auch unsere Unvollständigkeit, unsere Fehlbarkeit auf. Aber ist es dann besser, nicht zu entscheiden, einfach zu warten? Manchmal vielleicht schon. Aber auch Aussitzen und Passivität bergen ihre Risiken. Denn dann besteht die große Gefahr, dass jemand anders oder die Umstände über uns entscheiden.

Wer keine eigenen Entscheidungen trifft – und sei es nur

die Entscheidung, abzuwarten –, über den wird entschieden, leicht auch zu seinen Ungunsten. Denn warum sollten andere Entscheider auch unsere Belange berücksichtigen? Schließlich vertreten sie in der Regel ihre eigenen Interessen und nicht die unseren. Deshalb ziehe ich es vor, selbst zu entscheiden, statt zu erleben, dass von anderen über mich entschieden wird und ich somit fremdbestimmt werde. Aus eigener trauriger Erfahrung weiß ich um das Schmerzpotenzial der Fremdbestimmung. Unsere Entscheidungen sollten wirklich die unseren sein und nicht die Kopie von Entscheidungsprogrammen anderer Menschen darstellen.

Entscheiden ist Übungssache. Mit der Zeit entwickelt sich eine Art Entscheidungsmethodik in uns, die sehr viel mit unseren Erfahrungen und damit, wie wir sie verarbeitet haben, zu tun hat. Wir speichern ab, was richtig war, was gut war, aber auch, was uns geschadet und was uns verletzt hat. Dabei sollten wir darauf achten, dass unser Entscheidungsprogramm immer wieder kritisch hinterfragt wird und nicht einfach aus einem Aufeinanderstapeln alter Erfahrungen besteht. Jede Entscheidung sollte zwei Seiten haben: die Lösung einer konkreten Frage oder Herausforderung und, in der Rückschau, ein weiteres Stück Lernen auf unserem Lebensweg.

Entscheiden heißt also auch offen bleiben für Lernen und Zuhören. Und es schließt ein, dass wir genauer verstehen, wie die Entscheidungsfindung abläuft. Oft ist das Wie, die Weise, wie wir zu einer Entscheidung gelangen, wichtiger als das Was, also der konkrete Inhalt einer Entscheidung. Ich selbst musste lernen, dass gerade die vermeintlich unangenehme Kritik oft die größte Lernhilfe beinhaltet, ohne die sich Fehler nur wiederholen würden.

Entscheidungen sind nutzlos, wenn wir sie nicht auch umsetzen. Erich Kästner sagt es pointiert: Es gibt nichts Gutes, außer man tut es. Das Leben belohnt uns für das, was wir tun, und nicht für das, was wir tun könnten. Im Tun liegt die wahre Macht. Als meine Frau und ich uns 2005 in dem für uns neuen Markt für Umformwerkzeuge in der Automobilindustrie selbstständig machten, mussten viele Entscheidungen gefällt werden, ohne dass wir auf eigene Erfahrungen zurückgreifen konnten. Der Weg wurde zum Ziel, wir mussten uns durch diese anfänglich so fremde Welt Schritt für Schritt durchtasten. Häufig regierte dabei das Prinzip von Versuch und Irrtum unser Tun. Aber wir wussten: Wir hatten keine Wahl. Wir hatten uns für diesen Weg entschieden, und nun mussten wir ihn auch gehen.

Oft habe ich diese Zeit mit dem Aufbau einer Fußballmannschaft verglichen. Am Anfang kommen die Pässe nicht an, die eigenen Stürmer laufen in die gegnerische Abseitsfalle, die Räume werden beim gegnerischen Gegenangriff nicht sauber gedeckt, Zweikämpfe werden verloren. Es fehlt an Einschätzung, praktischer Erfahrung und manchmal auch an Selbstvertrauen. Nur durch Spielpraxis, Training und konsequentes Hinterfragen der Erfolge und besonders der Misserfolge kann sich eine Mannschaft mit der Zeit weiterentwickeln. Das kann ein langer Weg sein. Aber egal, ob lang oder kurz, er muss immer Schritt für Schritt gegangen werden. Wenn wir diese Disziplin und Ausdauer umsetzen, dann werden wir belohnt. Irgendwann kommen die Bälle an, werden die eigenen Stürmer so angespielt, dass sie Tore schießen können, dass der Gegner anfängt, Respekt zu entwickeln. Irgendwann fangen wir an, unser Spiel zu spielen. Wir fangen immer mehr an, unser Leben selbst zu leben, und wir hören allmählich auf, bloß gelebt zu werden. Mit der Zeit nimmt dann unser Weg Konturen an, und aus dem alten Suchen wird »unser Lebensweg«.

Wagen und wägen

Wagen und Wägen, so lautete ein Wahlspruch, der mir sehr
gut gefällt. Die Zukunft wird immer ungewiss bleiben –
und das ist gut so. Risiken stellen vor allem auch Chancen
dar. Never waste a crisis, verschwende nie eine Krise, diese
Wahrheit habe ich aus meinen Bankingtagen in New York
mitgenommen. Ich plädiere, egal, ob im Geschäftsleben
oder im privaten Bereich, für einen offenen und aufge-
schlossenen Umgang mit Risiken. Wir sollten vor ihnen
keine unnötigen Ängste haben, denn das führt zu einem
Übermaß an Risikoscheu und einer Innovationen ersti-
ckenden Absicherungsmentalität. Die Welt ist ein komplexes System dynamischer Entwicklungen. Wer sich in eine
Nostalgie des vermeintlich so viel besseren Gestern flüchtet
und Veränderungen schon fast aus Prinzip scheut, den wird
das Leben bestrafen. Andere werden die Risiken eingehen,
die man selbst scheut, und ihre Erfolge feiern. Der übermä-
ßig Risikoscheue hingegen wird stagnieren und irgendwann
erst zurückfallen und dann im Wettbewerb verlieren. Die
Frage lautet: Führst du, oder wirst du geführt? Wer Risiken
zu kritisch gegenübersteht, den führt die Angst vor dem Risiko, der wird gelebt.

Den Weg des Lebens zu gehen bedeutet zumeist, nicht zu
wissen, was uns hinter der nächsten Ecke erwartet, keine Sicherheit zu haben, wie es mit uns weitergehen wird. Unsicherheit und Unklarheit gehören zum Weg des Lebens dazu.

Was bedeutet es, den eigenen Weg zu gehen?

»Zu wissen, wie etwas gemacht wird, ist leicht. Es zu machen ist schwerer.« So sagt man in China. Offensichtlich
spielt das Thema in allen Kulturen eine Rolle. In unserer

Wohnung hängt ein Bild mit einer koreanischen Kalligraphie. Auf ihr ist ein von unten nach oben verlaufender Zick-Zack-Weg zu sehen, an dessen Ende sich ein langsam nach vorne laufendes Strichmännchen befindet. Darunter steht in koreanischer und englischer Sprache: »You walk and walk on it. And some day people will call it the way.« Frei übersetzt: »Du läufst und läufst, und eines Tages werden die Menschen von deinem Weg sprechen.«

Für mich symbolisiert dieses nur scheinbar schlichte Bild die Herausforderungen von Erkennen, Entscheiden und Tun.

Wir leben nicht allein und eigenmächtig, und immer begegnen wir Widerständen, treffen wir auf Vorgegebenheiten, die wir weder gewollt noch selbst bestimmt haben. Die Frage ist also berechtigt: Inwieweit sind wir überhaupt Herr unseres Lebens? Meine Überzeugung: Wir sind Herr unseres Lebens, solange wir die Deutungshoheit über unser Leben behalten. Diese Erkenntnis von Viktor Frankl wurde zusammen mit bestimmten Erlebnissen mit meinem Sohn einem meiner Schlüssel, um meine große Lebenskrise von 2002 zu meistern und nicht den Weg meiner Mutter zu gehen.

In seinem Buch *Trotzdem Ja zum Leben sagen* beschreibt und analysiert er seine Erfahrungen in den Lagern. Zwei Punkte stechen hervor, die sein Überleben in dieser unmenschlichen Hölle ermöglichten: die Kraft der Deutungshoheit über die Zustände und Dinge in unserem Leben und die Kraft dessen, was er die »Trotzmacht des Geistes« nennt. Damit bezeichnet Frankl die Fähigkeit des Menschen, auch unter schrecklichsten Umständen sein eigenes Schicksal aktiv in die Hand zu nehmen. So kann der Mensch bekannte Grenzen überwinden und über sich hinauswachsen. Dabei hilft ihm der Sinn, das Wissen des »wofür tue ich es«. Diese Sinnklarheit für eine Aufgabe außerhalb der eigenen Person schenkt die notwendige Energie, um sich gegen noch so belastende Umstände zu behaupten.

Diese Sicht der Welt beinhaltet eine wichtige Verpflichtung, denn sie nimmt uns Ausreden. Wenn wir akzeptieren, dass wir in sehr weitgehender Weise der Herr unseres Lebens sind, dann können wir nur noch sehr begrenzt andere für eigenes Versagen oder Scheitern verantwortlich machen. Den eigenen Weg zu gehen bedeutet dann auch, die Verantwortung für alles zu übernehmen, was wir getan, aber auch für alles, was wir nicht getan, was wir unterlassen haben.

Eigenverantwortung umfasst nicht nur jene Dinge, die wir selbst verursacht haben. Sie beinhaltet auch unseren Umgang mit jenen Problemen, die wir nicht verursacht haben und deren Opfer wir sind. Sie verlangt also auch einen aktiven Umgang mit dem Unrecht oder dem Schmerz, den uns andere zugefügt haben. Wir schieben dann nichts mehr auf die bösen anderen oder auf die schlechten Umstände. Wenn wir eigenverantwortlich leben, gehen wir unseren eigenen Lebensweg.

Ich bin nicht verantwortlich für das, was mir von außen widerfährt. Aber ich bin verantwortlich dafür, was ich aus dem mache, was mir vorgegeben ist. ANSELM GRÜN

Unser eigener Spielraum

Die frühen Mönche sagen: Du bist nicht verantwortlich für die Gedanken, die in dir auftauchen, sondern nur dafür, wie du mit ihnen umgehst. Diese Einsicht der Mönche würde ich auch auf mein Leben anwenden. Ich bin nicht verantwortlich für das, was mir von außen widerfährt. Ich bin nicht verantwortlich dafür, dass ich in diese Familie hineingeboren wurde. Ich bin nicht verantwortlich dafür, dass ich in diese Zeit hineingeboren wurde. Aber ich bin verantwortlich dafür, was ich aus dem mache, was mir vorgegeben ist. Ich erlebe in der Begleitung viele Menschen, die alle Schuld an ihrer Misere den Eltern oder den Verwandten oder der Firma zuschieben. Die anderen haben sie schlecht behandelt, sie verletzt, sie am Leben gehindert. Natürlich gibt es die Verletzungen in der Kindheit, es gibt Mobbing am Arbeitsplatz, es gibt Intrigen. Das ist vorgegeben. Aber es ist meine Entscheidung, wie ich damit umgehe. C. G. Jung meinte einmal, ab einem bestimmten Alter sei es nicht mehr wichtig, zu fragen, wie die Kindheit nun gewesen sei, was ich da alles an Defiziten erlebt habe. Es sei einfach wichtig, die Verantwortung für mein Leben zu übernehmen. Das ist meine Geschichte, wie ich geworden bin. Die kann ich nicht ändern. Aber jetzt habe ich die Freiheit, darauf zu reagieren. Natürlich ist meine Freiheit nicht unbegrenzt. Sie hängt ab von dem Material, das mir vorgegeben ist, das ich durch meine Freiheit gestalten kann. Und sie hängt ab von meiner psychischen Struktur. Nicht jeder

Mensch hat die gleiche innere Freiheit. Manche sind einfach zu sehr an ihre Lebensmuster gebunden. Aber innerhalb dieses Gebundenseins gibt es für jeden Menschen einen Spielraum der Freiheit. Und diesen Spielraum sollte er nutzen.

Nicht Opfer bleiben

Wir werden oft Opfer von Verletzungen, von emotionalem und sexuellem Missbrauch, von Intrigen und von Mobbing. Es ist schlimm, Opfer zu sein. Und wir sollen das Opfersein anschauen und bearbeiten. Aber wir dürfen nicht Opfer bleiben. Verena Kast hat in ihrem Buch *Abschied von der Opferrolle* beschrieben, wieso der, der immer Opfer bleibt, auch leicht zum Täter wird. Das gilt nicht nur für den sexuellen Missbrauch. Wir wissen heute, dass viele, die andere sexuell missbraucht haben, in ihrer Kindheit selber Opfer von Missbrauch waren. Auch wer sich in der Gruppe als Opfer fühlt – dass er nicht genügend gesehen wird, dass alle gegen ihn sind –, wird zum Täter. Von ihm geht etwas Aggressives gegen die Gruppe aus und etwas Vorwurfsvolles: »Ihr seid schuld, dass es mir so schlecht geht. Ihr alle nehmt keine Rücksicht auf mich. Ihr versteht mich nicht. Deshalb bekomme ich hier in der Gruppe keinen Atem, und mir geht die ganze Energie verloren.« Wer so argumentiert, impft jedem in der Gruppe ein schlechtes Gewissen ein. Und damit übt das Opfer Macht aus. Denn kaum jemand kann sich ganz dem schlechten Gewissen entziehen. Unsere Aufgabe ist es, die Schmerzen zu spüren, die wir als Opfer erleben. Aber dann sollen wir versuchen, Abschied von der Opferrolle zu nehmen. Das ist nicht immer einfach. Wer etwa sexuellen Missbrauch erlebt hat, der braucht normalerweise eine Therapie, um aus seiner Opferrolle herauszukommen. Er braucht Menschen, die ihn stärken, die seine Kränkungen anhören, verstehen und nachempfinden. Und er braucht Menschen, die ihm einen Weg aufzeigen, mit den eigenen Stärken in Berührung zu kommen.

Zwei Wege aus der Opferrolle

Für mich gibt es zwei Wege, sich von der Opferrolle zu verabschieden. Der erste Weg geht über die Vergebung. Vergebung heißt aber nicht, dass ich das Verhalten des anderen entschuldige. Vergebung geht vielmehr darüber, dass ich erst einmal in der Wut den, der mich verletzt hat, aus mir herauswerfe, dass ich eine gesunde innere Distanz aufbaue, dass ich mich von seiner Macht befreie. Dann erst kann ich vergeben. Vergeben heißt, dass ich die Verletzungen beim anderen lasse. Ich befreie mich von der negativen Energie, die durch die Verletzung noch in mir ist. Und ich befreie mich von seiner Macht. Ich lasse sein Verhalten bei ihm. Aber ich hebe die Bindung auf. Wenn ich nicht vergeben kann, bin ich immer noch an den anderen gebunden. Aber Vergebung heißt nicht unbedingt, dass ich eine normale Beziehung zum Täter eingehe. Ich soll auf meine Seele achten und auf meinen Leib. Die zeigen mir, ob ich dem Täter normal begegnen kann oder ob ich mich weiterhin vor ihm schützen muss, weil seine Ausstrahlung mich wieder an die alte Wunde erinnert. Eine Frau, die von ihrem Vater sexuell missbraucht worden war, hat eine lange Therapie gemacht. Am Ende der Therapie hatte sie den Eindruck, dass sie jetzt ihrem Vater vergeben könnte. Sie hat ihn besucht, um ihm das zu sagen. Aber kaum war sie im Haus, musste sie erbrechen. Sie war enttäuscht, dass sie doch nicht vergeben hat. Ich sagte ihr: »Sie haben schon vergeben. Aber Ihr Leib zeigt Ihnen, dass Sie noch Abstand brauchen. Hören Sie auf

Ihren Leib und Ihr Herz. Die sagen Ihnen, welche Art von Beziehung Sie aufnehmen können und wo Sie sich weiterhin schützen und Abstand wahren müssen.«

Der zweite Weg, aus der Opferrolle auszusteigen, besteht darin, den Täter zu segnen. Ich gehe verletzt von der Arbeit nach Hause. Ich kann den ganzen Abend darüber jammern, wie unfair der Kollege mich behandelt hat. Dann bestimmt der Täter meinen ganzen Abend und meine Stimmung. Wenn ich versuche, die Segensgebärde zu machen und mir vorzustellen, wie der Segen durch meine Hände zum anderen strömt, dann ersetze ich meine passive Opferrolle durch die aktive Rolle, dass ich meinen Segen und den Segen Gottes zu diesem Menschen sende. Das schafft mir selbst eine Art Schutzschild. Der andere hat keine Macht mehr über mich. Und ich habe das Gefühl, dass ich durch meinen Segen im anderen eine Verwandlung bewirken kann. Der andere ist nicht nur der Täter. Er ist auch einer, der sich danach sehnt, im Frieden mit sich zu sein. Ich stelle mir vor, wie mein Segen in ihn eindringt und ihn mit seinem Wesen in Berührung bringt. Dann braucht er das verletzende Verhalten nicht. Und ich kann ihm am nächsten Tag in anderer Weise begegnen. Er ist nicht nur der Täter, sondern auch ein gesegneter Mensch. Das tut mir selbst gut. Ich bleibe nicht mehr in der passiven Rolle des Opferlamms, sondern ich habe die aktive Rolle des Segnens übernommen. Ich kann selber agieren und muss mich nicht immer nur als Opfer fühlen.

Verantwortlich für meinen eigenen Weg

Ich bin in eine klösterliche Gemeinschaft eingetreten, die mir einiges vorgibt, was ich zu erfüllen habe: den täglichen Rhythmus, Gebet und Arbeit. Und sie stellt mir die

Aufgaben. Sie hat mir 36 Jahre lang das Amt des Cellerars anvertraut, aber auch erwartet, dass ich dieses Amt verantwortungsvoll ausübe. Trotzdem bin ich für meinen persönlichen Weg selbst verantwortlich. Ich bin dafür verantwortlich, dass ich Mönch geworden bin. Ich bin verantwortlich, dass ich das Amt des Cellerars angenommen habe. Und ich bin dafür verantwortlich, wie ich es ausgeübt habe. Ich bin auch als Cellerar meinen eigenen Weg gegangen. Ich habe Bücher geschrieben, weil ich es wollte. Einmal sagte mir ein Mitbruder, Bücherschreiben sei das Unwichtigste von der Welt, ich solle meine Arbeit als Cellerar gut machen, das würde die Gemeinschaft erwarten. Und das sei genug. Ich habe mir dabei gedacht: Ja, ich mache meine Arbeit als Cellerar. Aber wenn ich Lust habe zu schreiben, dann schreibe ich. Das kann mir niemand nehmen. Sie können mich noch so sehr mit Arbeit zudecken: Wenn ich Lust zum Schreiben habe, dann schreibe ich. Objektiv gesehen habe ich mehr in der Verwaltung gearbeitet als meine Vorgänger. Denn ich habe zusätzlich zur normalen Verwaltung noch die Landwirtschaft übernommen. Ich habe zeitweise den Verlag geleitet und als Lektor selber alle Bücher korrigiert, auch die nicht von mir geschriebenen. Man hat mir also viel Arbeit von außen zugemutet. Aber wenn ich Leidenschaft habe, dann findet die Leidenschaft immer Raum, das auszudrücken, was ihr entspricht. Und so habe ich in meinem wöchentlichen Arbeitsplan eben sechs Stunden pro Woche für mein Schreiben gefunden. Am Dienstag habe ich die Abendmesse für das Recollectio-Haus, und am Donnerstag ist im Konvent Abendmesse. Also habe ich die zwei Stunden nach dem Frühchor bis zum Arbeitsbeginn um 8.00 Uhr Zeit zum Schreiben. Ich habe nie in der Arbeitszeit als Cellerar geschrieben, sondern in den Eckzeiten. Und ich habe am Sonntagnachmittag geschrieben. Das war für mich keine Arbeit, sondern es hat mir immer Freude bereitet. Es war für mich auch eine Art von Meditation, von Nachdenken über das, was mich eigentlich trägt. Heute stellt niemand mehr mein Schreiben infrage, weil es auch eine wichtige Einnahmequelle für das Kloster ist. Aber ich spürte damals: Ich darf nicht dem emotionalen Wort des Mitbruders folgen, sondern muss meinem eigenen Gewissen, meinem inneren Gespür folgen.

Ich bin für meinen eigenen Weg verantwortlich. Aber es geht mir nicht darum, egoistisch meinen Weg zu gehen. Vielmehr gehe ich diesen Weg immer auch in Verantwortung für die Gemeinschaft. Es ist immer eine Spannung zwischen dem Einzelnen und der Gemeinschaft. Das ist für jeden Mann und jede Frau in der Familie genauso. Der Mann geht beruflich seinen Weg, aber er muss ihn in Absprache mit der Familie gehen. Und die Frau kann ihre eigenen Ideen verwirklichen, aber zugleich muss sie die Aufgaben in der Familie, die Erziehung der Kinder und den Haushalt mit den eigenen Ideen in Übereinstimmung bringen. Es gibt nie nur den idealen Weg. Wir müssen immer auch Kompromisse schließen. Es braucht die Offenheit für die Gemeinschaft und die Offenheit für das eigene Herz. Beides muss zusammengehen.

Wie mein Leben in Fluss kommt

Für mich ist mein Leben stimmig, wenn es fließt und aufblüht und wenn es Frucht und Segen bringt. Die Frage ist, wie es zum Fließen kommt. Der Fluss fragt nicht, wie er fließen soll. Er überlässt sich einfach der Strömung. Wir dagegen sollen uns nicht einfach der Strömung überlassen. Sonst würden wir ja die Verantwortung für unser Leben abgeben. Aber wir können vom Fluss dennoch etwas lernen: die Hingabe. Mein Leben kommt in Fluss, wenn ich mich hingebe, wenn ich mich an die Arbeit hingebe und wenn ich mich für die Menschen hingebe. Wenn das Leben in der Hingabe fließt, dann brauchen wir nicht ängstlich zu fragen, ob wir bald erschöpft sind. Wir geben uns einfach hin. Wir lassen das Leben fließen. Aber wir können vom Fluss noch etwas anderes lernen. Der Fluss wird gespeist von einer Quelle. Es fließt immer etwas nach. Der Fluss braucht keine Angst zu haben, zu versiegen. So kann unser Leben nur in Fluss kommen, wenn wir aus einer Quelle gespeist werden. Es kann die Quelle der Freude sein, sich hinzugeben. Aber auch die Quelle der Freude kann versiegen. Letztlich braucht es eine unendliche Quelle, eine spirituelle Quelle, die Quelle des Heiligen Geistes, die in uns strömt. Wir brauchen einen gesunden Ausgleich zwischen Geben und Nehmen. Und wir brauchen Zeiten der Stille und des Ausruhens, damit die innere Quelle sich wieder auffüllen kann. Und es braucht natürlich auch die nötigen Bedingungen, damit meine Quelle fließen und mein Leben in Fluss kommen kann. Es ist sicher schwierig, an einem Arbeitsplatz, an dem ich mich unwohl fühle, an dem ich den Sinn meiner Arbeit nicht einsehe und an dem ich inneren Widerstand gegen diese Art von Arbeit oder gegen diese Firma spüre, in Fluss zu kommen. Da muss ich dann auch Entscheidungen treffen. Diese Entscheidung bezieht sich zuerst einmal auf meine Einstellung. Wenn ich in diese Arbeit mit einer anderen Einstellung gehe, kann ich dann die Arbeit gerne tun, kommt dann mein Leben in Fluss? Oder muss ich die Arbeitsstelle ändern? Wir können uns nicht immer den idealen Ort für unser Leben und Arbeiten aussuchen. Aber wir dürfen uns auch nicht in etwas einzwängen, das uns am Leben hindert. Wir selbst sind verantwortlich dafür, dass unser Leben in Fluss kommt.

13

~

Lebenshunger und Sehnsucht nach Glück

Wenn ich mit der Sehnsucht in Berührung bin, kann ich innerlich glücklich sein, auch wenn die äußeren Verhältnisse nicht so beglückend sind.

ANSELM GRÜN

Glück heißt: im Einklang mit meiner Seele sein

»Alle Menschen wollen glücklich sein.« So hat der griechische Philosoph Aristoteles das Ziel des Menschen definiert. Die Frage ist nur, wie wir Glück erfahren können. Dabei haben wir im Deutschen nur ein Wort für Glück, während die Griechen drei Begriffe dafür haben. Sie haben offensichtlich differenzierter auf das Glück geschaut als wir Deutschen. Da gibt es die *eutychia*, das meint das günstige Schicksal. Die Lateiner nennen es *fortuna*. Da hat jemand Glück gehabt, dass er etwas gewonnen hat, dass er vor einem Unfall bewahrt worden ist. Dann gibt es die *eudaimonia*, das meint eine gute Beziehung zum Daimon, zum inneren Seelenbegleiter. Man könnte es auch den spirituellen Aspekt des Glückes nennen. Glücklich ist der, der eine gute Beziehung zu seiner Seele hat und in der Seele letztlich zu Gott. Der dritte Ausdruck ist *makaria*. Dieses Wort ist für die Götter auf dem Olymp vorbehalten. Sie müssen nicht arbeiten. Sie sind frei. Glücklich ist also der Mensch, der innerlich frei ist, der sich nicht nach den Erwartungen der anderen richten muss, sondern ganz er selber ist, so wie die Götter auf dem Olymp. Die Lateiner haben für diese beiden griechischen Begriffe die Wörter *beatitudo* und *felicitas*. Aber sie entsprechen nicht ganz den griechischen Wörtern. »Beatus« kommt von »bonum facere« (Gutes tun). Glücklich ist also der Mensch, der Gutes tut. Die Lateiner sehen im Glück also den moralischen Aspekt. Nur der, der Gutes tut, der moralisch gut handelt, wird glücklich. »Felix« ist dem Kaiser vorbehalten. Kaiser zu sein, selber zu herrschen, anstatt beherrscht zu werden, das war die Ursehnsucht der Römer. Aber zugleich haben sie erfahren, dass das Glück der Kaiser sehr brüchig war. Viele sind ermordet worden von ihren Nachfolgern oder haben sich – wie Nero – selber umgebracht.

Wenn ich nach diesem Ausflug in die griechische und lateinische Sprache wieder zu meiner persönlichen Erfahrung zurückkehre, dann heißt für mich Glück: Ich bin in Einklang mit meiner Seele. Ich bin glücklich, wenn ich Ja sagen kann zu mir und meinem Leben. Und ich bin glücklich, wenn ich mich von Gott getragen fühle. Und ich bin auch glücklich, wenn ich etwas Gutes tue. Ich bin glücklich, wenn mir etwas gelungen ist, wenn z. B. ein Gespräch geglückt ist und der Gesprächspartner glücklicher nach Hause fährt. Er hat sich verstanden gefühlt. Er fühlt sich gestärkt. Er findet neuen Mut für sein Leben. Das Glück des anderen, das durch mein Tun entstanden ist – natürlich immer auch mit dem Segen Gottes –, macht mich selber glücklich. Und ich bin glücklich, wenn ich – wie die Götter auf dem Olymp – einfach ganz ich selber bin, ohne mich beweisen zu müssen. Wenn ich mit dem ursprünglichen Bild Gottes in mir in Berührung bin, dann bin ich im Einklang. Dann bin ich frei davon, mich beweisen zu müssen. Dann *bin* ich einfach. Das reine Sein ist für mich Ausdruck von Glück. Wenn ich dieses reine Sein erlebe, habe ich letztlich Anteil an Gott, dann erfahre ich etwas vom Wesen Gottes, der nach Platon das reine Sein ist.

Die Jagd nach Glück

Glück ist ein großes Wort. Ich wehre mich dagegen, wenn ich von der *Bild*-Zeitung als »Glückspater« bezeichnet werde. Ich bin nicht Spezialist in Sachen Glück. Das Jagen nach dem Glück ist mir zu viel. Das ist nicht meine Welt. Es gibt viele Ratgeberbücher dazu, wie man glücklich werden kann. Und es gibt viele Angebote, sich an einem Wellness-Wochenende das Glück gleichsam zu erkaufen. Doch je mehr wir nach dem Glück jagen, desto unglücklicher werden wir. Glück ist kein Dauerzustand. Wir können auf unserem Weg immer wieder Glück erfahren. Glück ist die Reaktion auf eine tiefe spirituelle Erfahrung, auf eine glückende Begegnung mit einem Menschen und auf das Erleben Gottes. Wenn ich ein Buch vollendet habe, fühle ich mich glücklich. Und wenn ich das gedruckte Buch in Händen halte und darin lese, empfinde ich Glück. Glück ist die Reaktion auf erfülltes Leben. Wenn wir sagen »Jeder ist seines Glückes Schmied«, dann bezieht sich das auf diese Erfahrung. Wer nicht wirklich lebt, der kann auch nicht glücklich sein. Wenn ich mich ganz auf etwas einlasse, wenn ich mich selbst vergessen kann und auf diese Weise ein Werk vollende, dann bin ich glücklich. Ich bin verantwortlich für mein Glück, indem ich bewusst lebe, etwas in die Hand nehme und gestalte, mich für andere Menschen einsetze. Aber nicht alle Menschen sind glücklich, wenn sie ein Werk vollendet haben. Viele sehen dann nur auf das, was nicht perfekt war. Sie sind ihres Unglücks Schmied. Sie haben die Fähigkeit verloren, Glück zu erleben. Andere haben sich bei ihrem Werk verausgabt. Sie sehen nur auf die Mühe, die die Arbeit gekostet hat. Wie ich meine Müdigkeit sehe, das hängt von mir ab. Ich kann die Müdigkeit genießen. Ich habe etwas gearbeitet für Gott und für die Menschen. Jetzt kann ich mich glücklich ausruhen. Jetzt brauche ich in diesem Augenblick nichts zu tun. Ich lege mich für einige Augenblicke aufs Bett und genieße die Schwere der Müdigkeit. Und ich genieße, dass ich etwas Sinnvolles geschaffen habe. Aber es gibt Menschen, die dann solche Augenblicke nur durch eine negative Brille sehen. Sie jammern dann in ihrer Müdigkeit, dass der Chef sie ausgenutzt hat, dass ihnen alles zu viel ist, dass das Leben so anstrengend ist. Wie ich also auf mein Werk reagiere, das hängt immer von mir ab. Und da gibt es durchaus auch eine Entscheidung für das Glück oder für das Unglück.

Glück hängt für mich zusammen mit Zufriedenheit und Dankbarkeit. Ich schaue zufrieden auf mein Leben. Ich bin im Frieden mit mir. Allerdings gibt es auch eine satte Zufriedenheit, in der ich behäbig werde und innerlich erstarre. Die wahre Zufriedenheit ist immer auch von Dankbarkeit erfüllt. Ich bin dankbar für mein Leben. Ich erlebe mein Leben als Geschenk. Ich erlebe das Gelingen als Geschenk. Und auch hier geht es um Entscheidung. Ich kann bei allem mit Unzufriedenheit reagieren, weil es noch besser sein könnte oder weil nicht alle meine Wünsche in Erfüllung gegangen sind. Aber so verbauen sich die Menschen den Weg zum Glück selber. Sie schauen immer nur auf das, was nicht so gut ist. Ihre Wünsche sind unersättlich. Sie können für nichts wirklich dankbar sein. »Danken« kommt von »denken«. Wer richtig über sein Leben nachdenkt, der ist auch dankbar. Der Undankbare denkt falsch. Er denkt über die Dinge nicht so nach, wie es angemessen ist, sondern er denkt darüber nach aus seinem unermesslichen Bedürfnis nach Vollkommenheit, nach Anerkennung, nach Erfolg. Er kann sich über keinen Erfolg freuen. Er sieht immer noch das, was er noch hätte erreichen können.

Brüchige Scheinwelt

Glück ist nie ein Dauerzustand. Glück ist die Reaktion auf das Sich-Einlassen auf das Leben und auf den Menschen. Zum Leben gehört aber auch Leid und Trauer. Wer Leid und Trauer aus seinem Leben ausschließt, wer die Augen davor verschließt, weil sie sein Glück stören, der erlebt nicht wirkliches Glück. Er möchte einen Glückszustand festhalten und verdrängt alles, was dieses Glücksgefühl stören könnte. Doch das führt dazu, dass er in einer ständigen Angst lebt, sein Glück könnte doch brüchig sein. Er muss die Augen verschließen vor dem Leid der Menschen um sich herum. Und er muss die Augen verschließen vor der eigenen Durchschnittlichkeit. Um glücklich zu sein, muss er sich selber etwas vormachen. Er redet sich ein, dass er ganz glücklich sei. Aber seine traurige Miene verrät, dass er sich das einreden muss, weil er der eigenen Traurigkeit aus dem Weg gehen möchte. Solche Menschen müssen alles, was sie tun, ganz toll finden. Sie brauchen ständig zu große Worte, um ihr Leben und ihr Wirken zu beschreiben. Und man merkt: Diese großen Worte sind letztlich ein Überspringen ihrer eigenen Durchschnittlichkeit. Nur wer sich aussöhnt mit seinem Leben, mit seiner Durchschnittlichkeit, mit dem Leid, das ihn von außen oder innen trifft, nur der ist fähig, glücklich zu sein. Aber er ist nicht immer glücklich. Er lässt auch das Gefühl von Trauer und Schmerz zu. Er erlaubt es sich auch, unglücklich zu sein, wenn ihm ein lieber Mensch durch den Tod entrissen wird oder wenn ihm etwas misslingt. Nur wer beide Gefühle zulassen kann – Trauer und Freude, Glück und Unglück –, erfährt wirkliches Glück. Wer ständig das Glück mit sich herumtragen möchte, der hält mit dem Glück seine Augen zu gegenüber dem, was in seinem Leben nicht so glücklich läuft. Er lebt nicht wirklich im Augenblick. Er lebt in einer Scheinwelt von Glück, die aber sehr brüchig ist.

Wir verbinden Glück meistens mit Genießen. Es kann mich auch glücklich machen, wenn ich im Urlaub einen schönen Abend mit gutem Essen und einem Glas Rotwein genieße. Aber Glück ist nicht nur Genießen. Auch wenn ich das Gefühl habe, dass ich nicht alles brauche, dass ich genug habe, dass ich auch einmal verzichten und fasten kann, bin ich glücklich. Wenn ich durch eine Woche Fasten innerlich freier geworden bin, dann fühle ich mich auch glücklich. Es ist beides – Fasten und Feiern, Genießen und Verzichten –, was uns glücklich macht. Und entscheidend ist die Abwechslung: Wer immer genießen will, dem schmeckt irgendwann alles fad. Man kann nicht immer genießen, und man kann nicht immer ein Glücksgefühl haben. Intensives Leben, das die verschiedenen Pole wie Feiern und Verzichten, Genießen und Fasten umschließt, lässt uns auf unserem Weg immer wieder Glückserfahrungen machen.

Sehnsucht macht das Leben intensiver

Sehnsucht ist für mich ein wichtiges Thema. Ich fühle mich in dieser Hinsicht den romantischen Dichtern nahe. Vielleicht ist da eine starke romantische Seite in mir. Ich glaube, dass die Sehnsucht schon als Kind für mich sehr wichtig war. Wenn wir Weihnachten in der Familie gefeiert haben, dann spürte ich in mir die Sehnsucht nach einer heilen Welt, die Sehnsucht nach Glück, nach Frieden, nach Liebe und Geborgenheit. Es war aber an Weihnachten eine andere Geborgenheit als die, die ich sonst in meiner Familie erlebt habe. Es war etwas Geheimnisvolles, das die normale Liebe und Geborgenheit übersteigt. Sehnsucht ist für mich letztlich die Spur, die Gott in mein Herz gegraben hat. Gott kann ich oft nicht spüren. Aber die Spur Gottes in mir – die Sehnsucht –, die kann ich wahrnehmen. Ich brauche nur im Dunkel meines Zimmers am Morgen nach dem Frühchor eine Kerze vor der Christusikone anzuzünden, dann spüre ich die Sehnsucht nach Gottes Nähe. Und dann spüre ich in meiner Sehnsucht Gottes Spur in meinem Herzen. Die Sehnsucht ist für mich aber keine Flucht vor der Realität dieser Welt, wie sie es vielleicht für manche romantischen Dichter war. Für mich ist die Sehnsucht ein Weg, mein Leben intensiver wahrzunehmen. Mich hat seit Langem das Wort von Marcel Proust begleitet: »Die Sehnsucht lässt die Dinge erblühen.« Ich kann auf die Kerze ganz objektiv schauen. Da ist Wachs und ein Docht, der brennt. Ich kann aber auch mit Sehnsucht auf die Kerze schauen. Dann sehe ich in der Kerze die Geborgenheit, die das milde Licht der Kerze ausstrahlt, die Liebe und Wärme, die davon ausgehen. Dann spüre ich etwas vom Glück des Gelingens. Die Kerze verheißt mir: Mein Leben wird gelingen. Das Licht wird stärker sein als alle Dunkelheit, die Liebe stärker als die Kälte. Wenn ich durch die Bachallee gehe, die die Mitbrüder vor 75 Jahren angelegt haben, dann kann ich das als bloße Erholung wahrnehmen. Ich kann aber auch mit Sehnsucht auf den Bach und auf die Bäume schauen. Dann erkenne ich in der Natur etwas von Heimat. All die Liebe, die die Mitbrüder in diesen 75 Jahren in diese Bachallee und ihre Pflege hineingelegt haben, begegnet mir. Und ich fühle mich daheim. Ich schaue die Schönheit in dieser Allee. Und in der Schönheit erahne ich etwas von der Urschönheit Gottes. Die Sehnsucht ist also keine Flucht vor dem, was ich sehe und spüre, sondern lässt mich alles viel intensiver erleben.

Und die Sehnsucht befähigt mich, Ja zu sagen zu meinem Leben, so wie es ist. Ich weiß, dass meine Gemeinschaft im Kloster meine Sehnsucht nach einer idealen Gemeinschaft nicht erfüllt, dass meine Arbeit nicht meine Sehnsucht erfüllt. Da gibt es auch viel Routine. Und auch mein Bücherschreiben und meine Vorträge erfüllen nicht meine Sehnsucht. Da bleibt immer noch etwas, das besser und intensiver gemacht werden könnte. Aber wenn ich meine Sehnsucht zulasse, kann ich das Leben in seiner Durchschnittlichkeit, Brüchigkeit und Banalität annehmen. Es muss nicht alle meine Sehnsucht erfüllen. Meine tiefste Sehnsucht kann nur Gott erfüllen. Das lässt mich hier in dieser Welt gelassen und dankbar leben. Das heißt nicht, dass ich meine Arbeit nicht besser gestalten möchte, dass ich beim Schreiben nicht immer auch den Ehrgeiz spüren würde, noch besser zu schreiben, den Schlüssel zu den Herzen der Leser zu finden. Aber ich setze mich nicht unter Druck. Ich jammere nicht, dass alles, was ich tue, auch begrenzt ist. Ich nehme meine Begrenztheit an, weil die Sehnsucht mich auf die Grenzenlosigkeit Gottes verweist. Meine tiefste Sehnsucht wird nur in Gott und von Gott erfüllt. Das lässt mich gelassen und auch glücklich in dieser Welt leben, die nicht ideal ist, die oft genug brüchig ist. Die Sehnsucht nach dem grenzenlosen Gott wird in mir sowohl durch erfüllende als auch durch enttäuschende Erfahrungen geweckt. Ich erfahre in der Gemeinschaft Erfüllung und Enttäuschung. Ich erfahre die gleiche Spannung in der Liturgie und auch in meiner Arbeit und in meinen Freundschaften. Erfüllung und Enttäuschung wollen mich in Berührung bringen mit der Sehnsucht, die auf dem Grund meiner Seele in mir schlummert. Und wenn ich mit der Sehnsucht in Berührung bin, kann ich innerlich glücklich sein, auch wenn die äußeren Verhältnisse nicht so beglückend sind.

Wie ich selbst zur Ruhe komme

Ich komme zur Ruhe, wenn ich mich still hinsetze und durch das Chaos meiner Gefühle hindurchgehe, bis ich in den Grund meiner Seele gelange, in den inneren Raum der Stille. Manchmal kann ich für einen Augenblick diesen inneren Raum der Stille spüren. Dann fühle ich mich glücklich. Oft aber spüre ich den Raum nicht. Aber in mir ist die Sehnsucht nach diesem Raum, die Sehnsucht, Gott zu spüren und seine Liebe zu fühlen. Und dann führt mich die Sehnsucht zur Ruhe. Ich bin dann nicht unruhig, weil ich nicht in die Stille gelange, die ich mir vorgestellt habe. Ich spüre mich vielmehr in meine Sehnsucht nach dieser Stille und Ruhe hinein. In der Sehnsucht nach Ruhe ist schon Ruhe. In der Sehnsucht nach Liebe ist schon Liebe. In der Sehnsucht nach Gott ist schon Gott. Und in der Sehnsucht nach Glück ist schon Glück. Ich muss das Glück nicht festhalten. Es ist gleichsam eine Spur, die in der Sehnsucht in mein Herz hineingegraben worden ist. Und als Spur, die in meiner Sehnsucht spürbar ist, ist das Glück immer in mir vorhanden. Aber es ist nicht immer das pralle Glück, nicht das typische Glücksgefühl, sondern mehr eine Ahnung von Glück. Aber die genügt. Wenn ich die Sehnsucht nach Glück in mir wahrnehme, dann komme ich zur Ruhe, dann muss ich nicht voller Unruhe weitersuchen. Jetzt in dieser Zeit ist in mir eine Spur der Zeitlosigkeit. Jetzt in diesem

Chaos ist in mir eine Spur von Ordnung und Klarheit und Schönheit. Indem ich mich in die Sehnsucht hineinspüre, komme ich in Berührung mit all dem, wonach ich mich sehne. Und so erfahre ich mitten in der Unruhe der Zeit eine tiefe innere Ruhe in mir.

> *Es geht um das Maß. Hunger kann man stillen, Gier nicht: Sie ist grenzenlos, unersättlich, maßlos. Sie macht letztlich nicht glücklich.*
>
> WALTER KOHL

Mehr Leben, mehr Energie

Das Wort Lebenshunger hat einen besonderen Klang für mich. Wenn wir hungrig nach Leben sind, dann werden wir aktiv, dann beginnen wir unser Leben zu gestalten. Lebenshunger fühlt sich als Wort gut an, denn durch diesen Hunger werden wir offen für eigene Lebensgestaltung Hunger ist etwas sehr Natürliches. Wenn wir Hunger verspüren, dann müssen wir unserem Körper eine Speise anbieten. Wenn wir Lebenshunger verspüren, dann verlangt unser Leben nach neuer Speise, nach frischer Energie, nach Lebensfreude. Dabei gilt es jedoch eine Grenze zu beachten: Hunger darf nicht in Gier oder, um im Bild zu bleiben, in Völlerei ausarten. Es geht um das Maß. Hunger kann man stillen, Gier nicht: Sie ist grenzenlos, unersättlich, maßlos und sie macht letztlich nicht glücklich.

Das Wort Glück beschreibt den besonderen, den perfekten Moment. Wenn das Glück zu uns kommt, dann ergreift es uns vollständig – aber meistens nur für kurze Augenblicke. Denn so schnell das Glück kommt, so schnell verfliegt es wieder. Glücksmomente können ganz unterschiedlich sein: Momente eines Erfolges, großer Freude, intensiver Intimität mit einem geliebten Menschen oder einfach nur Augenblicke der Stille oder der eigenen Innenschau. In solchen Situationen überwältigt uns ein Gefühl, in dem alles zusammenpasst. Zeit und Raum verschmelzen in ein glückliches Ganzes. Glücksmomente können sehr laut, aber auch sehr leise sein. Im Rückblick erscheinen solche Momente wie funkelnde Diamanten auf unserem Lebensweg, gemacht für die Ewigkeit.

Mit dem Wort Zufriedenheit kann ich weniger anfangen. Ich verbinde damit das Bild eines satten, selbstzufriedenen Menschen, der sich bequem in seinen Sessel lümmelt. Sicher, das kann für einige Stunden schön sein. Aber als Dauerzustand? Zufriedenheit hat den Beigeschmack von Passivität und fühlt sich daher für mich nicht gut, nicht stimmig an. Ich selber kann mir jedenfalls nur schlecht vorstellen, für längere Zeit einfach zufrieden in meinem Sessel zu sitzen und vor mich hin zu leben. Dazu fühle ich mich zu unruhig, zu neugierig darauf, was das Leben noch so alles bringen wird. Zufriedenheit kann zudem sehr leicht zu Selbstzufriedenheit verkommen. Und von da ist es nur noch ein kleiner Schritt zur Überheblichkeit, zur Selbstüberschätzung und somit zur Verletzung und Abwertung anderer Menschen.

Vom Charme der Lebensfreude

An die Stelle von Zufriedenheit würde ich daher lieber die Suche nach Lebensfreude setzen: Freude an anderen Menschen, an der Schönheit der Natur, am Zauber eines Augenblickes. Freude an der Vielfalt des Lebens und der

Schöpfung, das ist es, was unser Leben wertvoll und schön macht.

Der Ausdruck Lebensfreude beschreibt eine innere Haltung. Sie besteht in einer besonderen Art, die Welt zu sehen und zu erleben. Sie schließt uns nicht ab und lässt uns nicht passiv werden. Der Charme dieser Emotion besteht in der inneren Fröhlichkeit, im Gefühl, mit dem eigenen Leben in Einklang zu stehen, und in der Fähigkeit, das eigene Leben zu gestalten, in die Hand zu nehmen. Lebensfreude erreichen wir, wenn wir mit unserem Leben und unserem Sein einverstanden sind, wenn wir Ja zu uns selbst sagen können. Lebensfreude ist dynamisch, Zufriedenheit empfinde ich als passiv und statisch.

Auf einem Blatt Papier aufgezeichnet, würde ich das Glück durch eine kurze, heftige, wild ausschlagende Amplitude darstellen, Lebensfreude hingegen durch eine leicht wellige, aber viel stetigere Linie. Glück ist ein Moment, Lebensfreude ein Zustand, ein *state of mind*.

Jeder Mensch erlebt Glück anders, besonders, individuell. Als ich noch ein Kind war, besuchten wir einmal einen Schulfreund meiner Eltern. Sein größter Traum war es gewesen, Eisenbahner zu werden, doch seine Eltern hatten ihn in eine akademische Karriere gezwungen, nur eine solche Tätigkeit entsprach ihrem Verständnis von gesellschaftlichem Erfolg. So lebte der Mann zwei Leben, ein berufliches und ein privates. Ich erinnere mich noch genau, als wir in sein Haus kamen. Im Erdgeschoss befand sich eine riesige Modelleisenbahn, sicher über dreißig Quadratmeter groß. Als Junge war ich total begeistert. Am Kopfende befand sich ein riesiges Pult für die Steuerung der Züge, das Stellen der Weichen, die Bedienung von Bahnübergängen, an dem auch die Lichter der Häuser ein- und ausgeschaltet werden konnten. Der absolute Höhepunkt der Anlage allerdings war eine Gebirgslandschaft im Hintergrund, durch die sich ein Gleis wie eine Schlange in Richtung Decke wand und – ich konnte es kaum fassen – durch ein Loch in der Decke in das obere Stockwerk führte. Ich war begeistert. Und er war glücklich, dass er in mir einen dankbaren und interessierten Zuschauer fand, der mit großen Augen der Vorführung seines Meisterwerkes folgte. Auf sein Kommando rannte ich die Treppe hinauf, um im oberen Zimmer zu beobachten, wie der Zug dort eine Schleife drehte, um dann wieder durch das Loch in der Decke zu verschwinden und schließlich unten im Bahnhof einzufahren. Er war überglücklich, als er mir sein Werk präsentierte.

Auf dem Nachhauseweg war ich völlig aufgewühlt von dem Erlebten und besprach begeistert das Gesehene mit meinen Eltern. Zu meiner Überraschung reagierten sie sehr zurückhaltend. Sicher, die Modelleisenbahn war beeindruckend, so ihre Antwort. Aber das Leben sei doch mehr als der Bau von Modelleisenbahnen. Ich war mir als Junge nicht so sicher, ob ich dieser Logik folgen wollte. Schließlich fiel ein Satz, den ich damals so überhaupt nicht verstand. »Der Mann ist glücklich mit seiner Eisenbahn, aber nicht mit seinem Leben.« Erst viel später wurde mir klar, was damit gemeint war. Der Mann war wohl glücklich in den Momenten, die er seiner großen Liebe, der Modelleisenbahn, widmen konnte. Doch hatte er auch Lebensfreude?

Es gibt in der Tat einen Unterschied: Lebensfreude muss stabil sein, den Stürmen des Alltags trotzen können. Sie ist auf Dauer angelegt, nicht auf den Moment bezogen wie das Glück. Durch ihre robuste Ausdauer bildet die Lebensfreude eine wichtige Grundlage des Lebens, unserer Lebensgestaltung, so wie ein Fundament der Stabilität des Hauses dient. Lebensfreude ist eine wichtige Form der Resilienz, also unserer Fähigkeit, mit Herausforderungen, Schocks und Veränderungen umgehen zu können. Denn

auf sie können wir uns verlassen, auf sie können wir bauen
– wenn wir sie denn haben.

Momente des Glücks

Das Glück passiert. Kann man Glück planen, herbeiführen?
Teilweise ja, wenn wir unser Glück mit dem Erreichen von
geplanten Zielen verbinden. Aber die schönsten Glücksmomente sind die Erlebnisse, die uns einfach überraschen, in
denen sich uns das Leben wieder einmal von seiner unbere-
chenbaren, aber zauberhaften Seite zeigt. Diese Momente
des Glücks sind tiefe Erfahrungen, und manche brennen
sich für immer in unser Herz ein, zum Glück.

Einen solchen Moment durfte ich im Dezember 2002 auf
dem Frankfurter Weihnachtsmarkt erleben. Mein Sohn und
ich waren nach Frankfurt gefahren, um einige Dinge zu erledigen. Damals, in dieser für mich so dunklen Zeit, in der
ich am Rande des Suizids lebte, wollte ich nicht unter Menschen sein, und daher widersetzte ich mich anfänglich seinem Wunsch, auf den Weihnachtsmarkt zu gehen. Doch er
quengelte so lange, bis ich dann doch nachgab und Ja zu einem Besuch auf dem Römer sagte. Der Platz war vollgepackt mit Menschen, es roch nach Glühwein, Lebkuchen
und Bratwurst. Die Menschen waren glücklich, scherzten
miteinander und genossen den schönen Winternachmittag.
Mein Sohn nahm mich an die Hand und begann, mich über
den Markt zu ziehen. Ich trottete wie ein widerwilliger
Zombie hinter ihm her und wollte eigentlich nur nach
Hause, um mich in meinem Zimmer zu verstecken. Er aber
war auf der Suche und fand schnell sein Ziel, das große Karussell. Es war ein schönes, altes Fahrgeschäft, das mit lau-
tem Spiel seine Kreise drehte. Seine Augen glänzten, und
ich kaufte ihm drei Fahrchips. Stolz kletterte er auf ein gro-

ßes Pferd, eine Hand am Zügel, in der anderen hielt er die beiden übrigen Chips fest umschlossen. Das Karussell begann sich zu drehen. Ich stand an der Seite und konnte alles gut beobachten. Anfänglich war ihm noch etwas mulmig zumute, doch nach der zweiten Fahrt war er Feuer und Flamme. Als seine Chips aufgebraucht waren, kam er zu mir gelaufen und bat mich, ihm weitere Chips zu kaufen. »Papa, ich will noch ganz viel fahren«, sagte er mit atemloser Stimme. Ich aber hatte in meiner tiefen Traurigkeit überhaupt keine Lust mehr auf den Weihnachtsmarkt und fühlte mich eher abgestoßen von der fröhlichen Stimmung auf dem Römer. Doch er ließ nicht locker. Schließlich dachte ich, dass ich ihn austricksen könnte. Ich gab ihm das passende Fahrgeld für sechs weitere Fahrten und sagte: »Hier ist das Geld, aber die Chips musst du schon alleine kaufen.« Ich hoffte, dass er davor zurückscheuen würde und dass wir endlich den Heimweg antreten könnten.

Er schaute mich enttäuscht an, aber mir ging es damals so mies, dass dieser Blick an mir innerlich vorbeiging. Als ihm klar wurde, dass er mich nicht würde umstimmen können, nahm er seinen ganzen Mut zusammen und stellte sich in die Kassenschlange. Nach einiger Zeit kam er stolz mit den neuen Chips zurück und rief: »Jetzt kann ich fahren!« Ich stand immer noch wie ein alter Miesepeter an der Seite, ein Mensch, der weder sich selbst noch die Welt leiden konnte. Inzwischen hatte die nächste Karussellfahrt begonnen. Jetzt war alles anders, denn der Kleine hatte keine Angst mehr und war zudem voller Stolz, dass er die Chips selbst gekauft hatte. Laut juchzend saß er auf »seinem« Pferd und genoss die wilde Fahrt. Sein Gesicht war vor Glück ganz verzückt, und er winkte mir begeistert zu. Plötzlich verspürte ich einen Stich in meinem Herzen, und ein warmes Gefühl lief mir erst den Rücken hinunter, um sich dann in mir breitzumachen. Sein Glück steckte mich an. Ich fing an zu lächeln, winkte zurück und begann, die Welt um mich herum zu vergessen. Wir winkten uns die ganze Zeit zu. Immer wieder fuhr er an mir vorbei, laut juchzend. Fahrt um Fahrt drehte sich das Karussell – und wir uns auch in unserer kleinen Welt.

Nach einigen Runden hatte ich Zeit und Raum vergessen. Es war, als ob wir beide alleine auf dem großen Platz wären, als ob es außer uns beiden nichts anderes mehr auf dieser Welt gäbe. Ich rief laut zurück, und es entstand eine ganz besondere Situation, pures Glück. Mir liefen die Tränen herunter, und ich konnte es nicht fassen: Da war ja noch Leben in mir, da gab es noch Freude. Da stand ich nun mitten auf dem Frankfurter Weihnachtsmarkt und weinte vor Glück. Ich spürte neues Leben in mir, ein Gefühl, das ich fast schon vergessen hatte.

Als wir den Weihnachtsmarkt verließen, durchzuckte mich noch ein anderer Gedanke: »Was bist du doch nur für ein Idiot, was für ein A ...« Ich konnte es nicht fassen, dass ich solche Anstalten wegen der paar Fahrchips gemacht hatte. Das war nicht der Walter, den ich kannte, das war nicht der Walter, der ich sein wollte. Ich schämte mich. Schließlich hielt ich inne und entschuldigte mich bei meinem Sohn für mein Verhalten. Der nahm das alles sehr locker und sagte nur: »Das hat aber ganz toll Spaß gemacht.« Ich beneidete ihn um seine Unbeschwertheit und spürte, wie wieder einmal das Glück unerwartet und auf leisen Sohlen zu mir gekommen war.

Eine der mächtigsten Triebfedern

Von Antoine de Saint-Exupéry stammt der Satz: »Wenn du ein Schiff bauen willst, so trommle nicht Männer zusammen, um Holz zu beschaffen, Werkzeuge vorzubereiten, Aufgaben zu vergeben und die Arbeit einzuteilen, sondern lehre die Männer die Sehnsucht nach dem weiten, endlosen Meer.« Das ist eines meiner Lieblingszitate.

Sehnsucht ist eine der mächtigsten Triebfedern für unser Handeln. Unerfüllte Sehnsucht kann uns im wahrsten Sinne des Wortes verzehren, uns die Kraft rauben. Für mich sind Sehnsüchte wie Kompassnadeln. Sie zeigen uns auf, was in uns noch fehlt, was nach Vervollständigung schreit, sie weisen uns die Richtung, in die unser Leben, unser Tun sich orientieren soll.

In meinem Leben spielt Sehnsucht eine sehr wichtige Rolle. Lange Jahre habe ich mich nach innerem Frieden gesehnt, nach einer neuen Weise des Umgangs mit den alten Erlebnissen und den Rahmenbedingungen meines Lebens, meiner Herkunft. Diese Sehnsucht führte mich ins Ausland und eröffnete mir eine neue Welt. Paradoxerweise führte mich die gleiche Sehnsucht auch in eine unglückliche erste Ehe. Erst sehr spät habe ich erkannt, dass die Antworten in mir liegen und dass ich alle Freiheit – und Verantwortung – habe, diese Antworten auch aktiv zu leben.

Auch in meiner beruflichen Arbeit spielt Sehnsucht inzwischen eine große Rolle. Wenn Menschen mich um eine Begleitung oder ein Coaching bitten, dann gilt eine meiner ersten Fragen ihrer Sehnsucht: »Was ist Ihre Sehnsucht?« Diese Frage verändert sofort das Gespräch. Nachdenklichkeit, Unsicherheit, aber auch eine plötzliche Konzentration auf Wesentliches sind regelmäßig das Ergebnis. Ich nutze diese Kraft der Sehnsucht, um zum Kern des Anliegens vorzudringen, um meinen Gesprächspartner besser verstehen zu können. Auch während des Prozesses der Begleitung und am Ende eines Coachings ist der Blick auf das Thema Sehnsucht hilfreich. Meine Fragen lauten dann: »Folgen wir noch Ihrer Sehnsucht?« oder: »Konnten wir Ihrer Sehnsucht näherkommen?« Immer wieder hilft uns die Sehnsucht als untrügliche Kompassnadel des Herzens.

Walter Kohl

Wege zur inneren Ruhe

Innere Unruhe entsteht nicht nur in der Situation äußerer Hektik oder Anspannung. Sie entsteht auch in Momenten der Unsicherheit, der Angst, des Hin- und Hergerissenseins, der eigenen Unklarheit. Innere Unruhe wird häufig durch die Vorstellungskraft unseres Kopfkinos befeuert, besonders wenn wir eine Krise »zu Ende denken« und dabei unsere Gefühle und die erwarteten Ereignisse einfach linear fortschreiben. Dann hat die bisher vielleicht noch kleine Krise die »Chance«, sich in unserer Vorstellung zu einer veritablen Katastrophe zu entwickeln.

Am besten komme ich zur inneren Ruhe in der Stille, im Gebet oder in der Gegenwart eines geliebten Menschen: alles Orte bzw. Situationen der Geborgenheit, der Sicherheit, der Liebe, der Kraft. Sie bilden das perfekte Gegenmittel zu meiner Unruhe und Unklarheit, denn sie schenken Stabilität, Klarheit und Kraft.

In Momenten innerer Unruhe muss ich mir neu begegnen und zunächst einmal akzeptieren, dass ich überhaupt unruhig bin. Ich muss erst einmal verstehen: Welcher Anteil der Situation speist sich aus objektiven Problemen, aus Fakten? Und welcher Anteil meiner Sorge ist das Ergebnis meiner Vorstellungskraft? Diese Trennung ist manchmal sehr schwer, besonders dann, wenn uns eine tiefe emotionale Unruhe ergreift, wenn wir etwa Angst um einen geliebten Menschen haben. Deshalb versuche ich in solchen Fällen, soweit es mir möglich ist, aus der Situation herauszutreten, inneren Abstand zu gewinnen und die Fakten und Emotionen getrennt zu benennen. Dabei hilft mir ein einfaches Mittel: Ich zeichne die Situation, die beteiligten Menschen und die mit der Situation verbundenen Inhalte auf ein großes Blatt Papier. Dann kann ich die Situation quasi von außen, als Beobachter, betrachten und somit viel inneren Abstand gewinnen.

So wird der Weg zum Ziel

Ich glaube, dass wir die Gestalter unseres Lebens sind, ob wir es wollen oder nicht. Unser Leben entwickelt sich nicht von allein. Ab einem gewissen Punkt werden entweder wir selbst oder eben die anderen bzw. die Umstände unser Leben gestalten. So oder so, wir haben nur eine Wahl: Nehme ich die Dinge selbst in die Hand, oder überlasse ich die Entscheidungen anderen?

Natürlich gibt es im Leben keine Glücksgarantie. Aber schließlich: Was heißt unglückliches Leben? Jeder wird wohl ganz unterschiedliche Antworten auf diese Frage finden. Für mich persönlich habe ich entschieden, dass ein glückliches Leben ein weitgehend eigenbestimmtes Leben ist – ein Leben also, in dem ich selbst die Entscheidungen mit Eigenverantwortung und innerer Freiheit treffe. Deshalb halte ich es für richtig, sich nicht unnötig den Kopf zu zerbrechen, sondern das eigene Leben beherzt in die Hand zu nehmen. So wird der Weg zum Ziel. Viel mehr können wir meiner Meinung nach nicht vom Leben verlangen.

14

~

Vom Haben zum Sein

Gefährlich wird das Habenwollen, wenn damit eine innere Leere ausgefüllt wird. Dann werde ich nie fertig mit dem Habenwollen. Es ist ein Fass ohne Boden.   ANSELM GRÜN

Von woher definieren wir uns?

Erich Fromm, der Psychoanalytiker, der die Psychologie Sigmund Freuds durch eine spirituelle Dimension erweitert hat, hat in seinem Buch *Die Kunst zu lieben* die Unterscheidung zwischen Haben und Sein verwendet. Und schon vor ihm hat der katholische französische Philosoph Gabriel Marcel von dieser Alternative gesprochen. Auf der einen Seite stehen die Menschen, die sich von ihrem reinen Sein her definieren. Sie sind einfach, sie sind authentisch. Sie müssen sich nicht beweisen. Sie stellen etwas dar, ohne dass sie um sich selbst kreisen müssen. Und es gibt Menschen, die sich vom Haben her definieren, von ihrem Haus, vom Auto, vom Bankkonto, von all den Dingen her, die sie besitzen. Sie müssen viel haben, weil sie ohne Haben nichts sind. Da ist das Sein schwach ausgeprägt. Und die Schwäche des Seins muss kompensiert werden durch immer mehr Haben.

Das Habenwollen gehört wesentlich zum Menschen. Die frühen Mönche unterscheiden ja die drei Grundtriebe, ohne die der Mensch gar nicht leben kann: Essen, Sexualität und Besitzstreben. Alle Triebe wollen uns letztlich zum Leben antreiben. Das Essen treibt uns zum Genießen, die Sexualität dazu, in der Ekstase der Liebe sich selbst zu vergessen. Und das Besitzstreben hat als Ziel, dass der Mensch Ruhe findet. Wenn ich immer zu wenig habe, muss ich mich ständig sorgen. Doch alle Triebe können auch umschlagen in eine Sucht. Es gibt die Ess-Sucht, die sich entweder im Zu-viel-Essen oder im Zu-wenig-Essen zeigt. Eine Form dieses Zu-viel-Essens ist die Bulimie, bei der man alles, was man zuvor gegessen hat, wieder ausspuckt. Und es gibt die Magersucht, bei der sich vor allem junge Frauen aus Angst vor dem Zuviel so kontrollieren wollen, dass sie das Essen auf ein Minimum reduzieren und sich damit selbst schaden. Es gibt auch die Sex-Sucht, bei der man von einer Partnerin zur anderen geht, weil man seine Sucht nicht zügeln kann. Und es gibt die Habsucht. Es kann zur Sucht werden, immer mehr zu kaufen, immer mehr zu besitzen. Der 1. Timotheusbrief (6,10) nennt die Habgier die Wurzel alles Bösen. Und die Buddhisten unterstützen seine Sichtweise. Für sie ist die Gier die Wurzel allen Leids.

Die Bibel hat alle drei Triebe als spirituelle Antriebe verstanden. Was wir im Essen erwarten, das wird in der heiligen Mahlzeit, in der Eucharistie, vollendet. Die Sexualität mündet in die Mystik, die ja immer in einer erotischen Sprache beschrieben wird. Und Jesus verwandelt die Habsucht in die Suche nach dem inneren Reichtum der Seele, nach dem Schatz im Acker, nach der kostbaren Perle, nach dem Schatz im Himmel, der nicht von Motten zerfressen oder von Dieben geraubt wird. Offensichtlich braucht der Mensch diese drei Antriebe. Aber wir sind immer auch in Gefahr, uns von den Trieben beherrschen oder in eine Sucht hineinziehen zu lassen.

Gefährlich wird das Habenwollen, wenn damit eine innere Leere ausgefüllt wird. Dann werde ich nie fertig mit dem Habenwollen. Es ist ein Fass ohne Boden. Ich kann noch so viel in die innere Leere hineinschütten – sie wird nie erfüllt werden. Und das Habenwollen kann dann auch brutal werden. Weil ich immer mehr haben will, muss ich es anderen nehmen, muss andere unterdrücken, nur um meine Wünsche erfüllen zu können. Wer die innere Leere mit Besitz zudecken will, der schneidet sich auch von seinem eigenen Herzen ab. Ich kenne Menschen, die nur auf immer mehr Geld aus sind. Mit ihnen kann man nicht normal sprechen. Sie kennen nur Geld und Macht. Aber an ihr Herz kommt man nicht heran. So kann keine Begegnung stattfinden. Die Beziehung zu solchen Menschen wird unangenehm. Man spürt, dass diese Menschen innerlich verarmt sind. Sie kennen nur noch den Erfolg und den Besitz, aber von ihrem Herzen sind sie abgeschnitten. Da spürt man, dass die Warnung vor dem reinen Habenwollen kein moralisierendes Belehren ist und nicht neidische Mahnung derer, die nichts haben, sondern Weisheitslehre, wie sie alle Weisen dieser Welt, von Platon über Seneca und Marc Aurel bis zu vielen Philosophen der Neuzeit, den Menschen immer wieder nahegebracht haben.

Aussteigen aus dem Hamsterrad

Die frühen Mönche sind im 4. Jahrhundert einfach aus dem Hamsterrad des Immer-mehr-Haben-Wollens ausgestiegen und haben einen Gegenentwurf gelebt: den Entwurf des Nichts-Habens, den Entwurf des reinen Seins. Sie haben probiert, wie sie anders leben können, wie sie gerade durch Enthaltsamkeit reich werden können. Und wir Mönche versuchen heute noch, diesen Gegenentwurf zu leben. Wir Benediktiner haben nicht die Armut auf unsere Fahnen geschrieben, sondern die Gütergemeinschaft und die Einfachheit und Sparsamkeit. Das Habenwollen führt immer auch zur Isolierung: Ich will für mich allein haben. Ich will es nicht mit anderen teilen. Dagegen setzt Benedikt auf das Ideal der Urkirche: »Die Gemeinde der Gläubigen war ein Herz und eine Seele. Keiner nannte etwas von dem, was er hatte, sein Eigentum, sondern sie hatten alles gemeinsam« (Apg 4,32). Doch das Ideal, das Benedikt aus der Apostelgeschichte entlehnt hat, führte dann im Laufe der Zeit zum Reichtum der klösterlichen Gemeinschaften. Benedikt hatte die Mönche immer ermahnt, ihre Güter auch mit den Armen zu teilen. Aber das Habenwollen kann sich auch in eine Gemeinschaft einschleichen. Dann ist man stolz auf seinen Besitz. Und man verschließt sich vor der Not der anderen.

In diese kirchengeschichtliche Situation hinein ist Franziskus aufgetreten mit seinem radikalen Ruf nach Armut. Er spricht von seiner »Braut Armut«. Die Armut macht ihn frei. Im Italien des 13. Jahrhunderts, in dem sich eine Schicht von Reichen herausgebildet hatte, setzte Franziskus auf die Armut. Die Minderbrüder, wie er die Brüder nennt, die sich ihm anschließen, sollen nichts besitzen. Sie sollen auch keinen gemeinsamen Besitz haben. Sie sollen ausschließlich von den Gaben der Menschen leben. Doch auch dieses Angewiesensein auf die Gaben anderer kann verfälscht werden. Es gab dann Gemeinschaften, die es sich auf Kosten anderer gut gehen ließen. Ein Blick in die Kirchengeschichte zeigt, wie jede Bewegung, die das Habenwollen eingrenzen wollte, immer wieder an ihre Grenze kam. Denn in jede Bewegung schlich sich immer wieder der Urtrieb ein, besitzen zu wollen. So ist der Ruf des hl. Franziskus ein dauernder Mahnruf an die Kirche, an die Ordensgemeinschaften und an die einzelnen Christen, sich vom Habenwollen zu distanzieren und sich dem Sein zuzuwenden. Papst Franziskus erhebt diesen Ruf heute neu für unsere Zeit. Er möchte eine Kirche, die sich der Armen annimmt. Natürlich brauche ich auch Geld, um mich der Armen anzunehmen. Radikale Armut ist sicher nicht das Ideal Jesu gewesen. Denn Jesus konnte auch mit den Zöllnern und Sündern feiern. Er war nicht der typische Asket. Aber gerade in dem Evangelium, das Lukas an den griechischen Mittelstand gerichtet hat, fordert Jesus seine Jünger immer wieder auf, nicht am Besitz zu hängen, sondern die Güter mit den Armen zu teilen.

Mit Geld umgehen

Ich war 36 Jahre lang als Cellerar für die Finanzen des Klosters zuständig. Da musste ich mit Geld umgehen. Es war meine Verantwortung, die Abtei auf eine solide finanzielle Basis zu stellen. Denn wenn wir radikale Armut leben, dann bekommen die Lehrer in der Schule auf einmal Existenzängste, ob die Schule überhaupt weitergehen kann. Die 300 Angestellten würden in ständiger Sorge leben, ob ihr Arbeitsplatz bei uns auf Dauer sicher ist. Aber mir war immer wichtig, dass ich keinen Reichtum ansammle, sondern dass die Abtei auch in Zukunft gut weiterleben kann. Und dazu ist eben eine solide Basis wichtig. Ich habe meinen Mitbrüdern immer auch die Maxime der Betriebswirtschaft gepredigt: »Investition ist Konsumverzicht«. Wir investieren in die Ökologie, um in Zukunft gut leben zu können. Aber Investition bedeutet immer auch, dass wir kürzertreten, dass wir nicht alle unsere Bedürfnisse erfüllen können. Und ich habe in diesen 36 Jahren erfahren, dass es gar nicht so einfach ist, die Bedürfnisse einer Gemeinschaft immer wieder auf ein vertretbares Maß zu reduzieren. Die Tendenz, sich etwas zu leisten, wenn man etwas hat, ist in jeder Gemeinschaft gegeben. Aber ich habe auch Gemeinschaften erlebt, die nicht für die Zukunft vorgesorgt haben und auf einmal nicht nur in eine wirtschaftliche, sondern auch in eine spirituelle Krise gerieten. Denn sie waren in ihrer Spiritualität blind für die Realitäten dieser Welt. Auch eine Kirche braucht Geld, um ihre seelsorglichen und sozialen Dienste für die Menschen leisten zu können. Und auch die Investitionen, die im Laufe der Kirchengeschichte in schöne Kirchen geflossen sind, haben ihre Berechtigung. Die Welt wäre ärmer, wenn es die schönen Kirchen nicht gäbe. Die Schönheit ist eine Spur Gottes in der Welt. Und in einer schönen Kirche können wir Gott intensiver erfahren als in einem hässlichen Bauwerk.

Rechtes Maß und rechte Mitte

Für Benedikt geht es immer um das rechte Maß. Und für mich bedeutet Maß immer die Mitte zwischen Luxus auf der einen Seite und Formlosigkeit auf der anderen Seite. Es gibt auch eine Hässlichkeit der Städte, die der Seele nicht guttut. Aber Schönheit hat für mich immer mit Einfachheit zu tun. Was zu prunkvoll ist, erscheint mir leicht als Machtdemonstration. Man gibt an mit aufwendigen Bauten. Die Kultur, die die Benediktinerklöster in den letzten 1500 Jahren geschaffen haben, baut auf dem rechten Maß auf. Und das ist das Maß der Einfachheit und Sparsamkeit. Sparsamkeit ist nicht Geiz. Es gibt ja auch die Geizigen, die sich nichts gönnen, die sich auch keine Schönheit gönnen, sondern ihr ganzes Geld immer nur anhäufen, weil sie ihre Gier nie stillen können. Gier und Geiz hängen eng zusammen.

Bei meinen Seminaren und in der Arbeit mit den Firmen begegne ich verschiedenen Weisen, mit Haben und Sein umzugehen. Da erlebe ich manchmal Menschen, die nicht genug bekommen können. Mit ihnen kann ich mich normalerweise kaum länger unterhalten. Ich spüre, dass das Gespräch leer und oberflächlich wird. Dann gibt es Menschen, die gut verdienen, aber zugleich spüren, dass das Geld nicht alles ist. Sie sind unzufrieden und suchen nach einem Weg, sich auch für andere Menschen zu engagieren. Es ist ihnen nicht genug, ihren Kindern viel Geld zu vererben. Denn manchmal erleben sie, dass ihre Kinder nicht verantwortlich umgehen mit dem, was ihre Eltern sich mühsam erworben haben. Dann erlebe ich andere Menschen, die ein schlechtes Gewissen haben, dass sie Geld besitzen. Sie meinen, sie müssten alles an die Armen weggeben. Doch manchmal sind diese Menschen unfähig, das, was sie haben, zu genießen. Sie haben immer ein schlechtes Gewissen, wenn sie sich etwas gönnen. Doch das ist sicher nicht die Haltung Jesu. Jesus fordert uns im Lukasevangelium auf, unseren Besitz mit den Armen zu teilen. Aber bei der Salbung in Betanien, als Maria ein Pfund kostbares Nardenöl dafür verschwendete, um Jesus die Füße zu salben, wies Jesus den Vorwurf des Judas zurück. Judas war unwillig. Er sagte: »Warum hat man dieses Öl nicht für dreihundert Denare verkauft und den Erlös den Armen gegeben?« (Joh 12,5). Jesus antwortete ihm: »Lass sie, damit sie es für den Tag meines Begräbnisses tue. Die Armen habt ihr immer bei euch, mich aber habt ihr nicht immer bei euch« (Joh 12,7f.). Es gibt Situationen, in denen die Liebe verschwenderisch sein darf. Die Liebe verträgt sich nicht mit dem Geiz, aber auch nicht mit der Gier.

Es ist gut, wenn Menschen wachsam sind, wenn sie das Gespür haben: Ja, eigentlich müsste ich mein Geld teilen. Aber es hilft dann nicht, schnell mal etwas für die Armen in Afrika zu spenden. Es wäre dann auch unsere Verantwortung, gut mit unserem Geld umzugehen und es dort einzusetzen, wo es den Armen wirklich hilft. Dann ist es nicht Beruhigung des schlechten Gewissens, sondern eine tatkräftige Hilfe, die aus der Liebe kommt. Und diese Hilfe gilt immer konkreten Menschen. Wenn ich in Beziehung bin zu den Menschen, dann kann ich mit ihnen nicht nur meine Zeit, sondern auch mein Geld teilen. Beziehungsloses Geben beruhigt nur das Gewissen. Aber es ist nicht das, was Jesus von uns verlangt.

> *Durch die Auseinandersetzung mit unserer Gier begegnen wir uns selbst, lernen wir auch mit gewissen Schattenseiten unserer Persönlichkeit umzugehen.* WALTER KOHL

Habenwollen – ein Grundbedürfnis?

Wenn man kleine Kinder beim Spielen im Sandkasten beobachtet, dann kann dies schnell zu einer Lehrstunde im Fach »Habenwollen« werden. Anfangs herrscht noch friedliche Idylle, doch irgendwann kommt der Punkt, an dem ein Kind etwas haben will, das vermeintlich einem anderen Kind gehört. Kleine Kinder sind dann gerne sehr direkt und nehmen sich einfach, was sie haben wollen, zum Beispiel die schöne blaue Schaufel. Kurz darauf läuft der typische »Habenwollen«-Film ab: »Er hat meine blaue Schaufel weggenommen, das ist gemein.« – »Ich will aber die blaue Schaufel haben.« – »Nein, das ist meine blaue Schaufel, die gebe ich dir nicht.« Und schon ist der Streit da. Mit den Jahren werden aus den Kindern Leute. Die Grunddynamik bleibt, das gleiche »Habenwollen«-Spiel geht weiter, nur die Inhalte entwickeln sich fort. Dann geht es nicht mehr um die blaue Schaufel, sondern um große Dinge, vielleicht sogar um sehr große Dinge wie Macht, um Krieg und Frieden.

Was ist Gier? Gier ist Ausdruck eines maßlosen Verlangens, der Sucht nach Habenwollen, egal, was dies für andere Menschen oder die Natur bedeutet. In Momenten der Gier werden die eigenen Bedürfnisse ohne Rücksicht auf die Belange der Umwelt oder des Umfeldes radikal verwirklicht. In Momenten der Gier erhöhen wir uns über andere Menschen und diktieren, was zu geschehen hat. Gier wird dann schnell zu Gewalt, zu einem Ausüben unserer unreflektierten Gelüste auf Kosten anderer. Und am Ende ist Gier in ihrer Unersättlichkeit egoistisch und verantwortungslos.

Menschen wollen beides: haben dürfen und sein können. Sie sind materielle und spirituelle Wesen zugleich. In diesem Spannungsfeld liegt die Problematik zwischen Haben und Sein. Wie viel Haben ist richtig, wie viel Sein kann oder soll sein? In dieser Abwägung liegt eine wesentliche Chance für unsere eigene Lebensgestaltung. Es ist wie bei einer Schieblehre, die wir immer wieder neu in Bezug auf unsere jeweiligen Lebensumstände einstellen müssen: An welchem Punkt herrscht das für uns und unsere Umwelt optimale Gleichgewicht? So wie jede Zeit ihre eigenen Antworten hat, so verlangt auch jeder Lebensabschnitt von uns eine bewusste Entscheidung, ein aktives Einstellen dieser Schieb-

Vom Haben zum Sein

lehre, ein bewusstes Justieren unserer Werte zwischen Haben und Sein.

Gier ist ein extremer Ausdruck von »Habenwollen« – oder noch schlimmer eines Gefühls des »Habenmüssens«. Gier oder vielleicht besser Habgier bezieht sich immer auf einen Mangel, den wir in einem bestimmten Moment verspüren. Dabei muss der Mangel überhaupt nicht real sein. Man kann dieses Phänomen gut in unserer heutigen Konsumkultur beobachten. Da bringt ein Hersteller ein neues Handy heraus und schon werden die Geschäfte gestürmt, da viele Leute sich nicht vorstellen können, ohne ein solches Telefon weiter existieren zu können. Die gleichen Leute, die noch ein Jahr vorher gar nicht ahnten, dass es dieses tolle neue Handy geben würde und dass sie dann unter einem solchen Handy-Mangel leiden würden, stürzen sich nun gierig auf das neue Produkt. Manchmal wird dieser Hype dann zu einem »Habenmüssen« um fast jeden Preis. Und manche dieser Produkteinführungen haben dank der Cleverness der Marketingabteilungen schon fast sakralen Charakter erreicht.

Das Begehren und die Gier

Gier hat viele Seiten, nicht nur negative. Sie ist eine mächtige Triebfeder menschlichen Schaffens in Form der Neugier. Wissenschaft und technischer Fortschritt wären ohne diese Gier nach Neuem, eben die Neu-Gier, nicht denkbar. Dieser Fortschritt hat uns viel Gutes gebracht, aber auch manche Belastung. Heute allerdings steht die Menschheit an einem Punkt, an dem wir manchmal an die Grenzen der Neugier stoßen. Ein Mehr an Wissen und Technik wird dann zur Gefahr. Manche Technologien mutieren gar, wenn sie zu Waffen werden, zu einer Bedrohung unserer Welt.

Gerade in Feldern wie Gentechnik und Atomkraft sollten wir auch prüfen, ob es sinnvoll ist, noch einmal den nächsten Schritt zu gehen. Hier gilt es zwischen der Suche nach neuem und der Gier nach Macht durch Fortschritt und Technologie abzuwägen. Gerade wenn das technisch Machbare und das ethisch Vertretbare miteinander kollidieren, sollten die Alarmglocken schrillen. Denn dann wird Neugier missbraucht und zur Gier der Interessen degradiert.

Kaum ein anderer Faktor hat die Geschichte mehr geformt als die Gier nach Macht und Geld. Unzählige Kriege wurden, verbrämt mit moralischen Motiven und den sogenannten »besten Absichten«, in Wahrheit aus blanker Gier geführt. Ob es die Eroberungszüge eines Alexander oder Cäsar, Religionskriege wie der Dreißigjährige Krieg, Bismarcks Einigungskriege oder die Rassenkriege der Nazis waren, immer war die Gier nach Geld, nach möglichst unumschränkter Macht das wichtigste wahre Motiv.

Sollte man die Gier nicht besser einfach verteufeln? Schließlich ist sie eine der sieben Todsünden im Christentum und für Buddha die Urquelle menschlichen Leids. Aber können wir es uns so einfach machen? Ich glaube nicht. Die Wahrheit ist: Ein gewisser Anteil Gier steckt wohl in jedem Menschen. Sie ist untrennbar mit unserer menschlichen Existenz verbunden. Als Menschen sind wir vieles, aber eben auch gierig, genauso wie wir auch liebenswert, fröhlich, traurig oder brutal sein können. Ich denke, dass die Gier an sich nicht das Problem ist, sondern dass vielmehr unser Umgang mit der Gier die wahre Herausforderung darstellt. Vielleicht sollten wir uns weniger über die Gier an sich erregen, sondern unsere Kräfte auf einen verantwortungsbewussten Umgang mit Gier konzentrieren. Gier ist als Energie, als Potenzial in uns angelegt, und wir sind gefordert, mit diesem Potenzial so umzugehen, dass wir persönlich auch öffentlich dazu Rechenschaft ablegen können. Durch die Auseinandersetzung mit unserer Gier begegnen wir uns selbst und lernen wir auch mit gewissen Schattenseiten unserer Persönlichkeit umzugehen.

Wie können wir mit der Gier umgehen? Sicher nicht, indem wir ihr nur nachgeben. Das ist wie mit dem Trinken von Salzwasser. Wasser löscht Durst, befriedigt also ein menschliches Grundbedürfnis. Wenn wir aber Salzwasser in Form von Meerwasser trinken, geht das nicht. Schlimmer noch, wir verdursten geradezu durch das Trinken des Meerwassers. Meerwasser enthält einen Massenanteil von etwa 3,5 % Salz. Süßwasser, also unser normales Trinkwasser, enthält hingegen so gut wie kein Salz, seine Salinität liegt unter 0,1 %. Ein Vergleich der beiden Wasserarten zeigt, dass ein nur kleiner Anteil von etwa 3,5 % die Qualität, Genießbarkeit und Nutzbarkeit von Wasser völlig verändert. Auch wenn Meerwasser und Süßwasser zu mehr als 95 % identisch sind, verändern doch diese 3,5 % Salzmassenanteil alles.

Dieses Beispiel zeigt, wie ein kleiner Anteil eine große Wirkung haben kann. Genauso empfinde ich den Unterschied zwischen Bedürfnis und Gier. Beide verbindet eine breite gemeinsame Basis. Doch der kleine Anteil der Unstillbarkeit macht die Gier zu Gift und zur Quelle für unsägliches menschliches Leid. Aus Wasser wird Salzwasser. Wo sonst trifft der alte Satz des Paracelsus »Die Dosis macht das Gift« besser zu als beim Thema Gier?

Gier und Begehren können uns bis zu einem gewissen Punkt Antrieb sein. Jenseits dieses Punkts werden sie zu Gift in unserem Leben. Wir leben in einer Wettbewerbsgesellschaft, in der wir uns behaupten müssen. Es ist legitim, die eigenen Interessen zu vertreten und auch dafür zu kämpfen. Doch wie und in welchem Maß? Das ist meiner Meinung nach die entscheidende Frage. Es ist unsinnig, Gier und Begierden einseitig zu verteufeln oder mit moralischen Knüppeln totschlagen zu wollen. Vielmehr sind wir aufgerufen, diese Triebe in uns anzunehmen und so in unser Leben zu integrieren, dass sie nützen und nicht schaden. Unsere Begierde nach Liebe und Anerkennung kann eine starke Kraft für gute Werke sein, sie darf sich aber nicht zu egozentrischem Verhalten steigern, das keine Rücksicht mehr auf andere und anderes nimmt.

Die ehrliche und konstruktive Auseinandersetzung mit der eigenen Gier ist eine der besten und nachhaltigsten Schulen des Lebens. Nur durch eine Klärung unseres eigenen Umgangs mit der Gier können wir den Reichtum des Einfachen für uns entdecken und wertschätzen. Die nachhaltigste Antwort auf Gier liegt darin, dass wir uns selber annehmen – so, wie wir sind. Wenn wir Ja sagen können zu uns selbst, mit unseren Stärken und Schwächen, dann entziehen wir der Gier den Boden.

15

~

Von Schicksalsschlägen

*»Trotzdem Ja sagen zum Leben« – welch ein irrer
Gedanke an einem schwarzen Tag wie diesem…*
WALTER KOHL

Brüche in unserem Leben

Schicksalsschläge kommen unerwartet und treffen uns un-
vorbereitet. Plötzlich passiert etwas und alles ist anders. Die
Erfahrung prägt uns für immer, das Leben hat seinen Lauf
verändert. Wenn das Schicksal zuschlägt, dann wird es
meistens hart, oft brutal und immer schmerzhaft. In meinem Leben gab es einige solcher Einbrüche, Situationen, die
ich mir noch kurz zuvor nicht in meinen kühnsten Träumen ausgemalt hätte, beispielsweise die CDU-Parteispendenaffäre oder der Suizid meiner Mutter.

In beiden Fällen fühlte ich mich aus meiner bisherigen
Lebensbahn geworfen. Besonders die Brutalität der media-

len Berichterstattung und die damit verbundene persönliche Entwürdigung während der Parteispendenaffäre raubte mir zeitweise alle Kraft. Ich reagierte mit Hilflosigkeit und dem Gefühl der Überforderung. Mein Lebensmut schien verloren zu gehen, alles wurde schwer. Selbst vermeintliche Kleinigkeiten des Alltages wurden zur Herausforderung. Ich fühlte mich als ein schwer Verwundeter, der sich von einem Punkt zum nächsten schleppt und der zugleich seltsam distanziert von sich selbst ist. Es war, als ob ich mir einen schlechten Kinofilm ansehen müsste, in dem ich ungewollt mitspielen musste. Die Folge: Ein hohes Maß an innerem Desinteresse an meinem eigenen Schicksal und große innere Entfremdung, die sich in mir breitmachten.

Wenn Schicksalsschläge zudem noch durch einen weitgehenden Verlust des sozialen Umfeldes verschärft werden, wird es noch schwieriger. Im Fall der Parteispendenaffäre wurde unsere ganze Familie in den Skandal mit hineingezogen, obwohl weder meine Mutter noch mein Bruder noch ich selbst das Geringste mit den Vorkommnissen zu tun hatten. Wir hatten einfach das Pech, zur falschen Zeit am falschen Ort zu sein. In der Militärsprache der NATO heißt so etwas Kollateralschaden. Wenn ich meine Erfahrung damals beschreiben soll: Ich empfand maximale Ungerechtigkeit. Mein Recht auf eine eigene Persönlichkeit und Würde war weitestgehend entwertet.

Durch die Parteispendenaffäre wurde ich für viele Menschen zu einem quasi Aussätzigen, zu einer Nichtperson. Selbst vermeintlich enge Freunde wie mein Trauzeuge aus meiner ersten Ehe wollten nichts mehr mit mir zu tun haben. Etwa neunzig Prozent meiner Bekannten strichen meinen Namen aus ihrem Telefonbuch. Mich zu kennen, mit mir in Zusammenhang gebracht zu werden, wurde als peinlich und als Belastung empfunden. Dass ich an allen inkriminierten Vorgängen völlig unbeteiligt war, dass ich keine

Minute meines Lebens CDU-Mitglied gewesen war, ja dass ich selber von der Entwicklung völlig überrascht worden war, all dies interessierte offensichtlich nicht. Ich bekam die Wucht der medialen Berichterstattung und die teilweise extreme Vorverurteilung unserer Familie in voller Stärke zu spüren.

Endgültig wurde mir das bei einem Vorgespräch mit einem renommierten Headhunter klar. Ich wollte mich beruflich verändern und hatte um ein Kennenlernen gebeten. Im Gespräch wurde dem Herrn mein familiärer Hintergrund klar. Nach einer Durchsicht meines Lebenslaufes erhielt ich dann nach wenigen Minuten folgende Antwort: »Herr Kohl, Sie haben eine exzellente Berufsbiographie, sprechen mehrere Fremdsprachen, verfügen über Führungs- und Auslandserfahrung. Normalerweise kein Problem, aber in Ihrem Fall … Sie verstehen schon, dass ich meinen Ruf nicht mit einer Vermittlung Ihrer Person belasten kann.«

Ich hatte verstanden.

Anfangs konnte ich überhaupt nicht mit dieser Situation umgehen. Ich raste mit Volldampf ins Opferland, haderte mit der Ungerechtigkeit und dem Wahnsinn der Situation. Ich fühlte mich ausgeliefert, fremde Mächte schienen mit meinem Leben Fußball zu spielen. Und ich war allein. Meine Mutter hatte sich umgebracht, meine erste Ehe war gescheitert – und nun der Wahnsinn der Spendenaffäre. Game over, alles aus – so fühlte sich mein Leben damals an. Ich kapitulierte vor den Umständen und bereitete meinerseits detailliert meinen Suizid in Form eines Tauchunfalls vor. Ein trauriger Tiefpunkt in dieser Zeit waren zwei Treffen mit zwei der wenigen verbliebenen Freunde, bei denen ich sie in meinen Plan einweihte und sie bat, gewisse Dinge nach meinem Tod zu erledigen. Schließlich sollte alles wie ein Unfall aussehen, damit meinem Sohn wenigstens die Lebensversicherung noch zugutekommen würde.

Ihre Versuche mich umzustimmen liefen ins Leere. In dieser Zeit vegetierte ich regelrecht vor mich hin. Mechanisch ging ich zur Arbeit. Letztlich war mir alles egal. Mit dieser Haltung saß ich eines Tages auf dem Sofa im Wohnzimmer und blätterte gelangweilt und depressiv in einer Zeitschrift. Eigentlich wollte ich das Kreuzworträtsel finden und lösen, aber plötzlich blieb mein Blick hängen. Es war ein Artikel über eine politische Dissidentin aus den Philippinen. Sie hatte die Diktatur von Ferdinand Marcos kritisiert und wurde dafür über viele Jahre in Gefängnissen eingesperrt und gefoltert. Interessiert begann ich zu lesen. Im Interviewteil kam dann eine Aussage, die mein Leben veränderte.

Auf die Frage, wie sie denn die Qualen überstehen konnte, erzählte sie von einem Buch, das sie die ganze Zeit über begleitet hatte und welches sie als ihren Lebensretter bezeichnete. Ich las fasziniert weiter und war wie vom Blitz getroffen, als die Frau in dem Interview den Titel des Buches nannte: *Trotzdem Ja zum Leben sagen*. Es war, als ob ein Donnerschlag durch mein Herz ginge. Trotzdem Ja sagen zum Leben – welch ein irrer Gedanke an einem schwarzen Tag wie diesem …

Gelassenheit heißt nicht, einfach Ja zu sagen

Ich war im besten Sinne des Wortes erschüttert. Nicht negativ oder positiv berührt, einfach nur erschüttert. Diese wenigen Worte packten mich und wirbelten mich durcheinander. Ich wusste nicht, was genau passiert war, doch ich spürte, dass sich etwas sehr Wichtiges ereignet hatte. Ich las das Buch vielleicht ein Dutzend Mal innerhalb weniger Wochen: Im Zug auf dem Weg zur Arbeit, in Pausen, abends, wenn ich allein zu Hause war.

Eine andere Erfahrung aus dieser Zeit ist mir wichtig: Offenheit. Ohne dass ich es geahnt hatte, hatte sich ein kleines Fenster in mir geöffnet, als ich die Zeitschrift zur Hand nahm. Ich wollte etwas finden, einen Weg, einen Impuls, irgendetwas. Und als ich dann den Artikel sah, habe ich nicht einfach weitergeblättert, sondern ich war offen, wenn auch vielleicht nur für sehr kurze Zeit.

Offenheit kennt zwei Dimensionen bzw. Richtungen: nach innen und nach außen. Bei der Offenheit nach innen gestatten wir uns, alle Gefühle zuzulassen. Bildlich gesprochen: Wir legen alles auf den Tisch, allen Schmerz, allen Frust, den Zorn, die Ängste, die ganze Schmach. Anfänglich kann Offenheit eher einem wilden Auskotzen als überlegtem Handeln gleichen. Aber das ist in Ordnung. Alles muss raus, und wir müssen wieder mit uns selbst in Berührung kommen (um mit den Worten von Anselm Grün zu sprechen). Es ist diese Offenheit, die es erlaubt, auch in der tiefsten Krise neue Antworten zu finden, neue Wege zu beschreiten.

Bei der Offenheit nach außen geht es zunächst häufig um eine Überwindung von Ängsten und Peinlichkeiten. Wir geben zu, dass wir Verletze und Suchende sind. Wir geben zu, dass wir schwach sind, dass wir etwas Neues benötigen, eine Hilfe, einen Impuls. Dies fällt schwer, denn gerade in Momenten eines Schicksalsschlages fühlen wir uns besonders verwundbar.

Meine Erfahrung ist: Wenn wir es schaffen, diese doppelte Offenheit im Moment der Krise zu leisten, dann werden neue, oft unerwartete Antworten kommen, dann geht das Leben weiter. Manche nennen es Fügung, manche Schicksal. Ich nenne es Glauben: Den Glauben an das Gute, an einen Gott, der sich uns in den unvorstellbarsten Momenten offenbart. Dass ich das Denken Viktor Frankls kennenlernen durfte, das betrachte ich heute als ein Geschenk. Der liebe Gott hat es damals richtig gut mit mir gemeint.

Manchmal werde ich gefragt, ob man wirklich gelassen bleiben kann, wenn einen ein Schicksalsschlag ereilt. Oder wie man diese Haltung auch in solch schwierigen Umständen erreichen kann. Die Antwort ist nicht einfach. Gelassenheit heißt ja nicht einfach, Ja zu sagen zu dem, was ist. Es heißt: *trotzdem* Ja zu sagen. Wenn Gelassenheit nicht möglich ist, dann können wir sie nicht erzwingen. Vielleicht können wir eine gewisse Form der äußerlichen Gelassenheit vorspielen. Aber mehr als eine schlechte Komödie vermeintlicher Coolness wird es in der Regel nicht werden, denn wahre Gelassenheit speist sich aus innerer Souveränität und Authentizität.

Gelassenheit steht nicht am Anfang, sie markiert das Ende eines Weges der Bearbeitung von Schicksalsschlägen. Am Anfang stehen Akzeptanz und ein neuer, eigener innerer Frieden mit der Situation. Ich glaube, dass es ohne inneren Frieden keine echte Gelassenheit geben kann. Bis dieser Frieden erreicht ist, muss die Gelassenheit eben warten. Aber das ist nicht schlimm, denn wer sich auf den Weg macht, der kann schon auf das Geschenk der Gelassenheit am Ende hoffen. Hoffnung hat auch den Keim künftiger Freude und Vorfreude ist eine der schönsten Freuden.

Wir leben auf »dünnem Eis«

Wohl jeder, der regelmäßig auf der Autobahn fährt, weiß um das flaue Gefühl, wenn mal wieder ein anderes Fahrzeug ohne Blinker plötzlich auf die linke Spur ausschert und man mit aller Kraft den Wagen zusammenbremst. Manchmal fehlen nur wenige Meter oder gar Zentimeter zu einem gefährlichen Crash. Für Sekundenbruchteile wird uns bewusst, wie dünn das Eis unserer Existenz ist, wie blitzartig tödliche Gefahr das Steuer unseres Lebens übernehmen kann. Dann regen wir uns über diesen Fahrer und seine Rücksichtslosigkeiten auf, beschimpfen ihn und danken unserem Schutzengel, dass er so wachsam war. Doch die Fahrt geht weiter, schnell wird die Szene verdrängt. Vielleicht wirkt das Erlebte noch einen Tag nach, doch schon in der nächsten Woche ist zumeist alles vergessen und höchstens noch eine Anekdote wert.

Wir leben auf dünnem Eis. Das heißt: Eben noch bewegten wir uns sicher, und plötzlich erleben wir, dass alles unter uns wegbrechen kann: Eine plötzlich diagnostizierte Krankheit, ein Unfall, eine Gewalttat, ein Verrat, der uns aus heiterem Himmel trifft – etwas, das wir eben noch sicher glaubten, ist plötzlich zu Ende. Dieses scheinbar triviale Wort vom dünnen Eis ist so einfach und alltäglich, aber es ist ein Bild für eine gern verdrängte Wahrheit. »We are living on borrowed time«, so lautet ein Sprichwort, dass ich in den USA kennengelernt habe. Wir leben auf geborgte Zeit, ein, wie ich finde, schönes, plastisches Bild.

Borrowed time, geborgte Zeit. Wir wissen nicht, wie lange unser Leben dauern wird, wir haben es nicht in der Hand, schon morgen kann es vorbei sein. Trotzdem sind viele, auch ich, häufig Meister im Verdrängen dieser simplen Wahrheit. Wir glauben, dass wir noch viel Zeit haben, und konsequenterweise auch, dass das Eis unter unseren Füßen dick genug ist.

Hier stoßen wir auf ein Paradox unseres Lebens. Wenn wir voller Sorge andauernd nach unten schauen, ob das Eis auch ja dick genug ist, dann verpassen wir unser Leben. Wir suchen und klammern uns an Sicherheiten, wir versuchen Versicherungen zu kaufen. Andererseits: Wenn wir völlig desinteressiert leben, einfach unreflektiert loslaufen, ohne jede Acht, ob das Eis unter unseren Füßen uns trägt, dann werden wir irgendwann auch tatsächlich einbrechen.

Die Rede vom »dünnen Eis« ist ein Bild dafür, das unser Leben immer auch bedroht ist. Das Bild hält uns unsere Endlichkeit vor Augen. Es ermahnt uns zur Demut und zu Sinnorientierung. Da wir alle sterben müssen und das letzte Hemd keine Taschen hat, sind wir aufgerufen, unser Leben in den Dienst einer guten Sache oder anderer Menschen zu stellen. Die Rede vom dünnen Eis mahnt: Wir sind gut beraten, in einer gesunden Mischung aus Realitätssinn und Demut dem Leben zu dienen.

Heilt die Zeit alle Wunden?

Wohl kaum jemand käme bei einem Verkehrsunfall, bei dem Menschen schwer blutend auf der Straße liegen, auf die Idee, sich abzuwenden, keinen Notruf abzugeben, nicht zu helfen und sich mit der Bemerkung »Die Zeit heilt alle Wunden« in aller Ruhe vom Unfallort zu entfernen. Solches Verhalten würden wir ganz selbstverständlich als skandalös und menschenverachtend empfinden.

Seltsamerweise scheinen bei Unfällen und bei Verletzungen im seelischen Bereich nicht immer die gleichen Regeln zu gelten. Um im Bild zu bleiben: Wenn jemand einen schweren Unfall in seinem Gefühlsleben erlitten hat, den Todesfall eines geliebten Menschen etwa, die schwere Enttäuschung eines Freundesverrats oder eine Scheidung, dann sollten wir diese Menschen auch nicht auf der Straße der Seele liegen lassen. Dass man diese Verletzungen oft nicht sehen kann, dass kein physisches, wohl aber Herzblut fließt, bedeutet nicht, dass die Lage weniger dramatisch wäre als bei einem physischen Unfall.

Nein, Zeit heilt nicht alle Wunden, die das Leben schlägt.

Aber Zeit ist ein wichtiger Faktor, der besonders in Zeiten der Krise und des Schmerzes sorgsam gemanagt werden will. Zeit will genutzt werden. Es ist unklug, alles sich selbst zu überlassen, denn dann entscheiden nicht wir, sondern die Umstände, ob die Zeit als Fluch oder als Segen wirken kann. Die Zeit hilft nur heilen, wenn wir sie in einen Heilungsprozess einbinden, ihr somit eine Richtung und ein Ziel zuweisen. Nur so kann eine neue Hoffnung wachsen, eine neue Perspektive auf das Leben sich auftun.

Hoffnungslosigkeit? Never, never, never

Hoffnungslosigkeit ist mehr als der Verlust von Hoffnung, von Zuversicht, von Perspektive. Hoffnungslosigkeit beschreibt einen Zustand des Scheiterns, des Scheiterns an den Umständen, an sich selbst oder an beiden sowie des völligen Kraftverlustes ohne Aussicht auf Änderung der Situation. Wir stürzen scheinbar in eine tiefe, innere Leere, in ein schwarzes Loch, das uns gnadenlos verschlingt. Solche Hoffnungslosigkeit bedeutet das vermeintliche Ende aller Kreativität und aller Möglichkeiten, neue Antworten oder Wege aus dem bestehenden Dilemma zu finden.

Wenn also Hoffnungslosigkeit und Scheitern so eng verbunden sind, wie soll man mit dieser gewissermaßen doppelten Bürde umgehen? 2002, am Tiefpunkt meiner Krise, las ich ein Zitat von Churchill, in dem er – im Rückblick – seine Einstellung im Sommer 1940 während der Schlacht um England beschreibt. Sie bestand aus einem Wort: »Never, never, never. – Niemals, niemals, niemals.« Damals schien England geschlagen. Alle seine Alliierten waren von der deutschen Wehrmacht in Blitzkriegen überrannt worden, seine Armeen weitgehend in Dünkirchen vernichtet worden. Nur das Wasser des Ärmelkanals schützte die Insel noch vor einem deutschen Angriff. Es schien, als ob die Tage des Empire endgültig gezählt wären, die zweite Fremdinvasion nach den Normannen im Jahre 1066 schien nur noch eine Frage von Wochen oder Tagen zu sein. Nur noch wenige Jagdflugzeuge der Royal Air Force und Reste der Flotte stemmten sich gegen den Feind. Doch Churchill gab nicht auf und wenn es nur aus Trotz war. Er wiederholte seine berühmte Formel des Sieges durch »Blut, Schweiß und Tränen« und ließ Hitler damit wissen, dass, wenn er ihn schon töten wolle, er ihn auch holen müsse. Waffenstillstandsverhandlungen kamen – trotz Anfragen von deutscher Seite – für Churchill nicht infrage.

Trotz als Antwort auf Hoffnungslosigkeit? Das mag überraschen. Aber ich finde, diese Reaktion hat ihren Charme. Wenn wir wirklich hoffnungslos sind, dann haben wir auch nichts mehr zu verlieren. Wir sind ganz unten angekommen, am unteren Tiefpunkt. Am Tiefpunkt meiner Krise 2002 habe ich mich subjektiv in einer solchen Situation befunden, als ich aktiv über meinen Tod nachdachte. Nüchtern betrachtet gibt es von einem solchen absoluten Tiefpunkt aus ja nur zwei Möglichkeiten: Entweder es bleibt so schrecklich wie bisher, oder es wird besser, denn eine Verschlechterung scheint nicht mehr denkbar.

Damals machte ich eine für mich überraschende Erfahrung. In solch völliger Hoffnungslosigkeit, wenn man nach gesellschaftlichen Maßstäben zudem als Versager eingestuft wird, kann Versagen zu einer unerwarteten Chance werden. Wenn Menschen so richtig krachend versagen, reduziert sich ihr Leben auf wenige essenzielle Kernpunkte. Die Schönwetterfreunde haben sich schon lange verabschiedet. Meist kommen noch wirtschaftliche und soziale Probleme dazu. Partnerschaften und Ehen zeigen, ob sie aus solidem Holz geschnitzt oder brüchig wie altes Reisig sind. Mit anderen Worten: Wer einmal so richtig tief in der Hoffnungslosigkeit steckt, dem bleibt nicht viel, manchmal nur noch er oder sie selbst.

Damals verstand ich zum ersten Mal die tiefe Bedeutung der Worte von Churchill. Ich verstand, dass selbst tiefste Löcher irgendwo einen festen Boden haben. Nachdem wir auf diesem Boden aufgeschlagen sind, bleibt nur die Frage, ob wir noch ein einziges Mal wieder aufstehen können und wollen.

Aber, so wird ein Einwand lauten, warum noch einmal aufstehen? Wir haben doch schon alles verloren, alle Hoffnung fahren lassen. Genau: Gerade weil alles verloren ist, können wir nichts mehr zusätzlich verlieren. Es ist egal, ob wir weitere Fehler machen, ob wir noch ein weiteres Mal scheitern, uns noch einmal blamieren. Und wenn es so egal ist, was wir tun, dann können wir es doch noch einmal versuchen. Unser neuer Versuch kann so verrückt oder absurd sein, wie er will, das ist völlig egal. Um bei Churchill zu bleiben: Ich kann machen, was ich will, ihr müsst mich erst einmal holen. Trotz kann dann tatsächlich zu einer wertvollen, weil vielleicht anfangs einzigen Kraftquelle werden.

2004 tat ich also etwas völlig Verrücktes. Ich verließ meinen alten Job als Controllingleiter eines großen Unternehmens und machte mich mit einer Geschäftspartnerin in einer Branche selbstständig, in der ich keinerlei relevante Erfahrung hatte. Ich besaß weder eine einschlägige Ausbildung, noch hatte ich Referenzen. Wir gründeten eine Firma mit dem Ziel, Umformwerkzeuge aus Korea für die Blechbearbeitung in der europäischen Automobilindustrie zu liefern. Ein Irrsinn, ein Start-up als betriebswirtschaftliche Risikomaximierung. Keine Bank gab uns auch nur einen Cent Kredit. Ich wurde belächelt und verspottet, und so mancher wartete auf meinen finalen K.o.

Never, never, never. Und es kam tatsächlich anders als

prognostiziert. Gerade weil wir mit dem Rücken an der Wand standen und nichts mehr zu verlieren hatten, wurde aus zwei Freunden und Geschäftspartnern ein Ehepaar mit Patchworkfamilie. Und aus dem Start-up erwuchs ein schlagkräftiges Team.

Wie also mit Hoffnungslosigkeit umgehen? Aus meiner eigenen Erfahrung kann ich nur sagen: Stärken Sie die Trotzkräfte Ihres Geistes und Ihrer Seele. Lassen Sie Ihrer Kreativität freien Lauf. Denken Sie daran, dass Sie nichts mehr zu verlieren haben. Der Rest ist Blut, Schweiß und Tränen. Und ein gerütteltes Maß an »never, never, never«.

Ein Schicksalsschlag kann unsere Vorstellungen von uns selbst, vom Leben und von Gott zerbrechen. Aber wenn wir unsere Vorstellungen zerbrechen lassen, werden wir daran nicht zerbrechen, sondern aufgebrochen für neue Möglichkeiten.

ANSELM GRÜN

Schmerzliche Erfahrungen

Ich bin von schweren Schicksalsschlägen verschont geblieben. Dafür bin ich Gott dankbar. Aber natürlich gab es schwierige Augenblicke in meinem Leben und schmerzliche Erfahrungen. Eine schmerzliche Erfahrung war, als mein Vater plötzlich gestorben ist. Ich war gerade in Rom, hatte mein Studium fast vollendet und bereitete mich auf die Priesterweihe im Juli in Münsterschwarzach vor. Da rief mich am Abend des 8. Mai 1971 meine Schwester in Rom an und sagte mir, dass mein Vater vor einer Stunde plötzlich beim Abendessen tot umgefallen war. Ich setzte mich in den nächsten Zug, der um 23.00 Uhr in Rom abfuhr. Die ganze Nacht saß ich im dunklen Abteil des Zuges und dachte über den Tod meines Vaters nach. Und ich überlegte, was ich in der Predigt sagen sollte. Ich war damals schon Diakon und wollte auf jeden Fall eine persönliche Predigt halten. Der Tod meines Vaters war schwer für mich, aber er hat mich nicht aus der Bahn geworfen. Ich konnte trotzdem die Priesterweihe und Primiz intensiv feiern. Natürlich hat der Vater gefehlt. Ich musste durch die Trauer hindurchgehen. Und am Ende der Trauer stand eine tiefe Dankbarkeit für das, was mir mein Vater vermittelt hat.

Im Kloster habe ich den ersten Schicksalsschlag erlebt, als ein Mitbruder Suizid beging. Ich war damals schon Cellerar. Der Abt und alle Verantwortlichen des Klosters hatten damals beschlossen, unser Klostergut Krandorf in der Oberpfalz aufzugeben. Damals war nur noch ein Mitbruder dort, der in dem ehemaligen Bauernhof ein Ferienhaus leitete. Aber es wurde nicht genügend angenommen. Einige Mitbrüder besuchten den Mitbruder und halfen ihm, die Sachen zu packen und alles gut abzuschließen. Am nächsten Tag sollte der Mitbruder in die Abtei gefahren werden. Doch am Abend erhängte er sich im Stall. Das war für uns alle ein Schock. Und wir wussten nicht, wie wir darüber in der Öffentlichkeit sprechen sollten. Doch dann veröffentlichte die Abendzeitung einen Bericht über den Suizid. Wir mussten also dazu stehen, dass ein Mitbruder mit dem Leben nicht mehr zurechtgekommen war und diesen Weg gewählt hatte. Das war nicht nur für mich persönlich, sondern für die ganze Gemeinschaft ein schwerer Schlag. Dieser Mitbruder war lange in der Mission gewesen und hatte als Missionar viel geleistet. Für mich war das eine Anfrage an mich: Wie kann das geschehen? Was muss in einem Menschen vorgehen, dass er diesen Weg wählt? Wie verstehe ich mein Leben? Wie gehe ich damit um, wenn mir etwas Wichtiges aus der Hand genommen wird? Mir wurde klar, dass ich nicht urteilen darf. Ich kann das Schicksal des anderen nur als Geheimnis stehen lassen, ohne es zu verstehen. Ich kann nur mitfühlen. Und ich kann darin einen Spiegel sehen, in dem ich mich selber anschaue: Habe ich eine Garantie, dass ich mein Leben immer gut bewältigen kann? Was kann ich tun, dass ich auch mit Verlusterfahrungen gut umgehe? Welche Einstellung zum Leben kann ich für mich lernen?

Nach der Diagnose Krebs

Ein anderer Schicksalsschlag war für mich, als ich vom Arzt die Diagnose bekam, dass sich in meiner Niere ein bösartiger Tumor gebildet hatte. Zunächst nahm ich die Diagnose nicht so ernst und dachte: Irgendwann muss ich das mal operieren lassen. Doch der Arzt machte mich darauf aufmerksam, wie ernst es war. Sobald der Krebs streuen würde, gäbe es keine Chance mehr auf Heilung. So musste ich alle Termine für die nächsten vier Wochen absagen und sofort ins Krankenhaus gehen. Dort wurde mir klar: Es gibt keine Garantie, dass ich immer gesund bleibe. Gesundheit ist ein Geschenk. Es kann von einem Augenblick auf den anderen genommen werden. Die Operation ging gut. Eine Niere wurde entfernt. Und es gab keine Anzeichen, dass der Krebs gestreut hatte. Aber natürlich habe ich darüber nachgedacht, was diese Krankheit mir sagen möchte. Und ich habe einige Konsequenzen für mein Leben gezogen. Ich habe klare Grenzen gesetzt dort, wo ich aus Mitleid über meine Grenzen gegangen war. Und mir wurde deutlich, wie begrenzt mein Leben ist. Ich habe keine Garantie, meine Vorträge noch jahrelang weiter halten zu können. Irgendwann wird es Zeit sein, das alles loszulassen.

Ich habe aus diesen beiden Schicksalsschlägen gelernt, dass ich dankbar und achtsam meinen Weg gehen soll. Ich habe mein Leben nicht in der Hand. Es kann mir immer etwas von außen widerfahren, das meine eigenen Pläne durchkreuzt. Für mich wurde das Wort Jesu an die Emmausjünger zu einem Schlüssel, um mit solchen Widerfahrnissen von außen umzugehen. Die Jünger waren aus Enttäuschung über ihre zerbrochenen Träume vom Leben geflohen. Sie wollten sich der Enttäuschung über den Tod Jesu nicht stellen. Doch Jesus sagte zu ihnen: »Musste nicht der Messias all das erleiden, um so in seine Herrlichkeit zu gelangen?« (Lk 24,26). Ich übersetze dieses Wort für mich so: »Musste nicht alles so kommen, dass meine Illusionen zerbrochen werden und ich aufgebrochen werde für die Herrlichkeit Gottes, für das einmalige Bild, das Gott sich von mir gemacht hat?« Für mich ist der Schicksalsschlag eine Herausforderung, meine Vorstellungen von mir selbst, vom Leben und von Gott zerbrechen zu lassen. Wenn ich meine Vorstellungen zerbrechen lasse, dann werde ich nicht daran zerbrechen, sondern aufgebrochen für mein wahres Selbst, aufgebrochen für neue Lebensmöglichkeiten und aufgebrochen für den unbegreiflichen Gott.

Ich möchte das am Beispiel meiner Krankheit erläutern. Der Befund Krebs zerbrach mein Selbstbild: Ich bin immer gesund. Wenn ich gesund lebe, wenn ich eine gesunde Spiritualität lebe, dann wird auch mein Körper gesund sein. Indem ich mein Selbstbild zerbrechen lasse, muss ich mich fragen: Was macht mein wahres Selbst aus? Wer bin ich wirklich? Ich bin nicht nur der gesunde und gelassene Mönch. Ich bin brüchig. Ich bin anfällig für Krankheit. Ich habe keine Garantie für ein langes Leben. Das Zerbrechen meiner Vorstellungen von mir und von meinem Leben bricht mich auf für mein wahres Selbst und für ein anderes Lebensverständnis. Ich werde mir bewusst, dass meine Lebenszeit begrenzt ist. Ich mache keine Pläne für die weite Zukunft. Ich lebe im Augenblick. Und ich versuche, bewusst und dankbar jeden Augenblick zu leben. Ich versuche, bewusster den Menschen zu begegnen. Jede Begegnung könnte auch die letzte sein. Das gibt jeder Begegnung und jedem Gespräch eine neue Tiefe und Dichte. Natürlich habe ich diese Achtsamkeit seit der OP nicht immer durchgehalten. Das oberflächliche Dahinleben will sich immer wieder einschleichen. Aber manchmal erinnere ich mich doch daran. Dann lebe ich wieder ganz im Augenblick. Die Krankheit zerbricht auch mein Gottesbild. Gott ist nicht der, der meinen spirituellen Weg belohnt. Er ist auch der unbegreifliche Gott, der mir gegenübertreten und meine Lebenspläne durchkreuzen kann. Und gerade als dieser Unbegreifliche ist Gott dennoch Liebe, aber eine unbegreifliche Liebe, wie Karl Rahner es mir gesagt hat.

Tragische Schicksalsschläge

In Gesprächen begegne ich oft großem Leid. Da ist ein Mann erfolgreich in seinem Beruf und glücklich in seinem Leben, mit seiner Familie. Er fährt eines Tages mit dem Auto. Es ist starker Wind. Ein heftiger Windstoß treibt sein Auto auf die gegenüberliegende Straßenseite. Dort stößt er mit einem Auto zusammen, in dem vier Gastarbeiter sitzen. Einer stirbt, die anderen werden schwer verletzt. Dieser Unfall wirft den Mann aus der Bahn. Schuldgefühle verfolgen ihn, lassen ihn nicht zur Ruhe kommen. Immer wieder gerät er in eine tiefe Depression. Er kann seine erfolgreiche Arbeit nicht mehr weiterführen. Er hat alles richtig gemacht. Er hat versucht, das Auto gut zu steuern. Er war ein erfahrener Autofahrer. Er kann sich nicht verzeihen, dass ihm das passiert ist. Ein anderer Mann hat bei einem Unfall beide Beine verloren. Seitdem sitzt er im Rollstuhl. Auch sein Leben hat sich völlig verändert. Eine Mutter hat ihre Tochter, die so hoffnungsvoll und voller Pläne für die Zukunft war, durch einen Autounfall verloren. Der Freund der Tochter hat das Auto gefahren. Beide starben bei dem Unfall.

Wenn Menschen mir von ihren Schicksalsschlägen erzählen, muss ich das Leid erst einmal schweigend aushalten. Ich habe keine Lösung, wie sie mit dem Schicksal umgehen sollen. Ich fühle mich in sie ein. Ich frage nach, wie das war, welche Gefühle sie dabei hatten, wie sie jetzt damit umgehen, welchen Weg sie bisher gefunden haben. Und dann kann ich langsam versuchen, zu fragen: Was könnte Ihnen weiterhelfen? Oder ich kann das Modell des Zerbrechens anbieten: Der Schicksalsschlag hat Ihre Vorstellungen von sich, vom Leben und von Gott zerbrochen. Aber wenn Sie Ihre Vorstellungen zerbrechen lassen, werden Sie daran nicht zerbrechen, sondern aufgebrochen für neue Möglichkeiten, sich selbst zu sehen, das Leben zu gestalten und Gott zu verstehen. Aber manchmal werde ich auch sprachlos vor dem Leid, das mir ein Mensch erzählt. Dann kann ich nur seinen Mut würdigen, dass er dieses Schicksal auf seine Weise trägt und dass er es wagt, darüber zu sprechen. Und ich kann versuchen, ihm zuzusprechen, dass er durch alle Brüche und alles Zerbrochenwerden in den Grund seiner Seele gelangt, in dem sein innerster Kern unverletzt ist. Der innerste Kern ist nicht zerbrochen, er ist heil und ganz. Auf dem Grund der Seele ist ein Anker der Hoffnung, an dem wir uns festhalten können. So hat es uns der Hebräerbrief verheißen. Er mahnt uns, »die dargebotene Hoffnung zu ergreifen. In ihr haben wir einen sicheren und festen Anker der Seele, der hineinreicht in das Innere hinter dem Vorhang; dorthin ist Jesus für uns als unser Vorläufer hineingegangen« (Hebr 6,18–20). Das ist für mich ein hoffnungsvolles Bild: Jesus ist durch seinen Tod in das Allerheiligste eingetreten, in den Himmel bei Gott, aber auch in den Himmel, der in uns ist. Jesus ist unser Vorläufer. Er ist durch seinen Tod am Kreuz, an dem seine eigenen Lebensträume zerbrochen wurden, eingetreten in das Allerheiligste unserer Seele. Dort ist er der feste Anker, an dem wir uns festhalten können. In uns ist ein heiliger Raum, das Allerheiligste, in dem alles in uns heilig ist, heil und ganz, unversehrt und makellos.

Oft kommen Menschen mit chronischen Schmerzen zu mir. Sie haben bei vielen Ärzten und in vielen Schmerzkliniken versucht, ihrer Schmerzen Herr zu werden, doch nichts hat geholfen. Sie werden wohl bis zum Ende ihres Lebens mit diesen Schmerzen leben müssen. Sie kommen oft mit einer großen Hoffnungslosigkeit zu mir. Nichts hat bisher geholfen. Ich kann ihnen auch keine leeren Versprechungen machen, dass durch das Gebet die Schmerzen weggehen werden. Ich kann nur einen Weg aufzeigen, wie sie mit den Schmerzen umgehen können. Sie sollen sich von ihren Schmerzen immer wieder daran erinnern lassen, dass sie sich ins Innere zurückziehen sollen, in den Raum der Stille, in dem ihr innerster Kern heil und ganz ist, unberührt vom Schmerz. Das gelingt nicht immer. Aber allein die Ahnung, dass es in mir einen heilen Raum gibt, relativiert die Dauerschmerzen. Sie haben keine absolute Macht mehr über mich. Sie schmerzen immer noch. Und sie sind auch noch eine Last. Aber ich lasse mich von der Last auf das in mir verweisen, was von dieser Last nicht mehr erdrückt werden kann, auf das innere Selbst, den *autos*, der für die Stoiker das innere Heiligtum des Selbst ist, das auch die Schmerzen nicht betreten können.

16

~

Von Gott und vom Glauben

Ohne es mir bewusst zu machen, hatte ich eine Art
»Geben-und-nehmen«-Spiritualität in mir aufge-
baut. Diese Form des Glaubens konnte allerdings
Schicksalsschläge nicht aushalten.

WALTER KOHL

Abschied vom Kinderglauben

Als ich ein kleines Kind war, betete meine Mutter jeden
Abend vor dem Einschlafen mit mir. Es waren keine langen
Gebete, aber sie waren Teil eines festen Rituals. Mit dem
Gebet war der Tag beendet, und die Nacht, der Schlaf be-
gann. Ohne es je auszusprechen, war ich mir damals sicher,
dass Gott einfach zum Schlafen und der Nacht dazugehört.
Tagsüber war ich sowieso viel zu beschäftigt, um mich um
Themen wie Gott kümmern zu können.

Das änderte sich mit dem Beginn des Kommunionunterrichts. Unser Pfarrer in der Oggersheimer Wallfahrtskirche begeisterte mich mit seinen anschaulichen Erzählungen und durch die Gespräche, die er mit uns führte. Er tat dies ohne jeden Zwang und arbeitete mit den Kindern, die mitmachen wollten. Wer keine Lust hatte, wurde in Ruhe gelassen.

Im Ergebnis wollten alle Kinder mitmachen. Mitmachen hieß, einen Text zu lesen und zu verstehen. Als Grundschüler hatte ich das noch nie erlebt. Es war das erste Mal, dass jemand selbstständiges und aktives Denken förderte. Der Höhepunkt aber war, als ich ausgewählt wurde, in der Sonntagsmesse vorne am Ambo Bibelstellen vor der Gemeinde vorzulesen. Die ersten Male starb ich fast vor Nervosität, doch dann merkte ich, dass es einigermaßen klappte. Pfarrer Beicht lobte mich und sagte mir, dass ich das mit Gottes Hilfe geschafft hatte. Gott hatte mir in dieser schweren Herausforderung geholfen? Ein völlig neuer Gedanke, doch wenn der Pfarrer es sagte, dann musste es wohl stimmen. Ich ging also in die kleine Lorettokapelle im Vorderteil der Wallfahrtskirche, steckte eine Kerze auf und dankte dem lieben Gott für seinen Beistand. Vielleicht war das mein erster selbstständiger Glaubensakt, mein erster bewusster Kontakt mit Gott.

Während der Terrorismusjahre konnte ich mich dann nicht mehr selbstständig bewegen, mein Glaube beschränkte sich in diesen Jahren auf die sonntäglichen Gottesdienstbesuche mit meinem Vater. Diese Besuche waren aber alles andere als besinnlich. Permanent wurden wir während des Gottesdienstes angestarrt. Nach dem Gottesdienst fanden wahre Volksaufläufe vor der Kirche auf dem Weg zum Parkplatz statt, bei denen wir Kinder von fremden Menschen wie exotische Tiere begafft und betatscht wurden. Diese Menschen suchten die Nähe zu meinem Vater und er genoss das Bad in der Menge. Als Kinder waren wir nur Beiwerk, die »Söhne vom Kohl« und somit ein Teil der Inszenierung.

Später, in der Oberstufe des Gymnasiums, trat ich der

KJG, der Katholischen Jungen Gemeinde, bei. Wir erlebten Freizeiten und besuchten Veranstaltungen bei den Jesuiten im Ludwigshafener Heinrich-Pesch-Haus. Es waren politisch aufgewühlte Zeiten. Das Thema Nachrüstung und die Friedensbewegung bewegten alle, vor allem die Jungs in meiner Schule. Sollte man zur Bundeswehr gehen? Oder eher nicht? Sind Soldaten Mörder? Nachrüstung – ja oder nein? Ich erlebte Kirche als Ort zum Austragen tagespolitischer Konflikte, als Kampfplatz. In der KJG arbeitete ich in verschiedenen Friedensgruppen mit, galt aber stets als Außenseiter, einer, der die Fahne der NATO hochhielt und die Nachrüstung befürwortete. Diese Haltung trug mir Spitznamen wie »Fascho« oder »Killer« ein. Auch von Geistlichen und kirchlichen Funktionsträgern hörte ich diese Bezeichnungen. Irgendwann verabschiedete ich mich von diesem Umfeld. Denn das hatte in meinem Augen mit Gott und Glaube nichts mehr zu tun.

Doch in mir steckte eine tiefe, unerfüllte Sehnsucht, meinen Glauben für mich zu entdecken und zu leben. Nach dem Abitur und zahlreichen intensiven Feten an den Baggerweihern im Ludwigshafener Süden beschloss ich, im Benediktinerkloster Maria Laach für einige Wochen Exerzitien zu machen. Ich hatte das tiefe Bedürfnis nach Ruhe und Spiritualität. Also verbrachte ich Teile des Sommers 1982 im Kloster Maria Laach, arbeitete bei der Renovierung der Gartenanlage mit und verbrachte viel Zeit alleine in der Kirche in Gebet und Kontemplation. Es waren schöne Wochen, und ich war hin- und hergerissen: Sollte ich Mönch werden oder die Abenteuer des Lebens erfahren, indem ich Offizier bei der Bundeswehr wurde? Ich entschied mich für den Offizier, nur um wenig später, nach Beginn der Kanzlerschaft meines Vaters, festzustellen, dass ich bei der Bundeswehr – mit ihm als Oberkommandierendem – keine Chance auf einen eigenen Weg haben würde.

Schon bei der Bundeswehr und dann auch später im Studium trat das Thema Glaube für mich in den Hintergrund. Die Tage waren vollgepackt mit Aufgaben, ich wollte einfach leben. Später, als ich in den USA studierte, erlebte ich die Spannungen und Querelen zwischen der katholischen Studentengemeinde in Harvard, in der sehr progressive und liberale Ansichten vertreten wurden, und den erzkonservativen, fast reaktionären Positionen des damaligen Kardinals von Boston. Das stieß mich ab. Ich hatte genug von politischen Reibereien und weltanschaulichen Kämpfen, ich wollte einfach meine Ruhe. Also verschwanden irgendwann Glaube und Kirche fast vollständig aus meinem Leben, auch wenn ich in den 1990er Jahren noch mehrere Male einwöchige Klosteraufenthalte in Münsterschwarzach absolvierte.

Ein Glaube in neuem Gewand

Erst durch meine große Krise 2002 fand ich zu meinem Glauben zurück. Es war allerdings ein Glaube in einem neuen Gewand. Ich änderte meine Erwartungshaltung gegenüber Gott. Mein altes Gottesbild war das Bild eines Gottes, an den man glaubt und der einem dafür etwas gibt, wie beispielsweise Kraft und Unterstützung beim Vorlesen der Bibelstellen in der Wallfahrtskirche. Ohne es mir bewusst zu machen, hatte ich eine Art »Geben-und-nehmen«-Spiritualität in mir aufgebaut. Diese Form des Glaubens konnte allerdings Schicksalsschläge nicht aushalten. Sie musste spätestens in der Krise von 2002 zerbrechen, was sie auch prompt tat. Damals fühlte ich mich im wahrsten Sinne gottverlassen. Der alte Deal war erledigt. War damit auch Gott tot? Ich schleppte diese Frage mit mir herum, aber eine Antwort fand ich nicht. Eines Tages, nach einer

Operation, musste ich noch einige Tage im Krankenhaus bleiben. Ich wurde mobilisiert, wie der Arzt es ausdrückte, musste also langsam auf dem Flur auf und ab gehen und jeden Tag die zurückgelegte Strecke etwas ausdehnen. Bei einem dieser Spaziergänge wurde mir übel, und ich wollte mich hinsetzen. Weit und breit weder ein Stuhl noch ein Helfer. Ich hielt mich am nächstmöglichen Griff an der Wand fest. Zu meiner Überraschung stellte der sich als der Türgriff der Krankenhauskapelle heraus. »Kapelle« stand auch am Türschild. Doch es handelte sich schlicht um ein normales Krankenzimmer, aus dem alle Krankenhausmöbel herausgeräumt waren und in dem ein Regal, ein kleiner Tisch mit einem Kruzifix und eine Handvoll Stühle standen. Ich setzte mich also auf einen der Stühle und verschnaufte. Nach einer Weile ging es mir wieder besser, und ich sah mich um. Auf dem Regal lagen einige Zeitschriften, etliche Gesangbücher und eine Bibel. Das Titelbild einer der Zeitschriften stach mir ins Auge, denn es zeigte US-Soldaten beim Häuserkampf in Bagdad. Ich blätterte in dem Heft und stieß auf einen Artikel eines US-Militärseelsorgers, in dem er über seine Gespräche mit GIs berichtete, die ihn um Hilfe baten, weil sie mit dem Wahnsinn des Krieges und der Gewalt bei den Häuserkämpfen nicht mehr klarkamen. Mit Erstaunen stellte ich fest, dass es sich da um Soldaten der 1. US-Division handelte, die damals normalerweise im hessischen Friedberg stationiert war. Ich selbst war in diesem Moment in Friedberg im Krankenhaus und konnte durch das Fenster die Kasernenanlage sehen. Daher wohl auch dieser Artikel in einer lokalen Zeitschrift. Ein seltsames Gefühl beschlich mich und ich las weiter. Der Militärpfarrer berichtete, dass die Soldaten keine Antwort auf ihre Frage nach dem Warum finden konnten. Nicht für das Leid, das sie anderen Menschen antaten, aber auch nicht für das Leid, das sie und ihre Kameraden durch Tod und Verwundung selber erlitten. Die Männer zerbrachen an diesem »Warum«. Das war eine der Kernaussagen des Artikels. Der Pastor berichtete auch von seinen persönlichen Erfahrungen, von seiner Begleitung sterbender Soldaten, Männer, Frauen und Kinder. Auch er litt an der Warum-Frage. Der ganze Krieg erschien einfach nur sinnlos und verrückt.

Am Ende nahm der Bericht eine unerwartete Wende. Der Pastor schrieb, dass er den Soldaten keine hilfreichen Antworten geben konnte – bis ihm eines Tages eine Erleuchtung kam. Als er wieder einmal gefragt wurde, sagte er sinngemäß zu seinen Soldaten: »Ich kann euch als Mensch keine Antwort geben. Für mich persönlich habe ich meine Antworten im Buch Hiob gefunden. Deshalb schlage ich dir vor, auch in diesem Buch zu lesen, vielleicht findest du dort auch Antworten für dich. Ich wünsche es dir.«

Ich las den Artikel mehrfach durch und war perplex. Denn ich hatte das Gefühl, er war auch für mich geschrieben worden. Zwar musste ich Gott sei Dank nicht zum Kampfeinsatz nach Bagdad, aber die Fragen, die in dem Text behandelt wurden, waren exakt die meinen. Schließlich stand ich auf, machte das Kreuzzeichen vor dem Kruzifix und steckte die Bibel, die auf dem Regal lag, in meine Bademanteltasche.

Auf einmal war der Krankenhausaufenthalt zum Segen geworden. Ich hatte viel Zeit und fing an, mich in das Buch Hiob zu vertiefen. Dabei entdeckte ich auch das Buch Kohelet. Als ich entlassen wurde, stellte ich die Bibel zurück und kramte meine eigene Bibel zu Hause wieder hervor. Monate ernsthaften Bibelstudiums schlossen sich an. Ich las auch Sekundärliteratur, und das baute mir eine Brücke. Denn nun fand ich neue Wege, neue Antworten im Umgang mit dem Schicksal und mit dem, was ich als Ungerechtigkeit empfand. Durch die Lektüre des Buches Hiob lernte ich, weniger nach dem Warum zu fragen und mich mehr auf meinen Umgang mit der Situation und die damit verbundenen Gefühle zu konzentrieren. Durch diese neuen Antworten konnte ich meinen Glauben wiederbeleben und auf eine neue Grundlage stellen.

Diese Krankenhauserfahrung hat mir gezeigt: Gott hatte mich nicht aufgegeben. Und ich trug noch immer eine innere Sehnsucht nach ihm in mir, auch wenn die Flamme schon sehr klein geworden war. Wir haben uns wohl beide, jeder auf seine Art, gesucht und gefunden. Es war ein Wiederfinden, eine Form des Wiedererkennens, und es fühlte sich an, wie wenn zwei alte Freunde, die sich jahrelang aus den Augen verloren hatten, sich zufällig auf der Straße wiedertreffen und sofort den Kontakt wiederherstellen können. Die Jahre der Unterbrechung scheinen wie weggewischt. Das alte Vertrauen ist sofort wieder da, aber die Gespräche und die Beziehung sind neu.

Von Gott zu reden ist nicht einfach

Manche sagen, Gott sei eine zu massive spirituelle Vokabel. Andere setzen Gespräche über Gott und Glauben mit einer Auseinandersetzung über Themen der Amtskirchen gleich. Viele verspüren ein Unbehagen, dieses Wort überhaupt in den Mund zu nehmen. Sie finden, es sei zu abgenutzt, verbraucht. Ich plädiere für einen unverkrampften, persönlichen und spirituellen Umgang mit Gott. Gott und Glaube sind Dinge des Spürens, der Intuition und nicht der Rationalität. Daher sollte man Gott mehr in seiner eigenen Lebenserfahrung verorten als theoretisch von ihm oder über ihn zu reden. Es besteht sonst leicht die Gefahr des Zerredens, des Redens um des Redens willen und am Ende der Lust am eigenen Wort. Glaubensfragen sind Erfahrungsfragen und nicht Themen, die sich für eine Diskussion eignen, an deren Ende ein Richtig oder Falsch steht.

Glaube ist Wissen ohne Beweis. Wer ohne Beweis an etwas glauben kann, der hat Vertrauen. Vertrauen ist immer eine sehr subjektive, persönliche Angelegenheit. Wie also können wir über Vertrauen oder Glauben groß sprechen? Es ist eine Sache der Erfahrung und des Lebens. Es schlicht zu leben, das sollte genügen.

In meinem Leben durfte ich eine Reihe von Gotteserfahrungen machen. Ich möchte definieren, was ich damit meine. Eine Gotteserfahrung bedeutet für mich das Gefühl: Er ist bei mir. Ich bin nicht allein, wir erleben diesen Moment zusammen. Es ist wie bei Liebeserfahrungen: Wenn wir einen Menschen lieben, dann spiegelt sich diese Liebe in bestimmten Momenten besonders wider. Es sind dies die Momente, in denen der andere unser Herz berührt und in denen eine große Intimität entsteht. Diese Harmonie kann man auch mit Gott erleben. Das Wort »Freundschaft« in Bezug auf Gott ist in meinen Augen ein zutreffendes Wort, um die Erfahrung einer solch intimen und tiefen Gemeinschaft zu beschreiben. Deshalb kann und will ich andere Menschen nicht von meinem Glauben überzeugen, wohl aber meine Erfahrungen anbieten, damit diese für andere von Nutzen sein können.

Ich kann nur für mich sprechen

Immer wieder spielte ich in meinem Leben mit dem Gedanken, mich von Gott zu verabschieden. Gott ist tot, so klang es damals in meinen Ohren. Aber ganz sicher war ich mir nicht. Mein Kopf hatte Gott für tot erklärt, aber mein Herz rebellierte. Was tun?

Ich erkundigte mich, wer wohl der klügste und überzeu-

gendste Atheist sei. Immer wieder wurde der Name des englischen Philosophen Bertrand Russell genannt, einer der
großen Denker des 20. Jahrhunderts. Ich besorgte mir sein
Buch *Warum ich kein Christ bin*. In diesem Werk, so wurde
mir gesagt, fände ich eine glasklare Logik, warum Religion
schädlich sei und wie eine rationale, aufgeklärte Welt aussehen sollte. Voller Spannung begann ich die Lektüre, nur um
nach einer gewissen Zeit festzustellen: Russell argumentierte
zwar intellektuell brillant, aber meinem Herzen nach
konnte er den Glauben nicht widerlegen. Es steht mir nicht
zu, allgemein über Glaube und Atheismus zu urteilen. Jeder
muss sich sein eigenes Urteil bilden. Glaube oder Nicht-
Glaube sind Teil unserer ganz persönlichen Lebensgestaltung. Ich kann nur für meinen Teil sagen: Die Lektüre von
Russell war spannend. Aber sie führte mich eher zurück
zum Glauben als zum Atheismus. Im Rückblick war es ein
Gewinn für mich. Und es war eine wichtige Erfahrung, dass
ich diesen Weg gegangen bin und mich bewusst mit seinen Gedanken auseinandergesetzt habe. Denn ich kam mit
einer eigenen, klaren Entscheidung aus dieser Erfahrung
heraus.

Es gab für mich nie gottlose Zeiten. Allerdings kenne ich natürlich den Zweifel. Wenn ich allein in meiner Zelle meditierte, kamen mir manchmal die Zweifel: Ist das alles Einbildung, was du da praktizierst? Du betest zu Gott, aber wer ist dieser Gott? ANSELM GRÜN

Wichtig von Anfang an

Seit ich zurückdenken kann, spielte Gott immer eine wichtige Rolle in meinem Leben. Als wir kleine Kinder waren, war für uns vor allem Weihnachten das Fest, an dem uns das Geheimnis Gottes aufgegangen ist: Wir feiern nicht nur ein äußeres Fest. Es ist ein Geheimnis. Gott kommt vom Himmel zu uns. Auch wenn ich als Kind nicht genau verstanden habe, was das ist, war dieses Geheimnisvolle mir immer bewusst. Meine Geschwister erzählen, dass ich schon als kleiner Junge gerne auf ein Podest gestiegen bin und meinen Geschwistern Predigten gehalten habe. Offensichtlich hat mich das, was der Priester in der Messe gesagt hat, angeregt, meine eigene kindliche Theologie zu entwickeln. Ich weiß nicht mehr, was ich da gepredigt habe. Ich kann mich nur erinnern, dass wir immer, wenn wir einen toten Vogel im Garten gefunden haben, ihn feierlich beerdigt haben. Wir haben uns ein Kreuz gezimmert und haben eine Prozession veranstaltet und ihn dann am Rand des Gartens beerdigt. Die Lieder, die wir dabei gesungen haben, waren nicht immer fromm. Wir wussten es nicht anders. Aber es war uns offensichtlich etwas Heiliges, was wir da gespielt haben.

Ich kann mich erinnern, wie mich in der Volksschulzeit die Singstunde in der Kirche immer berührt hat. Da haben wir die Lieder aus dem kirchlichen Gesangbuch gesungen.

Und ich habe als Kind immer meine eigenen Vorstellungen mit den Bildern der Lieder verbunden. Ich habe nicht alles verstanden. Aber es hat mich tief berührt. Und die Liturgie an Weihnachten und an den Kartagen hat mich schon in der Volksschule sehr angesprochen. Bei der Erstkommunion kann ich mich erinnern, wie ernst ich das genommen habe. Mir ist im Religionsunterricht aufgegangen, was das heißt: Gott kommt zu uns, und wir dürfen ihn in der Kommunion empfangen. Das war für mich nicht nur etwas Äußeres. Das hat mich tief bewegt. Und ich wurde dann auch Ministrant. Dort habe ich immer voller Begeisterung ministriert. Ich bin mit dem Heiligen aufgewachsen. Zu dieser Zeit habe ich ja dann auch mit meinem Vater den Wunsch besprochen, einmal Priester zu werden.

Mit zehn Jahren kam ich dann ins Internat nach St. Ludwig und Münsterschwarzach. Da begann jeder Tag mit dem Morgengebet und der Eucharistiefeier. Da war immer Gott im Mittelpunkt. Es gab auch in der Pubertät keine Auflehnung gegen Gott, sondern nur eine bewusstere Auseinandersetzung mit dem Glauben. Als ich dann in der Oberstufe in Würzburg war, begann gerade das Konzil. Da war eine Aufbruchsstimmung in der Kirche. Unser damaliger Religionslehrer vermittelte uns diese Aufbruchstimmung. Ich war stolz, katholisch zu sein, und wollte im Kloster dazu beitragen, dass dieser Glaube in der ganzen Welt verkündet wird. Als ich dann nach einigem Ringen in der Zeit vor dem Abitur in die Abtei Münsterschwarzach eintrat, da wollte ich mein ganzes Leben Gott zur Verfügung stellen. Wenn ich meine geistlichen Notizen aus der Noviziatszeit nochmals nachlese, dann merke ich, dass ich da sehr stark von meinem Willen und Verstand geprägt war. Ich wollte alle meine Fehler ausradieren, ganz und gar Christus nachfolgen. Doch dieses Streben war allzu ehrgeizig. Und vor allem habe ich meine psychische Struktur nicht genügend berücksichtigt. Es war der Erstlingseifer des Novizen, der sofort ein vollkommener Mönch werden wollte. Doch dann bin ich während des Studiums nicht in eine intellektuelle Krise geraten, sondern in eine emotionale. Ich spürte, dass ich nicht alles vom Verstand und vom Willen her regeln kann. Ich muss mich mit meinen Bedürfnissen und Gefühlen ernst nehmen. Gleichzeitig habe ich ehrgeizig weiterstudiert, möglichst viele Bücher gelesen: philosophische, theologische, exegetische und auch psychologische Bücher. Ich habe mich mit dem Glauben auseinandergesetzt. Aber es war nie eine theologische Krise. Da war auch nie ein radikaler Bruch zwischen dem Glauben der Kindheit und der theologischen Auseinandersetzung. Die theologische Auseinandersetzung hat den Glauben, der in der Kindheit grundgelegt wurde, nie infrage gestellt, sondern geklärt und weiterentwickelt. Wenn ich zurückdenke, so bin ich dankbar, dass wir in der Kindheit nie auf ein allzu enges Gottesbild festgelegt worden sind. Der Glaube hat sich mit dem Verstand immer weiterentwickelt.

Fragen – zu Ende gedacht

Es gab für mich auch nie gottlose Zeiten. Allerdings kenne ich natürlich den Zweifel. Wenn ich allein in meiner Zelle meditierte, kamen mir manchmal die Zweifel: Ist das alles Einbildung, was du da praktizierst? Du betest zu Gott, aber wer ist dieser Gott? Machst du das nur, um in dieser Welt – oder jetzt konkret in deinem Kloster – zurechtzukommen? Ist es eine Ideologie, die deine Lebensweise rechtfertigt? Aber wenn solche Fragen in mir aufstiegen, habe ich sie immer zu Ende gedacht. Ich habe sie mir eingestanden: Gut, es kann sein, dass alles Einbildung ist, dass die Bibel nur geschrieben wurde, damit die Jünger ihre Enttäuschung über den Tod Jesu überwinden konnten, dass die Theologie nur ein Versuch ist, in dieser Welt zurechtzukommen. Denn ohne Glauben wäre alles kälter. Aber wenn ich diese Alternative zu Ende denke, dann kommt in mir das Gefühl hoch: Nein, dann wäre alles absurd. Dann wäre all unser menschliches Erkennen nur Illusion. Dann gibt es keine Wahrheit, sondern nur Strategien des Lebens. Und jeder könnte sich seine eigene Strategie entwickeln. Wenn ich solche Gedanken zulasse, dann entscheide ich mich für den Glauben. Ich sage mir: Ich traue der Bibel, ich traue einem hl. Augustinus, einer hl. Teresa von Avila, einem hl. Anselm. Ich setze auf diese Karte. Und dann spüre ich wieder Frieden in mir. Aber auch wenn ich zu den Festen des Kirchenjahres predige, frage ich mich immer neu: Was heißt es wirklich, dass Gott Mensch geworden ist, dass Jesus auferstanden ist? Ich frage nicht, um den Glauben abzuwehren, sondern um ihn zu vertiefen, um ihn für mich selbst verstehen zu können. Ich folge da meinem Namenspatron Anselm von Canterbury, der das Programm aufgestellt hat: *fides quaerens intellectum* – der Glaube, der nach Einsicht sucht. Ich versuche zu verstehen, was ich glaube. Und nur wenn ich es verstehe, kann ich es wirklich glauben.

Gottesbegegnungen

Teresa von Avila bezeichnet Gott als ihren Freund. Den Begriff »Freundschaft mit Gott« würde ich für mich selber nicht in Anspruch nehmen. Für mich ist Gott die Wirklichkeit, vor der und in der ich lebe, das Geheimnis, das mich umgibt. Ich suche Gott, und manchmal erfahre ich ihn als das Geheimnis, das mein Herz berührt. Manchmal erfahre ich ihn auch als das Du, das mich anspricht, das mich herausfordert, vor dem ich mein Herz öffnen, dem ich meine eigene Wahrheit zeigen kann, weil ich weiß, dass Gott Liebe ist, dass Gott alles in mir annimmt und mit seiner Liebe durchdringt. Ich würde nicht von Freundschaft mit Gott sprechen, sondern von der Begegnung mit Gott. Ja, im Gebet begegne ich Gott. Da halte ich meine eigene Wahrheit Gott hin. Und Gott ist für mich die Herausforderung, mich meiner eigenen Wahrheit zu stellen, meine Schattenseiten anzuschauen und sie Gott hinzuhalten. Vor Gott kann und will ich nichts verbergen. Und da spüre ich, dass es mir guttut, meine ganze Wahrheit vor Gott zuzulassen und zu vertrauen, dass alles in mir von Gottes Liebe angenommen und verwandelt wird. Das heißt für mich nicht, dass ich vor Gott immer so bleiben kann, wie ich bin. Das Ziel meiner Begegnung mit Gott ist ja, dass alles Gottfremde in mir von Gottes Geist durchdrungen wird, dass alles Dunkle von seinem Licht erhellt wird, dass alles Falsche und Verstellte in mir verwandelt wird in das, was meinem Wesen entspricht. Gott ist für mich weniger der, bei dem ich ausruhen kann. Das sind zwar durchaus auch wichtige Erfahrungen Gottes: Bei Gott bin ich geborgen; da kann ich Heimat erfahren, weil das Geheimnis selber mich umgibt und in mir wohnt. Aber wenn ich Gott nur als Ort der Geborgenheit sehe, dann besteht die Gefahr, dass ich mich mit religiösen Gefühlen einlulle, dass ich Gott nur dazu benutze, damit es mir gut geht, damit ich Geborgenheit erfahren kann mitten in einer ungeborgenen Welt. Gott ist für mich immer auch Herausforderung. Wenn ich im Gebet Gott begegne, komme ich zur Ruhe. Aber zugleich komme ich in Berührung mit meiner Wahrheit. Und diese Wahrheit besteht auch darin, dass ich in manchen Bereichen an mir vorbeilebe, dass ich mich verfehle. Dieses Sich-Verfehlen bezeichnet die Bibel als Sünde, als *hamartia* (»das Ziel verfehlen«). Die Begegnung mit Gott richtet mich immer wieder aus nach Gott. Und ich halte meine Wunden, meine Verletzungen, meine verdrängten Schattenseiten Gott hin, damit seine Liebe alles in mir durchdringt. Gott hält mich in Bewegung. Für mich ist Gott immer beides: der Schöpfer, der die ganze Welt geschaffen hat, vor dem ich niederfalle – und der Gott, der in mir wohnt, der mein tiefster Grund ist, auf den ich stoße, wenn ich in mich hineinhorche. Gott ist für mich Heimat, und Gott ist zugleich der Gott, der mich herausführt aus der Enge in die Weite. Gott ist in der Bibel immer auch der Exodus-Gott, der Israel aus Ägypten führt. Und dieser Exodus-Gott hindert mich daran, mich in frommen Gefühlen und Gedanken einzurichten. Er fordert mich auf, immer wieder auszuziehen. Und Gott ist auch der, der mich herausfordert, von dem Kreisen um mich zu lassen und mich den Menschen zuzuwenden. Gott ist der Anwalt der Armen. Er lässt mich nicht in Ruhe. Er bringt mich in Bewegung auf die Menschen hin.

Offen für das Geheimnis

Wenn mir Menschen erzählen, dass sie nicht an Gott glauben, dann frage ich immer nach: An welchen Gott glaubst du nicht? Oder warum glaubst du nicht an Gott? Wenn ich dann mit diesen Menschen spreche, dann erkenne ich, dass sie den Gott ablehnen, von dem sie ein ganz bestimmtes Bild haben. Oft ist es ein zu konkretes Bild, das man ihnen als Kind vermittelt hat. Für mich ist die Frage, ob jemand an Gott glaubt oder nicht, nicht so leicht zu beantworten. Viele, die sich als Atheisten bezeichnen, lehnen ein ganz bestimmtes Gottesbild ab. Oft ist es ein Gott, den man beweisen möchte. Den können sie nicht annehmen. Aber wenn ich mit ihnen über das Geheimnis spreche, dann sind manche offen. Karl Rahner, über den ich ja promoviert habe, bezeichnet Gott immer als das absolute Geheimnis. Und wer für das Geheimnis offen ist, der ist letztlich auch für Gott offen, der meint mit dem Geheimnis den unbegreiflichen und letztlich unbeschreiblichen Gott. Ich spreche daher mit den sogenannten Atheisten über das, was sie berührt. Ist es die Natur? Was fasziniert mich an der Natur? Ist es die Schönheit, die Ordnung, die inneren Gesetze, die Lebendigkeit? All das sind letztlich Namen für Gott. Gott ist das Urschöne, das in jeder Schönheit aufleuchtet. Gott ist der, der alles ordnet, der alles durch sein Wort erschaffen hat, sodass alles für uns verständlich erscheint. Und Gott ist das wahre Leben, das in jedem Leben erahnt wird. Bei anderen ist es die Musik, die sie fasziniert. Aber was höre ich genau, wenn mich Musik berührt? Im Hören höre ich immer auch das Unhörbare mit. Und Hören führt in die Geborgenheit, wie Martin Heidegger sagt. Da spüre ich etwas von der Geborgenheit bei Gott. Wenn ich Worte der Bibel höre, dann kann ich sie nicht immer mit dem Verstand begreifen. Aber sie schaffen Geborgenheit. Sie schließen mir eine andere Welt auf. Und ich ahne, dass diese Welt keine Illusion ist, sondern die eigentliche Wirklichkeit, die ich nur oft genug nicht sehe, weil ich mich mit Vordergründigem begnüge. Wenn jemand ein Auge für die Kunst hat, dann unterhalte ich mich mit ihm über das, was er da wirklich sieht. Ist es nur die gelungene Technik des Malers, des Bildhauers? Oder ist da eine Idee zum Ausdruck gebracht, die in tiefere Schichten reicht? Oder leuchtet da nicht auch etwas von der Urschönheit Gottes auf? Und wenn jemand Dichtung liebt, dann taucht er ja beim Lesen in eine andere Welt ein, die anders ist als die, in der er im Alltag lebt. In dieser anderen Welt leuchtet immer auch etwas von der ganz anderen Welt Gottes auf. Die Frage, ob jemand glaubt oder nicht, entscheidet sich nicht immer an seinem Glaubensbekenntnis, sondern daran, ob er offen ist für das Geheimnis, für etwas, das größer ist als er selbst. Es gibt auch Glaubende, die Gott für sich benutzen. Sie sind gerade nicht offen für das Geheimnis Gottes. Sie haben Gott für sich in Anspruch genommen und haben sich ihr eigenes Gottesbild gemacht. Der jüdische Dichter Paul Celan sagt einmal: Es gibt keinen Glauben ohne Sprache und keine Sprache ohne Glauben. Ob ich an Gott glaube oder nicht, zeigen nicht meine frommen Worte, sondern die Art und Weise, wie ich mit Menschen, über Menschen und zu Menschen spreche – und wie ich mit ihnen umgehe. Auch meine Handlungen sprechen ja eine Sprache. Und auch darin drückt sich mein Glaube oder Unglaube aus.

Fragen, die sich stellen

Manchmal erschrecke ich, wenn ich mit Menschen zu tun habe, für die Gott gar kein Thema ist. Sie sind keine bekennenden Atheisten. Sie müssen Gott nicht leugnen. Denn die Frage nach ihm berührt sie gar nicht. Sie gehen so auf in ihren Denkmustern, dass sich die Frage nach Gott gar nicht stellt. Zunächst muss ich eingestehen, dass ich mich schwertue, diese Menschen zu verstehen. Denn für mich gibt es kein Nachdenken, das nicht auch um die Frage nach Gott kreist. Ich höre dann diesen Menschen zu, wenn sie von ihrem Leben erzählen und von der Deutung, die sie ihrem Leben geben. Dann frage ich sie: »Woher nehmen Sie das Recht, Ihr Leben so zu deuten? Könnte man es nicht auch anders deuten? Könnte man es nicht auch vom Glauben an Gott her deuten? Bekommt das Ganze dann nicht mehr Sinn?« Aber ich stelle nur Fragen. Ich will nicht belehren und auch nicht bekehren. Ich will niemanden zum Glauben drängen. Aber für mich gehört die Frage nach Gott wesentlich zum Nachdenken über das Geheimnis des eigenen Lebens.

Die Frage, warum es den Guten so schlecht geht und den Bösen so gut, haben sich schon die Frommen des Alten Testamentes immer wieder gestellt. Die Psalmbeter ringen mit dieser Frage. Aber sie ringen sich letztlich immer durch zu dem Vertrauen, dass Gott ihr Fels ist, dass Gott der feste Grund ist, auf dem sie stehen – durch alle Zweifel an Gottes Gerechtigkeit hindurch. Ein gutes Beispiel für solches Ringen mit dieser Frage ist Psalm 73. Da betet der Psalmist: »Ums Haar wären ausgeglitten meine Schritte, da ich das Glück der Frevler sah. Sie haben keine Qualen, ihr Leib ist gesund und wohlgenährt« (Ps 73,2–4). Doch dann denkt er über das Ende der Frevler nach: »Wahrlich, du stellst sie auf schlüpfrigen Grund, in Trug und Täuschung lässt du sie fallen« (Ps 73,18). Und dann besinnt sich der Beter auf seine Beziehung zu Gott. Die ist ihm Trost bei allem, was ihn von außen befallen kann: »Bei dir bin ich schon immer, du hast meine rechte Hand ergriffen. Du leitest mich nach deinem Ratschluss, hernach nimmst du mich auf in Herrlichkeit« (Ps 73,23f.). Die Frage ist also: Wem geht es wirklich gut? Die Glaubenden werden oft mit genauso viel und manchmal sogar mit mehr Leid konfrontiert als die Nichtglaubenden: mit Krankheit, Unglück, Tod. Aber die Frage ist, ob ihnen der Glaube nicht hilft, das Leid, das sie trifft, zu bewältigen. Ich möchte dem Nichtglaubenden nicht sein Glück absprechen. Aber wenn er wirklich glücklich ist, dann deshalb, weil er sich in seiner Beschränktheit angenommen hat und dankbar ist für sein Leben. Und die Frage ist, ob diese Dankbarkeit – auch wenn er sie nicht mit Gott in Verbindung bringt – nicht doch letztlich einem gilt, der oder das größer ist als wir selbst. Manchmal haben Nichtglaubende besser verstanden, sich mit der Begrenztheit ihres Lebens auszusöhnen, als Glaubende. Letztlich verwirklichen sie damit eine Haltung, die uns Jesus verkündet hat. Manche Glaubenden wollen Gott als Versicherung sehen, dass es ihnen besser geht als den anderen. Doch damit haben sie den Geist Jesu nicht in sich aufgenommen.

In der Frage nach Glauben oder Unglauben ist die Grenze nicht eng und eindeutig zu ziehen. Ich kann von mir aus auch gar nicht beurteilen, ob der andere wirklich glaubt oder nicht. Manchmal verbirgt sich Unglaube hinter frommen Worten. Und manchmal zeigt sich der Glaube in rein weltlicher Sprache. In mir selbst gibt es immer beide Bereiche: Der Unglaube in mir fordert mich heraus, meinen Glauben immer wieder zu reinigen von Projektionen und Illusionen. Und ich muss immer wieder aus dem Zweifel zum Glauben kommen. Es ist ein ständiger Prozess. Ich habe den Glauben nicht als festen Besitz. Ich muss immer wieder um ihn ringen, ihn immer neu erringen. Letztlich gilt für unseren Glauben das Wort, das der Vater des besessenen Jungen zu Jesus sagt: »Ich glaube, hilf meinem Unglauben« (Mk 9,24). Wir sind immer Gläubige und Ungläubige zugleich. Wir sollen ringen um unseren Glauben und Gott immer wieder bitten, unseren Glauben zu stärken.

17

~

Die Begrenztheit
unseres Daseins

*Der hl. Benedikt mahnt uns Mönche, uns den Tod
täglich vor Augen zu halten. Diese Übung führt
dazu, dass wir uns täglich unserer Endlichkeit bewusst werden.* ANSELM GRÜN

Begegnungen mit dem Tod

Ich bin das erste Mal mit dem Sterben in Berührung gekommen, als ich mit meinen Geschwistern und mit meinem Vater beim Baden war. Es gab bei uns in der Nähe einen Bag-
gersee. Dort sind wir im Sommer oft hingegangen, um zu
schwimmen. Mein Vater hat uns das Schwimmen beigebracht. Es war an einem Sonntagnachmittag. Wir hatten
wieder Spaß beim Baden und beim Versuch, zu schwimmen. Da bekamen wir mit, dass in der Nähe ein Mädchen
ertrunken war. Man hatte Taucher herbeigerufen, aber sie
konnten das Mädchen nur noch tot bergen. Ich kann mich

noch erinnern, wie der Vater stumm bei seiner Tochter saß und alle Menschen im Umkreis verstummt sind. Dieser Mann war der Mittelstürmer beim TSV Gräfelfing. Wir Kinder waren damals alle begeisterte Fußballer und haben gerne bei den Spielen des TSV Gräfelfing zugesehen. Doch nun war dieser gute Fußballer geknickt, ratlos, verstummt. Ich kann mich noch erinnern, wie wir selbst einfach still dagesessen sind. Dann sind wir still nach Hause gegangen. Der Tod dieses Mädchens hat uns für die nächsten Wochen die Freude am Baden genommen.

Ich habe meine Großeltern nie gekannt. Sie waren alle schon gestorben, als meine Eltern geheiratet haben. Ich bin 1945 geboren. Das große Sterben des Krieges war schon vorbei, als ich das Leben wahrgenommen habe. Aber mein Vater erzählte uns bei den sonntäglichen Spaziergängen manchmal von Menschen, die in diesem oder jenem Haus gelebt hatten und durch Bomben getötet worden waren. Den realen Tod habe ich dann erst mit etwa sieben Jahren erlebt, bei diesem Badeunfall. Als Ministranten haben wir auch bei Beerdigungen ministriert. Aber da hatten wir zu den Verstorbenen kaum eine Beziehung. Im Kloster habe ich dann alte Mitbrüder sterben sehen. Der erste Tod, der mich im Kloster wirklich berührt hat, war der meines Onkels, P. Sturmius. Er war erst 62 Jahre alt. Er hatte etwa zehn Jahre vorher schon einmal einen Schlaganfall erlitten. Seitdem hatte er Probleme mit dem Schlafen. Aber er war bis zuletzt aktiv. Er hat immer die neueste Literatur studiert und auch selbst Bücher geschrieben. Ich war gerade im Studium in St. Ottilien, als mir durch einen Anruf mitgeteilt wurde, dass mein Onkel gestorben war. Ich fuhr sofort mit meinem Cousin, P. Udo, nach Münsterschwarzach. Dort waren meine Eltern und Udos Eltern schon eingetroffen. Ich kann mich gut daran erinnern, dass ich meinen Vater sah, wie er mit uns in die Krypta hinunterstieg, in der mein

Die Begrenztheit unseres Daseins

Onkel aufgebahrt lag. Da spürte ich seine Erschütterung. Mein Vater war fünf Jahre älter als mein Onkel. Da sah er nun seinen jüngeren Bruder im Sarg liegen. Das hat ihn sehr bewegt. Mein Vater war aus einer Generation, die auch am Sarg eines nahen Verwandten nicht geweint hat. Aber ich spürte seine tiefe innere Bewegung.

Dann starb fünf Jahre später mein Vater. Es war sehr plötzlich. Am Samstagabend aß er zu Abend und trank ein Glas Bier. Er wollte zur Maiandacht gehen. Da fiel er plötzlich leblos zu Boden. Mich erreichte der Anruf in Rom während meines Studiums. Da spürte ich, was es heißt, Abschied zu nehmen. Es war für mich wichtig, die Beziehung zu meinem Vater genauer anzuschauen, zu überlegen, was ich meinem Vater verdankte. Und ich erkannte, dass ich meinem Vater viel verdanke: das Vertrauen in die Menschen, die innere Freiheit, den Mut, etwas zu wagen, und die Spiritualität, die meinen Vater sein Leben lang geprägt hat. Ein Jahr später starb meine Nichte mit sechs Jahren, kurz vor ihrem Schuleintritt. Sie wurde, als sie gerade einen Schritt auf die Straße gemacht hatte, um sich umzuschauen, von einem Auto erfasst. Da spürte ich vor allem den Schmerz und die Trauer bei meinem Bruder und seiner Frau, aber auch bei meiner Mutter. Meine Mutter hatte den Tod meines Vaters gut verkraftet. Aber beim Tod ihrer Enkelin wurde die Trauer um ihren Mann von Neuem lebendig. Da trug sie eine doppelte Trauer. Ein Jahr später starb wenige Tage nach der Geburt der Sohn meines anderen Bruders Konrad. Auch da hielt ich die Beerdigung und stellte mich der eigenen Trauer und der Trauer meines Bruders und seiner Frau. Seitdem habe ich viele Menschen sterben sehen, vor allem natürlich Mitbrüder. Manche Mitbrüder starben, ohne dass es mich tief bewegte. Aber es gab eben auch Mitbrüder, bei denen ich sehr trauerte. Sie haben mich geprägt, und sie fehlten mir als Halt und Stütze. Als ich dann 55 Jahre alt war, starb meine Mutter. Sie war nach einem Oberschenkelhalsbruch ein Jahr lang krank gewesen. Dennoch kam ihr Tod dann plötzlich. Da wurde mir nochmals deutlich, was es heißt, keine Eltern mehr zu haben. Jetzt muss ich selber für andere Vater und Mutter sein. Ich kann mich nicht mehr anlehnen an den Vater oder an die Mutter. Und wir spürten, wie die Mutter der Familie fehlte. An ihrem Geburtstag hat sich immer die ganze Familie getroffen. Jetzt fehlte dieser jährliche Festtag. Allmählich wurden dann die runden Geburtstage in der Familie wieder zu einem gemeinsamen Treffen aller. Wir spürten, wie gut es uns tat, sich zu treffen und gemeinsam zu feiern.

Ich bin dankbar für die Träume, in denen ich von meinem Vater und von meiner Mutter geträumt habe. Diese Träume zeigen mir, dass die Qualität des Vaters und die der Mutter in mir sind, dass die verstorbenen Eltern mich weiterhin begleiten und mir den Rücken stärken für meine Aufgaben. Und bei der Eucharistiefeier erinnere ich mich immer wieder daran, dass ich sie in Gemeinschaft mit all den Verstorbenen feiere, die ich gekannt habe. Beim Vaterunser denke ich oft an meinen Vater, wie er dieses Gebet voller Ernst gebetet hat, als sein Geschäft in Konkurs ging und für seine Familie mit den sieben Kindern die Gefahr der Armut drohte. Da war für ihn das Vaterunser ein Halt, nicht aufzugeben und weiterzukämpfen. Und er hat es geschafft, seine Familie weiterhin gut zu ernähren und für sie zu sorgen. Wenn ich das Vaterunser in Erinnerung an ihn bete, dann fühle ich mich im Beten eins mit ihm. Und dann habe ich teil an seiner Glaubenskraft. Und wenn ich den Rosenkranz bete, denke ich an meine Mutter, die täglich zwei Rosenkränze für ihre Kinder und Enkelkinder gebetet hat. Das war für sie ein Ritual, bei dem sie sich in Liebe verbunden fühlte mit ihren Kindern und Enkelkindern und ihre Sorgen um sie Gott und Maria anvertraute.

Rituale der Mönche

Der hl. Benedikt mahnt uns Mönche, uns den Tod täglich vor Augen zu halten. Diese Übung führt dazu, dass wir uns täglich unserer Endlichkeit bewusst werden. Wir leben aber immer angesichts des Todes, weil in jedem Jahr Mitbrüder sterben. Wenn ein Mitbruder in der Krankenstation dem Tod nahe ist, dann lädt der Krankenbruder uns ein, uns für die Nachtwache einzutragen. Keiner soll allein sterben. Wenn es zu Ende geht, kommen der Abt und der Prior zusammen mit anderen Mitbrüdern, um bei dem Sterbenden zu beten. Dann halten wir am Abend des Sterbetages oder des folgenden Tages eine Vigil für den verstorbenen Mitbruder. Er wird im Kapitelsaal aufgebahrt. Wir sitzen zuerst eine halbe Stunde schweigend davor, bis alle Mitbrüder eingetroffen sind. Dann singen wir die Vigil und begleiten singend den Sarg in die Kirche. Dort wird er in einer eigenen Totenkapelle aufgebahrt. Und bis zur Beerdigung wachen dort immer Mitbrüder. Dann feiern wir das Requiem in der Kirche und tragen ihn anschließend auf unseren Friedhof. Am Abend des Beerdigungstages ist dann eine sogenannte Erzählrekreation: Wir kommen zusammen, und jeder, der Eindrücke vom und Erinnerungen an den verstorbenen Mitbruder erzählen will, sagt das, was ihm wichtig erscheint. So entsteht ein Porträt des verstorbenen Mitbruders. Er wird nochmals gewürdigt für das, was er getan und wie er unter uns gelebt hat.

Trauer und Hoffnung

Ich halte jedes Jahr Trauerkurse. Ein Kurs fällt mir besonders schwer: der Kurs für verwaiste Eltern mit dem Titel »Tod zur Unzeit«. Da spüre ich, dass ich ganz vorsichtig sein muss mit meinen Worten. Man kann das Leid der Eltern, die ein Kind verloren haben, mit frommen Worten noch mehren. Die Eltern fühlen sich dann nicht verstanden, sondern eher verletzt. Ich halte die Verzweiflung und die Trauer der Menschen aus. Und dann versuchen wir, durch Rituale die Trauer zu verwandeln in eine stille Hoffnung, dass das verstorbene Kind die Familie weiter begleiten wird wie ein Engel. In der Eucharistiefeier erleben wir dann die Gemeinschaft mit all den verstorbenen Kindern, deren Bilder in der Mitte des Raumes liegen.

Wenn ich einem zehnjährigen Menschen den Tod erklären sollte, würde ich sagen: »Unser Leben ist immer begrenzt. Wir wissen nicht, wie lange wir leben. Und wir wissen nicht, warum dieser Mensch gerade jetzt sterben musste. Der Gedanke an den Tod soll uns einladen, jetzt bewusst und gut zu leben.« Ich würde sagen: »Dein Großvater ist gestorben. Sein Leichnam wird verwesen. Aber seine Seele ist zu Gott aufgestiegen. Und bei Gott wird dein Großvater ganz in die einmalige Gestalt hineinwachsen, die Gott ihm gegeben hat. Dein Großvater wird in Gott auch eins sein mit all den Menschen, die er gekannt und geliebt hat: mit deiner Großmutter, mit seinen eigenen Eltern und Geschwistern. Und du darfst ihn bitten, dass er vom Himmel her auf dich aufpasst und Gott um Segen für dich bittet. Und du wirst ihn wiedersehen, wenn du stirbst. Dann ist er natürlich nicht mehr in dem alten Leib, den du gekannt hast, sondern in einem neuen, verwandelten Leib. Aber du wirst ihn wiedererkennen. Und du wirst die Verbundenheit mit ihm und mit allen Menschen spüren, die du gekannt und geliebt hast.«

Wie ich sterben möchte

Ich würde gerne bewusst sterben und ganz bewusst auf den Tod zugehen. Dann könnte ich Abschied nehmen von den Menschen, die mir wichtig sind. Ich würde ihnen nochmals danken für das, was sie mir geschenkt haben. Und ich würde ihnen sagen, was mir in meinem Leben wichtig war und was ich ihnen für ihren Weg weiterhin wünsche. Und ich stelle mir vor, dass ich dann alles gut loslassen und mich in Gottes gute Hände fallen lassen kann. Das ist die Idealvorstellung vom Tod. Aber ich weiß zugleich, dass ich mir meinen Tod nicht aussuchen kann. Der Tod kann mich plötzlich überfallen wie meinen Vater. Oder er kann nach langer Krankheit nach mir greifen. Er kann mich aber auch in der Demenz oder Bewusstlosigkeit erreichen. Und ich weiß nicht, wie friedlich und bewusst ich meinen Tod erlebe. Vielleicht gibt es vor meinem Tod noch Kämpfe, Kämpfe mit den Schmerzen oder auch Auseinandersetzungen mit all dem, was ich in meinem Leben verdrängt habe. Ich überlasse es Gott, wie er mich sterben lässt. Natürlich kann ich mich hier auf ein gutes Sterben vorbereiten. Das war ja immer eine alte Tradition: um eine gute Sterbestunde zu beten oder sich durch Meditation oder durch die »Ars Moriendi« auf das Sterben vorzubereiten. Die Menschen, die sich auf das Sterben vorbereitet haben, wussten, dass es nicht in unserer Hand liegt, wie wir sterben, sondern dass wir des Segens Gottes bedürfen. Was wir selber tun können, ist, uns selbst und alles, woran wir uns klammern, loszulassen, uns auszusöhnen mit unserem Leben und mit den Menschen, mit denen wir zusammengelebt haben. Sterbebegleiter erzählen mir, dass nur die Menschen im Frieden gehen können, die sich vorher ausgesöhnt haben mit ihrer Lebensgeschichte und mit Menschen aus ihrer Nähe. Manchmal denkt man: Diese Frau müsste doch sterben. Sie ist sterbenskrank. Aber sie stirbt nicht. Sie quält sich ab. Und dann erfährt die Sterbebegleiterin, dass sie an ihre Tochter denkt, mit der sie unversöhnt lebt. Der Tod stellt uns vor die Aufgabe, all das Unaufgearbeitete in unserem Leben noch zu erledigen: nicht äußere Arbeiten zu Ende zu bringen, sondern die innere Arbeit des Versöhnens und Loslassens.

Hoffnung über den Tod hinaus

Ich habe die Hoffnung, dass ich in Gottes Liebe hineinsterbe und in dieser Liebe eins werde mit Gott, dass mir im Tod das Geheimnis Gottes aufgeht und ich das schauen kann, woran ich bisher nur geglaubt habe. Ich hoffe darauf, dass ich all die Menschen wiedersehe, die mir in meinem Leben wichtig waren. Und ich hoffe, dass wir gemeinsam mit Gott eins werden und in Gott miteinander verbunden sind. Ich vertraue den Bildern, die mir die Bibel vor Augen stellt: den Bildern von Herrlichkeit, von Liebe, von Licht, von Fest und Feier, vom Hochzeitsmahl. Sie geben mir die Hoffnung, dass ich im Tod die Erfüllung all meiner Sehnsucht erleben werde. Aber wie diese Erfüllung dann konkret aussieht, das kann ich nicht mehr beschreiben. Denn zugleich weiß ich auch, dass Gott und seine Ewigkeit jenseits aller Bilder sind. Aber ich hoffe auf die Erfüllung meiner tiefsten Sehnsucht. Und wenn ich daran denke, dann weicht in mir die Angst, die ich auch vor dem Tod kenne – etwa als Angst vor Kontrollverlust –, und ich kann mich mit Johann Sebastian Bach auf meinen Tod freuen. Er lässt ja den greisen Simeon in der Kantate *Ich habe genug* singen: »Ich freue mich auf meinen Tod. Ach hätt er sich schon eingefunden. Da entkomm ich aller Not, die mich noch auf der Welt gebunden.« Für Bach war diese Freude auf den Tod keine Flucht vor der Verantwortung für sein Leben. Er stand mit 42 Jahren mitten im Leben, als er diese Arie komponierte. Und er hat sein Leben leidenschaftlich geliebt. Trotzdem gab die Gewissheit über das, was uns im Tod erwartet, ihm Gelassenheit und Vertrauen, sein Leben, das immer auch von Leid geprägt war, zu bewältigen.

Natürlich kenne ich noch eine andere Hoffnung über den Tod hinaus. Ich hoffe auch, dass meine Bücher nicht ganz in Vergessenheit geraten, dass sie auch nach meinem Tod noch gelesen werden. Ich bin mir zwar bewusst, dass Bücher auch ihre Zeit haben und wieder vergessen werden. Nach ihrem Tod hat man die Bücher von Karl Rahner oder von Romano Guardini auch eine Zeit lang vergessen. Aber trotzdem werden sie immer wieder gelesen. Auch da überlasse ich es Gott, was er mit den Gedanken macht, die ich aus meinem Glauben heraus geschrieben habe, um andere in ihrem Glauben zu stärken. Vielleicht braucht es dann andere spirituelle Autoren, die die Fragen der Menschen ansprechen und ihnen Antworten geben, die ihr Herz berühren. Und ich weiß, dass es mir im Himmel nichts mehr ausmacht, ob meine Bücher noch gelesen werden oder nicht. Aber hier ist es doch eine Hoffnung, dass zumindest noch einige Menschen an mich denken und dass der Eindruck, den ich hinterlassen werde, der eines Menschen ist, der ein weites Herz hatte und der sich zeit seines Lebens bemüht hat, so zu leben, wie er es mit seinen Worten zum Ausdruck gebracht hat.

*Was würde der Verstorbene zu uns sagen, wenn
wir mit ihm für einige Minuten sprechen könnten? Will er, dass wir leiden, oder will er, dass wir
leben?* WALTER KOHL

Ein friedliches Sterben

Meine erste, noch eher indirekte Begegnung mit dem Tod
hatte ich im Oktober 1975, als mein Opa Hans Kohl starb.
Ich war damals zwölf Jahre alt. Zusammen mit meiner Mutter besuchten wir Opa und Oma in ihrem Haus in Lud-
wigshafen-Friesenheim, keine fünf Kilometer von meinem
Elternhaus entfernt. Opa ging es an diesem Tag sehr
schlecht. Obwohl die Heizung mit voller Kraft lief und er
dick eingepackt in Jacken und Decken in seinem grünen
Stammsessel saß, fror er entsetzlich. Auch sah er ganz blass
aus, seine Haut war fast durchsichtig geworden, wie bei
sehr feinem Porzellan. Als Kind spürte ich, dass etwas Besonderes in der Luft lag. Aber es wäre mir nie in den Sinn
gekommen, dass mein Opa bald sterben würde.

Plötzlich rief meine Mutter per Telefon ein Taxi und sagte
mir, dass ich nun alleine nach Hause fahren sollte. Ich war
perplex, so etwas hatte es noch nie gegeben: Ich sollte alleine
mit einem fremden Mann nach Hause fahren. Dieser Gedanke stellte so ziemlich alles auf den Kopf, was mir bisher
gesagt worden war, schließlich hatten die Terrorjahre mit ihren Sicherheitsproblemen gerade erst traurige Höhepunkte
erlebt. Doch es gab keine Widerrede. Ich stieg also in das
Taxi und fuhr nach Oggersheim zurück. Später am Abend
berichtete mir meine Mutter, dass Opa etwa eine Stunde später ruhig in ihren Armen gestorben sei. Sie erzählte es mir in
sehr ruhigem Ton, fast gelassen, sodass ich ihr glaubte, als sie
sagte, dass der Tod für Opa eine Erlösung gewesen sei.

Die Tage nach seinem Tod waren voller Hektik. Die Beerdigung selbst habe ich nicht mehr in Erinnerung, wohl aber den Leichenschmaus. Ich glaube, es war mein Vater, der eine kurze Rede auf Opa hielt. Am Ende sagte er, dass Opa sicher nicht wolle, dass wir jetzt traurig hier zusammensitzen, sondern dass er uns fröhlich miteinander sehen wolle. Diese Worte beruhigten mein kindliches Gemüt sehr. Zusammen mit dem, was meine Mutter mir gesagt hatte, hatte ich damals das Gefühl, dass nichts wirklich Schlimmes passiert war, sondern dass dieser Tod in Ordnung sei.

Ich war fast froh, dass Opa so friedlich sterben durfte, da doch der Tod in meinem damaligen Leben an jeder Ecke zu lauern schien. Warum? Weil in der gleichen Zeit die ersten Toten des RAF-Terrorismus zu beklagen waren. Als Familie lebten wir in der höchsten Gefährdungsstufe und erhielten eine Vielzahl von Morddrohungen, insgesamt wohl mehrere Hundert. Angst, manchmal wirkliche Todesangst griff in meinem engsten Umfeld um sich. Eine bizarre Situation entstand: Da war auf der einen Seite dieser beinahe friedliche Tod meines Opas, und andererseits schien überall ein gewaltsamer, hässlicher Tod durch Terroranschläge zu lauern. Ich war als Kind und Jugendlicher mit dieser Situation überfordert. Die Konsequenz war: Ich trat die innere Flucht vor dem Thema an, indem ich den Tod als Realität völlig ausblendete.

Der Tod meiner Mutter

Diese Haltung änderte sich schlagartig am 5. Juli 2001, dem Tag, an dem meine Mutter Suizid beging. Plötzlich war der Tod mit einem Paukenschlag in mein Leben zurückgekehrt, und dann auch noch ganz nah. Gegen Mittag erhielt ich in meinem Frankfurter Büro den Anruf, dass meine Mutter tot sei. Keine Stunde später war ich bei ihr in Oggersheim. In meinem Herzen ist ein Film eingebrannt, der diesen letzten Weg archiviert. Ich weiß noch genau, wie ich die Treppe zu meinem Zimmer hochlief, die Tür öffnete und sie dann in meinem Jugendbett tot liegen sah. Sie lag völlig entspannt da, so als ob sie sagen wollte: »Siehst du, Walter, so ist es.« Ich blickte dem Tod in Gestalt meiner Mutter in die Augen, und er hatte nichts Bedrohliches mehr für mich.

Mein Schmerz über den Tod meiner Mutter war übergroß, vor allem auch darüber, dass es keinen Abschied gegeben hatte. Aber seltsamerweise hatte der Tod in der Sekunde, in der ich das Zimmer betrat, seinen Schrecken für mich verloren. Mein Schmerz bezog sich auf den Verlust eines geliebten Menschen, nicht auf den Tod.

Meine Mutter war in den Jahren zuvor schwer krank gewesen und litt zudem an einer Reihe von Problemen. Sie konnte und wollte nicht mehr leben. Sie war im wahrsten Sinne des Wortes ihres Lebens überdrüssig geworden. Sie hatte keinen Sinn und keine Hoffnung mehr. Zu viel Verrat, menschliche Niedertracht, Hoffnungslosigkeit sowie die Schmerzen ihrer Krankheit hatten sie jenseits ihrer Grenzen gebracht, sodass sie kapitulierte.

Vor einigen Jahren konnte ich meinen Frieden mit ihrem Suizid schließen. Gerne besuche ich sie heute an ihrem Grab, bete dort und sage ihr, was sich in meinem Leben ereignet. Ich möchte sie teilhaben lassen. In meiner Versöhnungsarbeit treffe ich immer wieder auf Menschen, die Angehörige oder Freunde durch Suizid verloren haben. Ihnen zu helfen, neuen Frieden zu finden, ist eine besondere Freude für mich. Besonders glücklich macht mich, dass mehrere Menschen, die ich überhaupt nicht kenne, mir geschrieben haben, dass meine Arbeit, meine Bücher und Veranstaltungen ihnen geholfen haben, es noch einmal mit dem Leben zu versuchen und doch keinen Suizid zu begehen.

Die Begrenztheit unseres Daseins

Darauf bin ich stolz, und diesen Stolz teile ich mit meiner Mutter an ihrem Grab und sage: »Siehst du, Mama, so hat dein Tod doch einen Sinn gehabt, so hat er doch jemandem geholfen.«

Abbild unseres Lebens

Für mich ist der Tod ein Abbild unseres Lebens. Wer ein gelungenes Leben gelebt hat, dem wird auch der Tod gelingen. Warum? Weil wir viel weniger Angst vor dem Tod haben müssen, wenn unser Leben innerlich befriedet ist, wenn wir in Ruhe gehen können.

In meinen Seminaren gibt es eine Übung namens »Offene Rechnungen«. Diese Übung ist ganz einfach, aber tiefgreifend. Es geht um folgende Fragen: Stellen Sie sich vor, Sie haben noch zwölf Stunden zu leben. Was sollten Sie noch erledigen, was möchten Sie noch erledigen? Welche Streitigkeiten müssten noch beendet werden? Welche Entschuldigungen sollten noch von Ihnen ausgesprochen werden? Wer sollte nochmals von Ihnen hören: »Ich liebe dich«? Was möchten Sie noch in Ordnung bringen?

Diese Fragen stehen auf dem Flipchart, und jeder Teilnehmer schreibt sie auf seinen Block ab. Dann schicke ich die Teilnehmer spazieren und bitte sie, nach dreißig Minuten mit einer Liste zurückzukommen. Schnell entsteht eine große Nachdenklichkeit, eine nervöse Stille, denn diese Übung kratzt an einem Tabu unserer Zeit: dem Nichtumgang mit dem eigenen Tod. Je nach Größe der Gruppe bearbeiten wir dann die einzelnen Listen im Plenum oder in Kleingruppen, doch die Ergebnisse ähneln sich zumeist.

Wenn wir uns mit dem Tod konfrontieren, geht es nur noch um das Sein, um unsere Beziehungen zu anderen Menschen, zu uns selbst. Es geht um die Frage: Wer sind wir und wie stehen wir zu anderen Menschen? Es geht um die Essenz unseres Lebens, das, was uns ausmacht, um das, was wir hinterlassen wollen. Ich habe noch nie erlebt, dass ein Teilnehmer noch schnell einen schicken Sportwagen kaufen oder eine letzte Orgie feiern wollte oder sonst etwas Materielles haben wollte. Wenn nur noch zwölf Stunden Leben übrig sind, möchten wir nicht mehr haben, da wollen wir sein.

Der Tod wird immer überraschend und zu seinen Bedingungen zu uns kommen. Der Tod verlangt Demut von uns. Er zeigt uns unsere Endlichkeit, unsere Grenzen auf. Es ist unmöglich, sich wirklich auf den Tod vorzubereiten. Die beste Vorbereitung auf den Tod ist die Art und Weise, wie wir unser Leben leben. Was wir aber können, ist, unser Leben so auf den Tod auszurichten, dass wir sterbefähig werden. Das geht, indem wir uns bewusst fragen: Wie kann ich heute so leben, dass ich im Fall der Fälle auch morgen einigermaßen ruhig sterben kann? Diese Antwort liegt im Sein, nicht im Haben.

Wenn ein Mensch stirbt, dann sollen wir trauern. Der Tod eines geliebten Menschen ist eine schmerzhafte Realität. Trauern ist wichtig. ›Es ist unsere Art, die Vielzahl unserer Gefühle zuzulassen, die dieser Verlust hervorruft, sie anzunehmen, auch wenn sie widersprüchlich und chaotisch sind, und den Schmerz über den Verlust dann auch in unser weiteres Leben zu integrieren. Trauern ist eine Form der Liebe, denn wenn wir nicht trauern würden, dann gäbe es keinen Verlust an Liebe, an Gefühl gegenüber dem oder der Verstorbenen. Aber Trauern darf sich nicht verselbstständigen oder zu einer Endlosschleife werden. Die Frage ist: Wie können wir darauf achten, dass aus der Trauer ein neuer Weg nach vorne für uns erwächst? Welche Antwort können wir für diesen Verlust finden? Ewige Trauer und Verzagtheit? Oder bedeutet dieser Tod nicht auch einen Auftrag für

Die Begrenztheit unseres Daseins

uns, unser Leben sinnhafter und besser zu gestalten? Was würde der Verstorbene zu uns sagen, wenn wir mit ihm für einige Minuten sprechen könnten? Will er, dass wir leiden, oder will er, dass wir leben? Solche Gedanken haben mir sehr geholfen, meinen Frieden mit dem Tod meiner Mutter zu finden und alte Trauer in neue Lebenskraft zu wandeln.

Versuche einer Antwort

Wenige Wochen nach dem Tod meiner Mutter gossen mein damals fünfjähriger Sohn und ich das Grab meines verstorbenen Schwiegervaters, seines Opas. Nach getaner Arbeit standen wir nachdenklich am Grab, jeder hing seinen Gedanken nach. Plötzlich fragte er mich: »Papa, wo sind der Opa und die Oma jetzt?«

Es sind solche Kinderfragen, die einen in Bedrängnis bringen, zumal wenn wir sie nur kurz nach dem Tod eines geliebten Menschen beantworten müssen, also zu einem Zeitpunkt, wo die Trauer unser Herz noch fest im Griff hat. Sofort setzte dieser würgende Schmerz in mir wieder ein, und zunächst wusste ich nicht so recht, was ich antworten sollte. Aber dann schaute ich auf meine Armbanduhr. Es war gegen fünf Uhr am Nachmittag, und ich antwortete ihm: »Ich glaube, die sitzen jetzt im Himmel und trinken zusammen Kaffee.« Mein Sohn schaute mich mit dankbaren Augen an und sagte nur: »Dann ist ja alles in Ordnung, dann geht es ihnen gut.« Ich nickte nur kurz bestätigend, und die Episode schien beendet.

Eine kindische Antwort? Einfach der unbeholfene Versuch eines Vaters, dem schwierigen Thema auszuweichen? Anfänglich wusste ich nicht so recht, was ich von meiner Antwort wirklich halten sollte. Immer wieder musste ich über diese Szene nachdenken. Eines Tages las ich in einem

Buch den Begriff »Anderswelt«. Dieses Wort hatte ich zuvor noch nie gehört, aber es berührte mich sofort. Anderswelt, das ist es, dachte ich bei mir. Der Tod ist die Anderswelt. Wir wissen nichts über sie, alle Spekulationen sind sinnlos. Also sollten wir uns auch nicht mit irgendwelchen Ängsten und Spekulationen belasten. Heute bin ich der Meinung, dass es durchaus möglich ist, das Opa und Oma miteinander Kaffee trinken. Und wer sagt denn, dass eine vermeintlich kindische Antwort am Ende nicht die Beste ist?

Die letzte Vertrauensfrage

Ich habe keine besonderen Wünsche für mich selbst, was meinen Tod angeht – außer dass ich hoffe, dass mein Tod so stattfindet, dass er die Menschen, die ich liebe und die mich lieben, möglichst wenig belastet. Eine Patientenverfügung ist in Arbeit, mein Organspende-Ausweis befindet sich in meinem Geldbeutel. Vielleicht können meine Organe noch einem anderen Menschen helfen. Das würde mich freuen.

Mit dem Tod verbinde ich keine Erwartungen oder Ansprüche, schon gar nicht über den Tod hinaus. Ich muss mir keine Gedanken und Hoffnungen mehr machen. Alles wird ganz natürlich ablaufen. Der Tod ist letztlich eine Vertrauensfrage. Haben wir das Vertrauen, dass es gut sein wird, dass es ein Jenseits, eben eine Anderswelt, gibt?

18

~

Vom Sinn des Lebens

Jeder Mensch sollte seine eigenen Antworten und damit seinen eigenen Sinn aus seinen ganz persönlichen Lebensumstände heraus und auf sie hin finden. So wie das Glück ein Maßanzug ist, so muss auch der Sinn zu uns ganz individuell passen.
WALTER KOHL

Wenn es keinen Sinn gäbe

Die Frage nach dem Sinn stellt sich nicht nur angesichts des Todes. Aber die Tatsache, dass wir sterben werden, spitzt die Frage natürlich zu. Werde ich gefragt, ob das Leben einen Sinn habe, antworte ich zunächst mit einer Gegenfrage: Wenn es keinen Sinn des Lebens gäbe, dann wäre doch unser Leben sinnlos, oder? Und was hätte es für einen Sinn, ein sinnloses Leben zu führen? Meine Antwort: Gar keinen.

Während meiner tiefen Lebenskrise 2002 gab es Phasen

der Verzweiflung und Zeiten, in denen ich nicht mehr an einen Sinn in meinem Leben glaubte. Ich fühlte mich von meinen Lebensumständen überfordert und litt unter den gefühlten Ungerechtigkeiten und Enttäuschungen in meiner damaligen Lebenssituation. Damals hatte ich mir erst wenig Gedanken über das Thema »Sinn des Lebens« gemacht und wusste noch kaum etwas von dem Kraftpotenzial, das im eigenen Sinn steckt. Erst als ich die Logotherapie kennenlernen durfte, änderte sich das.

Heute glaube ich, dass der Sinn des Lebens eine der wichtigsten und stärksten Kräfte für unsere Lebensgestaltung darstellt. Wenn wir das Wofür kennen, dann kann dieses Wissen im wahrsten Sinne dieses Ausdrucks Berge versetzen. Viktor Frankl hat diese Weisheit exemplarisch in seinem mehrfach erwähnten Buch dargestellt.

»Trotzdem ja zum Leben sagen«

Eine Schlüsselszene in Frankls Buch beschreibt seine Entscheidung, nicht »in den Draht zu gehen«. Die gesamte Lagerabsperrung entlang war an der Innenseite ein Draht gespannt, und jeder Häftling, der diese Markierung überschritt, wurde sofort von den Wachen erschossen. Viele Häftlinge wählten den Weg in den Draht, um ihrem so höllischen und aussichtslosen Schicksal zu entrinnen. Es war ihr Weg, Erlösung im Tod zu suchen. Viktor Frankl hingegen entschied sich gegen den Draht. Er wollte für etwas leben, er hatte ein Wofür, ein Ziel, einen Sinn, der ihm half, die schier endlose Marter zu ertragen und zu überleben. Er stellte sich vor, dass er nach dem Krieg Vorträge über seine sinnzentrierte Psychologie, die sogenannte Logotherapie, halten würde. Seine Vision war es, Menschen zu helfen, indem er ihnen die Kraft des Sinns erschloss. Diese Vision war die

Sinngebung für ihn selber. Sie gab ihm immer wieder Kraft, einen weiteren Tag durchzuhalten, bis die US-Armee ihn schließlich nach Jahren des Martyriums im April 1945 befreite.

»Wer um einen Sinn seines Lebens weiß, dem verhilft dieses Bewusstsein mehr als alles andere dazu, äußere Schwierigkeiten und innere Beschwerden zu überwinden.« Im Jahr 2002, am Tiefpunkt meines Lebens, haben mich solche Worte von Viktor Frankl zutiefst berührt. Sie zeigten mir auch in Zeiten der Sinnleere, dass Hoffnung und Sinn auf uns warten, auch wenn der Tag es nicht vermuten lässt.

Natürlich, es gibt Naturkatastrophen, tragische Todesfälle oder Schicksalsschläge, die wir nicht erklären können. Für mich ist dies aber keine Sinnlücke. Auch das Schmerzhafte, auch das Böse gehört zur Welt. Gäbe es kein Böses, dann könnten wir auch nicht das Gute erleben. Der Tag benötigt die Nacht, um zum Tag zu werden. Die Welt besteht aus Gegensätzen; Yin und Yang ergeben erst in der Verbindung, in der Harmonie der Gegensätze ein Ganzes. Für mich ist das ein göttliches Prinzip, das ich auch im Christentum finde.

Im Buch Hiob wird Hiob Opfer einer grausamen, fast zynischen Wette zwischen Gott und dem Teufel, bei der es darum geht, ob Hiob seinem Gott abschwören wird, wenn er alles verliert. Der Teufel bekommt von Gott freie Hand und vernichtet im ersten Schritt Hiobs Besitz und lässt seine zehn Kinder sterben. Doch Hiob widersagt Gott nicht.

Also steigert der Teufel mit Gottes Zustimmung die Qualen. Hiob wird mit Aussatz geschlagen – unter den damaligen Verhältnissen eine der schlimmsten Strafen überhaupt. Doch selbst als seine Frau zu ihm sagt: »Hältst du immer noch fest an deiner Frömmigkeit? Lästere Gott und stirb« (2,9), wankt Hiob nicht und antwortet: »Wie eine Törin redet, so redest du. Nehmen wir das Gute an von Gott, sollen wir dann nicht auch das Böse annehmen?« (2,10).

Hiob bleibt ganz Mensch, und zwar während der ganzen Erzählung. Er hadert mit Gott und fordert eine Erklärung: Warum ich? Er streitet, ist frustriert und steht manchmal kurz vor der inneren Kapitulation. Doch er erhält keine Antwort. Später geht er mit Gott ins Gericht, doch die Frage nach dem Warum bleibt unbeantwortet.

Da ich mich auch als schwach akzeptiere, habe ich mir neben Viktor Frankl auch Hiob zum Vorbild genommen, wenn es um die Frage nach dem Sinn des Lebens geht. Sie lehrten mich, dass die Frage nach dem Warum nur zu oft in eine Sackgasse führt. Denn wenn wir nach dem Warum fragen und keine Antwort finden, dann stecken wir fest. Wenn wir uns aber von der Perspektive des Warum lösen können und uns dem Wie zuwenden, also fragen: »Wie gehe ich jetzt mit dieser Situation um?«, dann ergeben sich neue Antworten. Dann wird eine Lösung möglich. Frankl schreibt dazu: »Menschliches Verhalten wird nicht von den Bedingungen diktiert, die der Mensch antrifft, sondern von Entscheidungen, die er selbst trifft.«

So, wie sich Frankl in einer scheinbar aussichtslosen und sinnlosen Situation gegen den Draht und für seinen ganz persönlichen Sinn entschieden hat, so können wir auch in jeder Lebenslage aus unseren Entscheidungen und nicht aus den Umständen heraus unser Leben gestalten. Diese Erkenntnis gehört zu den beglückendsten Erfahrungen meines Lebens. In meiner Krise hatte ich eine Antwort gefunden, mit deren Hilfe ich meinem Leben eine neue Richtung geben konnte.

Natürlich gibt es Menschen, die nicht den gleichen Weg gefunden haben. Wie kann ich ihnen begegnen? Wer keinen

Sinn in seinem Leben finden kann, befindet sich zumeist in einer existenziell schwierigen Situation, in einer akuten Notlage. Solche Menschen benötigen unsere Zuwendung – aktives Zuhören, eine unterstützende Begleitung, bei der Mitgefühl und praktische Hilfe im Vordergrund stehen. Persönliche Wertungen, Moralisieren und Besserwisserei schaden dann nur. Beistand heißt: praktische Dinge sinnvoll tun. Es bedeutet: kleine Schritte gehen, und seien sie noch so klein. Einfach da sein und helfen, ohne große Worte oder philosophische Betrachtungen.

Jeder, der selbst einmal in einer solchen Lage war, weiß, dass jede Situation ganz unterschiedliche Bedingungen mit sich bringt. Scheinbare Patentrezepte oder allgemeine Ratschläge helfen den Betroffenen nicht. Wozu ich rate, wenn man solche Menschen als Gegenüber hat: ehrliches Engagement und liebevolles Kümmern. Eine solche Haltung kann das Herz des Betroffenen erreichen, und es entsteht eine Chance, dass Heilung stattfindet und neuer Sinn aufgeht.

Sinnfelder entdecken

Sinn können wir nach Frankl in zwei Feldern finden: in der Liebe zu einem anderen Menschen und im Dienst an einer Sache – oder in der Kombination von beiden. Sinn wird aber nur möglich auf dem Umweg über die Selbsttranszendenz, das Sich-selbst-Überschreiten, also über einen anderen Menschen. Sinn muss nicht nur einem selbst, sondern auch anderen Menschen dienen. Dieses Kriterium ist sehr wichtig, denn sonst verkommt unser Weg zum Egotrip, zur eindimensionalen Selbstverwirklichung.

Sinn ist in doppelter Weise situativ. Einerseits sollte jeder Mensch seine eigenen Antworten und damit seinen eigenen Sinn aus seinen ganz persönlichen Lebensumständen heraus und auf sie hin finden. So wie das Glück ein Maßanzug ist, so muss auch der Sinn zu uns ganz individuell passen. Andererseits ändert sich der Sinn im Laufe des Lebens. Die Sinnfrage stellt sich immer wieder neu, insbesondere wenn wesentliche Lebensentwicklungen ins Haus stehen. »Jede Zeit hat ihre eigenen Antworten.« Diese Worte von Willy Brandt aus der Anfangszeit der neuen Ostpolitik treffen auch hier zu. Wenn ich auf mein Leben blicke, dann hatte ich vor zehn oder zwanzig Jahren ganz andere Antworten auf die Frage »Was ist mein Sinn?« als heute.

»Panta rhei – Alles fließt«, so lautet eine Weisheit aus dem alten Griechenland. Wenn die Dinge des Lebens im Fluss sind, dann verlangt jeder Lebensabschnitt seine eigenen, jeweils stimmigen Sinnantworten. Es ist ein großer Unterschied, ob ich mir die Sinnfrage mit zwanzig, dreißig, fünfzig oder siebzig Lebensjahren stelle. Sinn ist dynamisch, nicht statisch. Wenn ein Kind geboren wird, dann ist das Wohl des Babys in einem ganz elementaren Verständnis der Sinn der Mutter. Zwanzig Jahre später, wenn das Kind erwachsen geworden ist und das Elternhaus verlässt, wird die Mutter bei aller fortwährenden Liebe zu ihrem Kind eine andere Weise der Sinnerfahrung in der Beziehung zu ihm finden.

Eine praktische Übung

In einem Seminar habe ich vor einigen Jahren eine Übung kennengelernt, die meine eigene Sinnsuche sehr erleichtert hat: Stellen Sie sich Ihre eigene Beerdigung vor. Sie sitzen als kleiner Vogel in einem Baum über dem Grab und können alles, was unten passiert, gut sehen und hören. Der Sarg mit Ihrem Körper steht vor dem offenen Grab, und der Priester spricht gerade die letzten Worte. Gleich wird der

Sarg abgesenkt, doch der Priester hebt noch einmal die Hand für eine letzte Handlung. Er bittet vier Menschen, die Sie gut kannten, nach vorne zu treten und jeweils in einer halben Minute etwas über Sie, den Verstorbenen, zu sagen. Jeder der vier steht für einen Lebensbereich: ein Familienmitglied, jemand aus dem beruflichen Umfeld, ein Freund und eine vierte Person, die frei benannt werden kann.

Dann werden die Teilnehmer gebeten, ein großes Blatt Papier in vier Quadranten einzuteilen und in Stichworten aufzuschreiben, was sie als Vöglein oben im Baum gerne über ihr Leben als Mensch hören möchten. Sehr reduziert, konzentriert und fokussiert, in wenigen Stichpunkten, denn es stehen ja nur jeweils dreißig Sekunden Redezeit zur Verfügung.

Als ich diese Übung im Jahr 2003 das erste Mal machte, brach mir der kalte Schweiß aus. Denn schon nach kurzer Zeit musste ich zugeben, dass mein bisheriges Leben so überhaupt nicht mit dem zusammenpasste, was ich gerne an meinem Grab hören wollte. Realität und Sinn klafften in meinem damaligen Leben offensichtlich weit auseinander.

Um bei dieser Übung zu bleiben: Das, was wir als Vöglein gerne hören wollen, ist das, was uns als Mensch unter Menschen und mit Menschen ausgemacht hat. Am Grab wollen wir nicht Dinge hören wie »hat stets die Jahresplanung übertroffen« oder »fuhr den tollsten Sportwagen« oder »lebte in der schicksten Villa«. Wir wollen hören, was für ein Mensch wir waren, was wir anderen geben konnten, welcher Sache wir dienen konnten, was wir der Welt hinterlassen haben. In den Seminaren herrscht bei dieser Übung große Nachdenklichkeit, wenn wir uns die einzelnen Blätter gegenseitig vorlesen. Viele sind überrascht, wie ähnlich die Wünsche ganz unterschiedlicher Menschen sein können. Fast immer ergibt sich aber eine Richtung für den Einzelnen, sein Kompass, sein Sinn.

Walter Kohl

Die Übung hat noch eine zweite Stufe. Jetzt, da das ausgefüllte Blatt mit den vier Statements vor uns liegt, sollen diese Worte weiter verdichtet werden. Dazu zeichnen wir einen Kreis von etwa 10 cm Durchmesser in der Mitte des Blattes ein, dort, wo sich die vier Quadranten treffen. Nun gilt es eine Zusammenfassung der vier Aussagen in maximal fünf Worten zu finden, denn fünf Worte passen noch als Botschaft auf einen Grabstein, in diesem Fall auf unseren Grabstein. Schließlich sind wir ja auf unserer eigenen Beerdigung.

Das eigene Leben in maximal fünf Worten darzustellen, das ist sicher keine leichte Aufgabe. Durch diese letzte Verdichtung wird die Kompassnadel sehr genau ausgerichtet. Jetzt dringen wir zum Kern unserer Sinnfindung vor. Wir erkennen für uns selbst, was von uns bleiben soll, wofür wir unser Leben gelebt haben. Wenn wir uns erlauben, vom Ende her rückwärts zu denken und zu sehen, entstehen ganz neue Perspektiven und Klarheiten.

Ich habe diese Übung einige Male wiederholen müssen, bis ich für mich stimmige Antworten finden konnte. Doch dann fühlte ich, wie zunehmend Ballast von mir abfiel. Ich konnte nun viel besser trennen zwischen dem, was ich tue, um äußere Ansprüche zu erfüllen und die damit verbundene Anerkennung zu erreichen, und dem, was ich tue, um ich selbst zu sein, um meinem Sinn zu folgen. Und von da an begann sich mein Leben zu wandeln.

Welche Worte sollen auf meinem Grabstein unter meinem Namen stehen? Ich entschied mich für zwei Worte: »Ein Freund«. Das fasst zusammen, was für mich Sinn ist: Ich will für Freundschaft arbeiten. Ich will Menschen helfen, ihre drei Freundschaften zu finden: die Freundschaft mit sich selbst, die Freundschaft mit anderen Menschen und die Freundschaft mit Gott. Wer diese drei Freundschaften in seinem Leben realisieren kann, der hat Frieden mit sich

Vom Sinn des Lebens

selbst. Und Menschen, die Frieden mit sich selbst haben, machen keinen Krieg. Darin besteht für mich Sinn. Auf der Basis dieses Verständnisses habe ich mein Leben in den letzten Jahren neu ausgerichtet. Und über die Chance, die in einem solchen Verständnis liegt, freue ich mich sehr.

Ich war nie am Leben verzweifelt. Aber ich kann Menschen verstehen, die an ihrem Leben zweifeln und völlig verzweifelt sind, weil sie keinen Ausweg sehen. Die Verzweiflung des anderen ist für mich immer eine Herausforderung, meine eigene Hoffnung und mein Vertrauen zu prüfen.

ANSELM GRÜN

Zwei Bilder für den Sinn des Lebens

Für mich gibt es zwei Bilder für den Sinn des Lebens. Der erste Sinn meines Lebens besteht darin, dass ich das einmalige Bild, das Gott sich von mir gemacht hat, in dieser Welt sichtbar werden lasse. Ich kann das auch mit anderen Bildern zum Ausdruck bringen: Ich versuche, authentisch zu leben, so zu leben, wie es meinem wahren Wesen entspricht. Und ich versuche, meine Lebensspur bewusst in diese Welt einzugraben. Ich mache mir Gedanken, welche Spur ich in diese Welt eingraben möchte. Jeder gräbt mit seinem Leben eine Spur in diese Welt ein. Und ich möchte, dass es eine Spur des Segens wird, eine Spur, die andere ermutigt, ihr eigenes Leben zu leben, im Vertrauen darauf, dass ihr Leben wichtig ist für diese Welt. Dieser erste Sinn zielt ganz auf mein eigenes Leben und mein Authentischsein ab.

Der zweite Sinn besteht für mich darin, dass jeder von Gott einen Auftrag hat. Biblisch gesprochen heißt das: Jesus sendet mich in diese Welt. Es geht nicht nur darum, dass ich authentisch bin, dass ich im Einklang bin mit mir selbst. Ich habe auch eine Sendung. Die Bibel spricht auch von Berufung, von einem Ruf Gottes, der an jeden Menschen ergeht. Dieser Ruf, die Berufung, die Sendung muss nicht etwas Außergewöhnliches sein. Vielleicht ist es meine Berufung, eine gute Mutter zu sein und Kindern einen Raum des Wachsens und Reifens zu gewähren, oder ein guter Vater zu sein, der seinen Kindern den Rücken stärkt, damit sie ihr Leben wagen. Viele sehen in ihrem Beruf ihre Berufung. Viele Landwirte sind gerne Landwirte. Es ist ihre innere Berufung. Und viele Ärzte, Ingenieure, Lehrer, Therapeuten, Erzieher und Krankenschwestern sehen in ihrem Beruf das erfüllt, was ihrem Innersten entspricht. Und sie vertrauen darauf, dass sie in ihrem Beruf zum Segen für die Menschen beitragen können, dass sie zumindest für einige Menschen Segen sind. Sie schauen nicht nur auf das eigene Wohlbefinden, sondern auf den Auftrag. Den eigenen Auftrag, die eigene Sendung zu erfüllen stärkt wiederum das Wohlbefinden. Ich habe das Gefühl, dass mein Leben stimmig ist, dass es fließt und fruchtbar für andere ist.

Ich sehe meine Sendung darin, die Botschaft Jesu in einer Sprache zu vermitteln, die verstanden wird und die die Herzen berührt und sie ermutigt und aufrichtet. Und ich erfahre immer wieder dankbar eine Resonanz: Menschen schreiben mir, dass ihnen ein Buch von mir geholfen hat, den Glauben für sich wiederzuentdecken oder sich mit ihrem Leben auszusöhnen. Solche Resonanz tut mir gut und zeigt mir, dass ich keinen Illusionen nachhänge. Wenn ich mich im Gebet still vor Gott hinsetze, erfahre ich manchmal auch Resonanz von Gott. Ich erfahre inneren Frieden und spüre, dass meine Sendung nicht meinem eigenen Ehrgeiz oder irgendeiner Illusion folgt, sondern dass sie Gottes Willen entspricht. Das macht mich dankbar. Und ich fühle mich in diesem Augenblick eins mit Gott.

Viktor Frankl, der jüdische Therapeut, der sechs Konzentrationslager überlebt hat, hat erlebt, dass nur die Menschen das KZ überleben konnten, die einen Sinn in ihrem Leben gesehen haben, die sich z.B. von einer lieben Frau daheim erwartet wussten. Natürlich war die Sinngebung keine Garantie, dass man überlebte. Denn die Schergen haben sich ja nicht nach der Psyche des Gefangenen gerichtet, sondern willkürlich Menschen ermordet. Nach seiner Freilassung hat Viktor Frankl die Logotherapie entwickelt. In ihr geht es darum, einen Sinn im Leben zu finden. Dabei sagt Frankl nicht, dass alles einen Sinn habe. Er spricht vielmehr von der Trotzmacht des Geistes, dem, was mir von außen widerfährt und worin ich überhaupt keinen Sinn erkenne, einen Sinn abzutrotzen. Wenn eine Familie durch einen tragischen Unfall ein Kind verliert, dann hat das zunächst in sich keinen Sinn – und da darf ich als Begleiter auch keinen Sinn hineinlesen. Wenn ich den Eltern sagen würde: »Das wird schon einen Sinn haben. Gott tut nichts ohne Sinn«, dann würde ich sie verletzen. Ich würde sie gleichsam mit einer Sinnkeule erschlagen. So ein Tod hat in sich keinen Sinn. Und wir sollten nicht künstlich nach einem Sinn suchen. Aber wenn wir den Tod eines lieben Menschen betrauern, dann können wir ihm mit der Zeit einen Sinn abtrotzen. Ich kann auf den Tod eines Kindes mit Rebellion und einer Ablehnung des Glaubens reagieren. Oder ich kann versuchen, mich durch den Schmerz und die Klage hindurch mit diesem Tod zu versöhnen und darauf so zu antworten, dass er für mich einen Sinn bekommt. Ein Elternpaar, das ein Kind durch Leukämie verloren hat, hat dann eine Gruppe verwaister Eltern gegründet. Ein anderes Elternpaar hat den Tod ihres Kindes zum Anlass genommen, achtsamer zu leben, den Tod mit in das Leben zu integrieren. Und Eltern, die ihren Sohn durch Suizid verloren haben, setzen sich seither für gefährdete Jugendliche ein. Sie möchten sie begleiten und ihnen vermitteln, dass das Leben einen Sinn hat, auch wenn es nicht immer schön aussieht.

Wenn alles sinnlos scheint

Ich habe auch Menschen begleitet, bei denen es mir schwerfiel, sie bei der Sinnsuche zu unterstützen. Da sah alles wirklich sinnlos aus. Da gab es kaum eine Perspektive. Manchmal gibt es objektiv so viel Leid, dass ich nicht weiß, ob ich das aushalten könnte, wenn es mich träfe. Eine Frau hat vier Söhne durch tragische Unfälle verloren. Jetzt hat sie noch einen Sohn. Sie sagte mir: »Wenn diesem Sohn auch etwas passiert, dann sehe ich keinen Sinn mehr in meinem Leben. Dann werde ich auch gehen.« Ich kann diese Frau verstehen. Ich werde sie nicht verurteilen. Aber natürlich werde ich versuchen, sie zu stärken, zu sagen: »Ja, das ist unerträglich. Aber wenn Sie sich selbst nicht aufgeben, sind Sie für andere ein Hoffnungszeichen. Und Sie sollten Ihre verstorbenen Söhne fragen: Was wollt ihr, dass ich tun soll? Soll ich mich umbringen, oder soll ich kämpfen und für euch stellvertretend leben? Soll ich die Erinnerung an euch wachhalten in dieser Welt?« Wir können das Leid mancher Menschen nicht verstehen. Ich vermag dann auch keinen Sinn darin zu erkennen. Aber trotzdem werde ich die Menschen stärken, sich dem Schicksal zu stellen und es aus dem Glauben heraus zu bewältigen.

Oft ist es objektives Leid, das die Menschen überfordert. Manchmal entsteht das Gefühl der Sinnlosigkeit aber auch aufgrund illusionärer Vorstellungen vom Leben. Weil die eigenen Wünsche nicht erfüllt worden sind, weil man kei-

Vom Sinn des Lebens

nen Partner gefunden hat, weil man ständig Probleme bei der Arbeit hat, weil man sich körperlich und seelisch nicht gesund fühlt, deshalb hat alles keinen Sinn. Alles ist sinnlos. Es gibt keinen Ausweg, als sich selbst das Leben zu nehmen. In solchen Situationen versuche ich, die eigenen Vorstellungen vom Leben infrage zu stellen und für mich neue Bilder für das Leben zu suchen, die mich tragen. Aber manchmal spüre ich da auch meine eigene Ohnmacht. Ich kann einen Menschen nicht vom Sinn überzeugen, wenn er keinen Sinn sehen will, wenn er immer nur im Jammern oder in der Anklage stecken bleibt. Dann muss ich meine eigene Grenze akzeptieren. Und wenn der andere aus seiner erlebten Sinnlosigkeit dann die Konsequenz zieht und seinem Leben ein Ende setzt, kann ich das nur traurig respektieren. Ich kann für ihn beten, dass er durch diesen Weg zu Gott kommt und in Gott seiner Wahrheit begegnet. Aber ich bete dann auch für ihn, dass die Erfahrung der Liebe Gottes größer ist als das Erschrecken über sein eigenes Tun und dass die Liebe Gottes alles Schuldhafte reinigt und auflöst.

Hoffnung auch in Lebenskrisen

Persönlich war ich – dafür bin ich Gott dankbar – noch nie am Leben verzweifelt. Und ich habe auch noch nie am Sinn meines Lebens gezweifelt. Als ich mit 25 Jahren in einer ziemlichen Krise war, da hatte ich Angst, ob ich das Leben gut meistern könne, und ich hatte Zweifel, ob ich mit meinem Leben eine gute Spur hinterlassen würde. Meine hochfliegenden Pläne, die Welt zu verbessern, sind in dieser Krise zerbrochen. Ich wurde bescheidener und demütiger. Aber ich habe mich dem Zerbrechen der Illusionen gestellt und trotzdem an der Kraft festgehalten, neue Träume zu entwickeln, neue Bilder für mein Leben zu finden. Und manche alten Träume sind nach dem Zerbrechen sogar Wirklichkeit geworden. Als junger Mönch hätte ich nie zu träumen gewagt, dass ich durch meine Bücher einmal so viele Menschen erreichen könnte. Und der Ehrgeiz, der in der Krise infrage gestellt worden ist, ist auf neue Weise wiedergekehrt und in meine Arbeit eingeflossen.

Ich war nie am Leben verzweifelt. Aber ich kann Menschen verstehen, die an ihrem Leben zweifeln und völlig verzweifelt sind, weil sie keinen Ausweg sehen. Was kann ich dann tun? Ich höre mir ihre Not an. Ich versuche, sie mit positiven Erfahrungen in ihrem Leben in Berührung zu bringen oder mit der Sehnsucht, die sie in sich tragen. Und ich ermutige sie, dass sie in der Sehnsucht schon etwas von dem in sich tragen, wonach sie sich sehnen. Ich versuche ihnen klarzumachen: Sie sind nicht so abgeschnitten vom Leben, wie sie das oft schildern. In ihnen ist eine Ahnung vom erfüllten Leben; in ihnen ist die Sehnsucht, dass ihr Leben gelingt, dass sie den Segen Gottes erfahren und selbst zum Segen werden für andere. Aber ich versuche, nie zu urteilen oder zu bewerten. Die Verzweiflung des anderen ist für mich immer eine Herausforderung, meine eigene Hoffnung und mein Vertrauen zu prüfen. Wie weit wäre meine Hoffnung tragfähig, wenn ich in der gleichen Situation wäre? Wenn ich so frage, dann stelle ich mich nicht über den anderen. Und ich verurteile ihn nicht. Ich versuche vielmehr, gemeinsam mit ihm doch noch nach einem Sinn zu suchen, den er seinem Leben geben könnte – trotz allem.

19

~

Alles in allem – das Wichtigste im Leben

Ich möchte, dass durch meine Lebensspur diese Welt ein wenig heller, wärmer, menschlicher und barmherziger wird. ANSELM GRÜN

Wenn ich gefragt werde, was mir persönlich das Wichtigste im Leben ist, ist meine Antwort: Ich möchte eine Spur des Segens in diese Welt eingraben. Ich möchte, dass die Menschen sich an mich erinnern als an einen, der die Menschen geliebt hat, der sich für sie eingesetzt hat, der sie ermutigen wollte, ihr eigenes Leben zu leben. Ich möchte, dass sie in der Erinnerung an mich den Geschmack von Freiheit und Weite und Liebe schmecken. Und ich möchte, dass sie erkennen, dass ich mich mit aller Kraft und Liebe eingesetzt habe, damit die Menschen einen Sinn in ihrem Leben finden, dass sie im Glauben einen Weg erkennen, der ihnen hilft, ihr Leben zu meistern. Und ich möchte, dass die Menschen den Reichtum der christlichen Tradition und die spirituelle und psychologische Weisheit unserer Riten und Symbole, unserer Feste und Gottesdienste und unserer spirituellen Wege erkennen. Ich möchte, dass die Menschen beim Lesen meiner Bücher mit der Weisheit ihrer eigenen Seele in Berührung kommen, dass sie spüren: Meine Seele weiß ja im Grunde schon, was für mich gut ist. Ich muss ihr nur trauen. Und ich muss auf sie hören, damit ich die Stimme meiner Seele nicht von den vielen Stimmen übertönen lasse, die von außen auf mich einstürmen. Und ich möchte, dass jeder die Einzigartigkeit seiner Person entdeckt und dass er erkennt: Mein Leben ist wichtig. Ich grabe eine einmalige Lebensspur in diese Welt ein. Und ich möchte, dass durch meine Lebensspur diese Welt ein wenig heller, wärmer, menschlicher und barmherziger wird.

Es wäre schön, wenn ich eine Spur der Freundschaft und des inneren Friedens hinterlassen könnte. WALTER KOHL

Was mir selber das Wichtigste ist? Und was in Erinnerung bleiben sollte von mir? Es wäre schön, wenn ich eine Spur der Freundschaft und des inneren Friedens hinterlassen könnte. Die Themen innerer Friede und Lebensfreude, die ich selbst für so viele Jahre in mir vermisst habe, haben sich für mich in den letzten Jahren zu einem Herzensanliegen entwickelt. Wenn ich mit meinen Meinungen und Einsichten auch anderen helfen könnte, wäre es gut. Frieden heißt, dass die Vergangenheit ohne Schmerz in uns sein kann, dass wir Sinn und gute Ziele für die Zukunft haben und dass wir mit Tatkraft und Lebensfreude die Gegenwart gestalten

Alles in allem – das Wichtigste im Leben

können und wollen. Ich möchte als Mensch in Erinnerung bleiben, der sich aktiv für den Frieden eingesetzt hat und der versucht hat, seinen Mitmenschen ein Freund zu sein.

Und was ist mein Rat für andere? Wenn ich anderen überhaupt einen Rat geben möchte, dann den: Sei authentisch. Sei ehrlich zu dir selbst. Mach dein eigenes Ding. Versuche so wenig wie möglich fremdbestimmt zu leben. Lebe so, dass du dich im Spiegel anschauen und zu deinem Tun und deinem Nicht-Tun offen stehen kannst. Lebe in Verantwortung für dich und andere. Suche die drei Freundschaften: die Freundschaft mit dir selbst, die Freundschaft mit anderen Menschen und die Freundschaft mit Gott. Lebe so, dass du Ja zu dir selbst sagen kannst – an manchen Tagen mit voller Überzeugung und an anderen Tagen mit einem milden, nachsichtigen Lächeln. Sei dankbar für das, was dir gegeben ist. Werde möglichst wenig gelebt, sondern lebe selbst.

Sein eigenes Leben führen

Auch als Hörbuch erhältlich:
2CDs | ISBN 978-3-451-35071-9

Walter Kohl
Leben, was du fühlst
Von der Freiheit glücklich
zu sein. Der Weg der
Versöhnung
208 Seiten | Paperback
ISBN 978-3-451-06697-9

Wie ist es möglich, sich von belastenden Erfahrungen
der Vergangenheit zu befreien? Wie kann es gelingen,
endlich wieder mehr zu leben und weniger gelebt zu
werden? Walter Kohl zeigt, wie dafür die Kraft der
Versöhnung genutzt werden kann. In fünf klaren und
praktikablen Schritten wird das Fundament gelegt.

In jeder Buchhandlung